U0492720

"十三五"国家重点出版物出版规划项目

中国特色社会主义政治经济学研究丛书

中国特色社会主义基本经济制度

ZHONGGUO TESE SHEHUI ZHUYI JIBEN JINGJI ZHIDU

葛扬 著

中国财经出版传媒集团

经济科学出版社

Economic Science Press

图书在版编目（CIP）数据

中国特色社会主义基本经济制度/葛扬著.—北京：经济科学出版社，2018.5
（中国特色社会主义政治经济学研究丛书）
ISBN 978 – 7 – 5141 – 9200 – 1

Ⅰ.①中… Ⅱ.①葛… Ⅲ.①社会主义经济 – 经济制度 – 研究 – 中国 Ⅳ.①F120.2

中国版本图书馆 CIP 数据核字（2018）第 070804 号

责任编辑：于海汛　郎　晶
责任校对：杨晓莹　杨　海
版式设计：齐　杰
责任印制：李　鹏

中国特色社会主义基本经济制度
葛　扬　著

经济科学出版社出版、发行　新华书店经销
社址：北京市海淀区阜成路甲 28 号　邮编：100142
总编部电话：010 – 88191217　发行部电话：010 – 88191522
网址：www.esp.com.cn
电子邮件：esp@esp.com.cn
天猫网店：经济科学出版社旗舰店
网址：http：//jjkxcbs.tmall.com
北京季蜂印刷有限公司印装
710×1000　16 开　16.25 印张　260000 字
2018 年 5 月第 1 版　2018 年 5 月第 1 次印刷
ISBN 978 – 7 – 5141 – 9200 – 1　定价：60.00 元
（图书出现印装问题，本社负责调换。电话：010 – 88191510）
（版权所有　侵权必究　举报电话：010 – 88191586
电子邮箱：dbts@esp.com.cn）

总　　序

习近平总书记近年来多次提出坚持和发展中国特色社会主义政治经济学问题。可见中国特色社会主义政治经济学在习近平总书记的治国理政理念中居于重要地位。对中国特色社会主义道路自信、理论自信、制度自信和文化自信的集中体现是构建系统的并形成共识的理论体系。其中最为突出的是构建中国特色社会主义政治经济学。

对构建中国特色社会主义政治经济学，习近平总书记在主持中央政治局第 28 次专题集体学习马克思主义政治经济学学习会时，明确要求：要立足我国国情和我国发展实践，揭示新特点新规律，提炼和总结我国经济发展实践的规律性成果，把实践经验上升为系统化的经济学说，不断开拓当代中国马克思主义政治经济学新境界。

构建中国特色社会主义政治经济学必须坚持以马克思主义为指导。马克思主义深刻揭示了自然界、人类社会、人类思维发展的普遍规律，为人类社会发展进步指明了方向。中国特色社会主义政治经济学的构建坚持马克思主义为指导，最为基本的是继承马克思主义政治经济学的基本范式并依据中国特色社会主义经济建设和改革开放的实践进行如下创新：第一，为什么人的问题，是为少数人服务还是为绝大多数人服务。马克思主义经济学代表无产阶级根本利益。无产阶级夺取政权以后，其阶级利益代表全体人民的根本利益，因此中国特色社会主义政治经济学以人民为中心，服从于人民的福祉和共同富裕。第二，基本任务是什么？马克思主义政治经济学的基本任务是阐述社会主义代替资本主义的必然性。进入社会主义社会后，政治经济学的基本任务由批判旧社会转向建设新社会。处于社会主义初级阶段的政治经济学，需要研究中国特色的社会主义的经济制度、发展道路，阐述社会主义初级阶段的经济规律，提供建设新社会的理论指导。第三，坚持问题导向是马克思主义的鲜明特点。问题是创新的起点，也是创新的动力源。只有聆听时代的声音，回应时代的呼唤，认真研究解决重大而紧迫的问题，才能真正把握住历史脉络、找到发展规律，推动理论创新。我国经济进入中等收入阶段后面临的一系列重大发展问题，例如，市场决定资源配置和政府更好发挥作用问题；中高速增长的可持续问题；跨越"中等收入陷阱"；等等。中国特色社会主义政治经济学需要围绕我国发展的重大问题，着力提出能够体现中国立场、中国智慧、中国价值的理论和理念。

中国特色社会主义是马克思主义中国化时代化的成果。从时空观分析，马克思是在资本主义社会研究资本主义，当时还没有出现社会主义国家。他所预见的社会主义经济同资本主义经济是在时间上继起的两个社会。而现时代，社会主义和资本主义空间中并存。在国际上是社会主义国家和资本主义国家并存，在国内是作为主体的社会主义经济与多种所有制经济并存。马克思主义经济学中国化的任务，不仅需要阐述社会主义经济制度的优越性，更要寻求增强社会主义经济的竞争力和影响力并最终战胜资本主义的途径。从物质基础分析，马克思当时认为，发达的资本主义是社会主义的入口。新中国脱胎于半殖民地和半封建社会。社会主义的物质基础没有完全建立起来，发展社会主义需要经过一个社会主义初级阶段。在社会主义初级阶段的社会主义不是完全消灭私有制，恰恰要在公有制为主体的前提下利用多种私有制经济发展生产力。从中国特色社会主义的成功实践分析，中国从一个贫穷落后的农业大国一跃成为世界第二大经济体。经济改革的中国模式，经济发展的中国道路得到了实践的检验。因此中国特色社会主义政治经济学是对中国特色社会主义经济建设的成功实践进行的理论概括，是用中国理论讲中国故事。

习近平总书记指出，构建中国特色哲学社会科学要把握好三方面资源：一是马克思主义的资源。二是中华优秀传统文化的资源。三是国外哲学社会科学的资源。构建中国特色社会主义政治经济学同样要把握好这些资源。以其中的经济发展理论体系为例，首先是继承性。在马克思主义经济学的理论宝库中挖掘其系统的发展生产力理论，使其成为经济发展理论建构的指导思想和方法论基础。其次是开放性，批判地吸收世界先进的发展理论。例如，二元结构现代化理论，中等收入陷阱理论，全要素生产率理论，可持续发展理论，知识经济理论，国家创新体系理论等。最后是创新性。中国的发展理论是在讲中国故事，体现中国智慧。例如，中国的新型工业化、信息化、城镇化和农业现代化"四化同步"社会主义现代化道路，中国的全面小康社会建设都是值得总结的发展理论。

习近平在主持政治局集体学习马克思主义政治经济学时，归纳了改革开放以来当代中国马克思主义政治经济学的重要理论成果，其中包括：关于社会主义本质的理论；关于社会主义初级阶段基本经济制度的理论；关于树立和落实创新、协调、绿色、开放、共享的发展理念的理论；关于发展社会主义市场经济、使市场在资源配置中起决定性作用和更好发挥政府作用的理论；关于我国经济发展进入新常态的理论；关于推动新型工业化、信息化、城镇化、农业现代化相互协调的理论；关于用好国际国内两个市场、两种资源的理论；关于促进社会公平正义、逐步实现全体人民共同富裕的理论；等等。这些重大理论成果都应该在中国特色社会主义政治经济学中进行系统化的阐述。

中国特色社会主义，以其理论和成功的实践回答了社会主义的发展中大国实现国家强盛人民富裕的重大问题，比如，在东方经济落后的国家建设什么样的社会主义、能否通过社会主义道路走向富强？社会主义和市场经济能否结合和怎样结合？在二元结构突出的农业大国如何实现现代化？在后起的资源相对缺乏的国家如何实现可持续发展？这些需要直面的世界性理论难题，马克思在当时不可能碰到，也不可能做出科学的预见。以中国特色社会主义政治经济学为理论指导所取得的中国经济成就，对这些重大问题作出了正确的回答，是对马克思主义的重大发展，为整个人类的经济科学文明发展做出了贡献。

进入新的历史时期后，时代赋予我们构建中国特色社会主义政治经济学的使命是加强对改革开放和社会主义现代化建设实践经验的系统总结，加强对发展社会主义市场经济的分析研究，加强对党中央治国理政新理念新思想新战略的研究阐释，提炼出有学理性的新理论，概括出有规律性的新实践。

2015年由我牵头的《中国特色社会主义政治经济学研究》被立项为马克思主义理论研究和建设工程重大项目和国家社科基金重大项目。经中央马克思主义理论研究和建设工程办公室批准，本项目研究的首席专家除我以外还有中央民族大学的黄泰岩教授、西南财经大学的刘灿教授、复旦大学的石磊教授、厦门大学的龙小宁教授和南京大学的葛扬教授。根据研究计划，我们编写中国特色社会主义政治经济学研究丛书，分别由各位首席专家领衔主持：《中国特色社会主义政治经济学理论体系构建》《中国特色社会主义基本经济制度》《中国特色社会主义市场经济体制建设和完善》《新常态下中国经济发展》《社会主义初级阶段的收入分配》《全球化与中国对外开放经济》《中国特色社会主义法治经济建设》，将陆续由经济科学出版社出版。

洪银兴

目　录

第一章　马克思主义所有制与经济制度的理论逻辑 / 1
一、从经济关系、生产关系到生产资料所有制的逻辑 / 2
二、所有制内涵和性质 / 8
三、所有制结构与形式 / 11
四、经济制度的生成逻辑 / 16
五、未来社会及其所有制 / 18
六、向未来社会过渡及其所有制 / 23
七、马克思关于跨越"卡夫丁峡谷"的设想与启示 / 32

第二章　苏东国家社会主义所有制实践 / 38
一、苏联社会主义所有制实践 / 38
二、波兰社会主义所有制实践 / 43
三、罗马尼亚社会主义所有制实践 / 49
四、匈牙利社会主义所有制实践 / 55
五、保加利亚社会主义所有制实践 / 61
六、南斯拉夫社会主义所有制实践 / 66

第三章　中国社会主义基本经济制度探索 / 73
一、单一公有制为基础的基本经济制度 / 73
二、突破单一公有制经济制度实践探索 / 79
三、基本经济制度的确立与社会主义市场经济体制的建立 / 86

四、基本经济制度理论在社会主义市场经济体制
　　深化中不断完善 / 95
五、我国基本经济制度探索过程的启示 / 103

第四章　社会主义基本经济制度与市场经济 / 107
一、经济体制向市场经济的转型 / 108
二、市场经济不等于资本主义 / 110
三、坚持社会主义基本经济制度 / 112
四、社会主义基本经济制度与市场经济的矛盾 / 115
五、建立现代企业制度与公司制改革 / 119
六、社会主义基本经济制度与市场经济的互动关系 / 123
七、对市场与政府关系问题的理论再思考 / 126
八、用混合所有制构造社会主义基本经济制度的
　　微观基础 / 129

第五章　毫不动摇巩固和发展公有制经济 / 134
一、国有经济的作用和地位 / 134
二、国有企业改革的简单历程 / 137
三、国有企业发展的现状与问题 / 141
四、国有企业分类与改革 / 155

第六章　毫不动摇鼓励、支持、引导非公有制经济发展 / 169
一、新中国非公有制经济的发展历程 / 170
二、经济制度下发展非公有制经济的重要意义 / 182
三、现阶段非公有制经济发展所面临的问题和挑战 / 188
四、非公有制经济的未来发展要求 / 194
五、为非公有制经济健康发展创造良好的制度
　　环境和市场环境 / 200

第七章　混合所有制经济是基本经济制度的重要实现形式 / 207

一、社会主义市场经济条件下混合所有制经济的发展 / 208

二、深化国有企业改革是混合所有制经济发展的关键 / 216

三、非公有制经济在混合所有制经济改革和发展中释放活力 / 223

四、在不断完善现代企业制度中推进混合所有制经济发展 / 230

参考文献 / 238
后记 / 246

第一章 马克思主义所有制与经济制度的理论逻辑

所有制问题是马克思主义政治经济学的基本理论问题。生产资料所有制作为生产关系各个构成方面的基础，决定着生产关系的其他方面。在经济学说史上，马克思第一次把物质生活资料的生产活动从人类一切活动中抽象出来，即把生产关系从一切经济关系中抽象出来，揭示了生产关系对全部政治经济学的意义。所有制是社会生产关系产生和形成的基础和条件，它在本质上反映一个国家中人与人之间的经济利益关系，是一个国家经济制度的主要表现形式。马克思把一切社会关系归结为生产关系，把生产关系归结为生产力的高度，从而揭示了社会发展的最深刻的根源在于生产关系与生产力的矛盾运动，阐明了生产关系一定要适合生产力性质的规律。

马克思主义经典作家对未来社会主义所有制理论的预测，是建立在他们创立的唯物史观的基本原理的基础上的。他们认为，未来社会将由共产主义的公有制代替资本主义的私有制。但是，由于所有制形式归根结底是由生产力水平和社会产品剩余的多少等因素决定的，因此共产主义的公有制代替资本主义的私有制，不仅是一个崇高的理想，而且也是一个漫长的过程，也就是一个漫长的过渡时期。在这个漫长的过程中，采取怎样的所有制形式，包括采取怎样的公有制形式，应该根据马克思主义政治经济学关于生产关系要与生产力水平相适应等基本原理，从当时社会的各种实际出发，进行实践探索和理论创新。

一、从经济关系、生产关系到生产资料所有制的逻辑

(一) 经济关系的两种表现：物与物的关系、人与人的关系

经济活动是人类发展历史的真正起源和基础。人们在经济活动中，必然与他人形成一定的经济关系，只有形成这种关系，才会有人与自然的关系，才会有现实的经济活动。马克思主义经济学认为，经济关系就是在社会经济活动中所结成的人与人的关系。马克思说："人们的生活自古以来就建立在生产上面，建立在这种或那种社会生产上面，这种社会生产的关系，我们恰恰就称之为经济关系。"① 而经济关系就是"再生产产品形成上的经济的形式规定性"②，即"个人借以互相发生交往关系的规定"③。

马克思运用唯物史观来研究经济活动。他认识到经济活动背后人与人的关系"总是同物结合着，并且作为物出现"④。也就是说，经济活动中的物，总是既体现为一定的物质实体，又体现着一定的社会经济关系。因此，作为这些物的抽象的经济范畴，便具有物质内涵和社会内涵相统一的性质。马克思认为，经济理论的任务不仅在于说明各种物质现象形态之间的数量关系，而且还要探究物的现象后面隐藏着的、有时被歪曲了的社会本质关系。于是，马克思在他的整个实际研究过程中，把经济活动的物质内容作为社会关系的物质承担者和物质前提来加以确定；而一旦如此，便马上将其研究的重心转到经济活动的社会方面、经济范畴的社会内涵上去。这表明了马克思独特的注意力和研究角度：在物的关系背后，揭示出人类社会发展中人与人的经济关系。

在马克思看来，经济关系常常不是人与人之间的直接关系，而是与满足人类需要的物相联系而产生的，是与生产资料或消费资料相联系而产生的。

---

① 马克思：《1857～1858年经济学手稿》，引自《马克思恩格斯全集》第30卷，人民出版社1995年版，第481页。
② 马克思：《资本论》第3卷，引自《马克思恩格斯文集》第7卷，人民出版社2009年版，第987页。
③ 马克思：《1857～1858年经济学手稿》，引自《马克思恩格斯全集》第30卷，人民出版社1995年版，第195页。
④ 恩格斯：《卡尔·马克思〈政治经济学批判〉第一分册》，引自《马克思恩格斯选集》第2卷，人民出版社2012年版，第15页。

可见，经济活动中的物，不仅具有自然属性，表现为一定的具体物件、物质实体，而且具有社会属性，体现着人与人之间一定的经济关系、社会关系，具有自然属性和社会属性的统一。物作为具体物质实体，是人与人之间"社会关系的承担者"①。

从人类社会发展的历史来看，随着资本原始积累的逐步完成，人身依附关系被普遍的商品关系和货币关系所打破和粉碎，经济关系的全面物化促使人们挣脱了血缘关系和人身依附关系的纽带，把人们从狭窄范围的局限中、从作为狭小集团的附属物状态中解放出来。在资本主义生产方式中，劳动者只是雇佣工人，他们的劳动力转化为商品；资本家是资本的所有者，是人格化的资本；资本家和工人之间通过商品、货币发生关系；资本家和资本家之间也是通过商品、货币发生关系。这种在一定历史条件下人把他本身的力量转化成商品，或者人作为资本的代表出现，人与人之间通过商品、货币发生社会关系，并且只有通过商品、货币才能发生社会关系的现象，就叫做人本身社会关系的物化。从表面上看，商品、货币、资本都只不过是物，具有物本身的自然属性；但是，它们又都不是单纯的物，而是体现着人们之间特定的经济关系。

经济关系既然是通过一定的物来体现，就必然包含一定的人与物之间的关系。"人与物之间的那些关系，构成人与人之间关系的中间环节。"② 当然，并非所有人与物之间的关系都是经济关系的组成部分。人与物的关系，在生产过程中，表现为人与生产资料的关系以及人利用生产资料获得物质产品的关系等；在分配等过程中，表现为人与产品的关系、人的需要与各种产品使用价值或效用的关系等。但只有构成经济关系中间环节的那些人与物的关系，或者说具有社会属性的那些人与物之间关系的社会方面，才是经济关系的组成部分。因此，恩格斯说："我们视之为社会历史的决定性基础的经济关系，是指一定社会的人们生产生活资料和彼此交换产品（在有分工的条件下）的方式。因此，这里面也包括生产和运输的全部技术……此外，在经济关系中还包括这些关系赖以发展的地理基础和事实上由过去沿袭下来的先前各经济发展阶段的残余（这些残余往往只是由于传统和惰性才继续

---

① 马克思：《资本论》第3卷，引自《马克思恩格斯文集》第7卷，人民出版社2009年版，第927页。
② 奥斯卡·兰格：《政治经济学》，中国社会科学出版社1987年版，第12页。

保存下来），当然还包括围绕着这一社会形式的外部环境。"①

因此，马克思主义经济学认为，经济关系是人们在经济活动中必然要结成的关系，人与人的关系、人与自然的关系共同构成经济活动中不可分割的两个方面。经济活动"一开始就有一种物质的联系。这种联系是由需要和生产方式决定的，它和人本身有同样长久的历史；这种联系不断采取新的形式，因而就表现为'历史'"②。"人们在生产中不仅仅影响自然界。而且也相互影响。他们只有以一定方式共同活动和互相交换其活动，才能进行生产。为了进行生产，人们相互之间便发生一定的联系和关系，只有在这些社会联系和社会关系的范围内，才会有他们对自然界的影响，才会有生产。"③

（二）经济关系决定于生产关系

经济关系不是一个纯粹抽象的一般概念，而是具体地体现在生产、分配、交换和消费的各个环节中，并和经济活动的物质条件一起，不断地表现为经济活动的前提和结果。

物质生产是人类最基本的实践形式，也是人类从事其他活动的先决条件。无论哪个社会，只要停止物质资料生产，人类就无法生存，更谈不上从事教育、政治、科学等其他活动。马克思和恩格斯在《德意志意识形态》一书中论述了物质生产在社会发展中的决定作用，书中指出："我们首先当确定一切人类生存的第一个前提，也就是一切历史的第一个前提，这个前提是：人们为了能够'创造历史'，必须能够生活。但是为了生活，首先就需要吃喝住穿以及其他一些东西。因此第一个历史活动就是生产满足这些需要的资料，即生产物质生活本身，而且，这是人们从几千年前直到今天单是为了维持生活就必须每日每时从事的历史活动，是一切历史基本条件。"④

随着需要和生产的发展，人们之间的经济关系也愈加复杂，不断地产生了各种新的经济关系，并且随着产品的增多和劳动分工的发展逐渐形成一种

---

① 恩格斯：《恩格斯致瓦尔特·博尔吉乌斯》，引自《马克思恩格斯文集》第10卷，人民出版社2009年版，第667页。
② 马克思、恩格斯：《德意志意识形态》，引自《马克思恩格斯文集》第1卷，人民出版社2009年版，第533页。
③ 马克思：《雇佣劳动和资本》，引自《马克思恩格斯文集》第1卷，人民出版社2009年版，第724页。
④ 马克思、恩格斯：《德意志意识形态》，引自《马克思恩格斯文集》第1卷，人民出版社2009年版，第531页。

经常的和范围越来越扩大的经济关系。马克思曾以资本主义生产方式为例指出，"如果说资本主义生产方式以生产条件的这种一定的社会形式为前提，那么，它会不断地把这种形式再生产出来"①。"资本主义生产方式，和任何别的生产方式一样，不仅不断再生产物质的产品，而且不断再生产社会的经济关系，即再生产产品形式上的经济的形式规定性。因此，它的结果会不断表现为它的前提，像它的前提会不断表现为它的结果一样。"②

马克思揭示了生产关系的各基本要素及其相互关系。马克思通过对生产中各个环节的分析认为："我们得到的结论并不是说，生产、分配、交换、消费是同一的东西，而是说，它们构成一个总体的各个环节，一个统一体内部的差别，生产不仅支配着与其他要素相对而言的生产自身，而且支配着其他要素，过程总是从生产重新开始，交换和消费不能是起支配作用的东西，这是不言而喻的。分配，作为产品的分配，也是这样。而作为生产要素的分配，它本身就是生产的一个要素。"③ 因此，在生产关系的生产、分配、交换、消费四个环节中，生产处于首要和决定的地位，作为起点的生产对交换、分配和消费的决定作用。就是说，在社会生产关系体系中，生产这一环节是起决定性作用的。生产通过其决定作用，以其自身所固有的性质，决定了依次展开的交换、分配和消费的性质，使得交换、分配和消费统一于生产，因而使生产、交换、分配和消费这四个环节统一于一个有机整体，由此形成了社会生产的整体性，并进而形成了社会生产关系的整体性。可见，生产中的关系阐明了，包括交换、分配和消费在内的各种生产关系也就清楚了。

马克思的生产关系也是一个历史性的范畴，充分体现在对资本主义生产关系历史性的分析中。在对劳动力成为商品的社会条件的分析中，马克思深刻指出："自然界不是一方面造成货币占有者或商品占有者，而另一方面造成只是自己劳动力的占有者。这种关系既不是自然史上的关系，也不是一切历史时期所共有的社会关系。它本身显然是以往历史发展的结果，是许多次

---

① 马克思：《资本论》第3卷，引自《马克思恩格斯文集》第7卷，人民出版社2009年版，第995页。
② 马克思：《资本论》第3卷，引自《马克思恩格斯文集》第7卷，人民出版社2009年版，第987页。
③ 马克思：《1857～1858年经济学手稿》，引自《马克思恩格斯全集》第30卷，人民出版社1995年版，第40页。

经济变革的产物,是一系列陈旧的社会生产形态灭亡的产物。"① 资本与雇佣劳动的关系不是自然界造成的,不是自然的、永恒的。这是一个历史的产物,是在封建生产方式逐渐解体的历史过程中形成的。也就是说,只有劳动力成为商品,货币才会转为资本。"有了商品流通和货币流通,并不是就具备了资本存在的历史条件。只有当生产资料和生产资料的占有者在市场上找到出卖自己劳动力的自由工人的时候,资本才产生;而单是这一历史条件就包含着一部世界史。因此,资本一出现,就标志着社会生产过程的一个新时代。"② 也就是说,劳动力成为商品是货币转化为资本的历史条件。从原始社会末期产生商品货币开始到封建社会末期,几千年的人类社会历史的发展结果才使劳动力成为商品这一特殊的社会现象出现。因此,《资本论》从分析商品开始,也就是从资本产生的历史条件开始,资本主义生产关系的历史性从其产生的历史条件的分析中得到了充分揭示。

(三)生产资料所有制是决定生产关系的核心

纵观人类社会历史,在一切社会发展阶段上的任何物质资料的生产过程中,没有劳动者之间结成的一定关系,生产活动是无法进行的。人们在生产过程中的相互关系,最重要的是生产资料(土地、森林、水流、矿源、原料、生产工具,等等)归谁所有、由谁支配的问题。这就提出了一个新的、重要的范畴——生产资料所有制。简言之,生产资料所有制是指生产资料的归属问题,包括人们对生产资料的所有、占有、支配和使用等方面所形成的经济关系。生产资料所有制是生产得以进行的前提。

生产资料所有制作为生产关系各个构成方面的基础,表现为它决定着生产关系的构成的其他方面,即决定着社会的交换形式,决定着各个经济主体在经济活动中的地位及其相互关系,决定着产品分配形式和消费形式。正如马克思所言:"一定的生产决定一定的消费、分配、交换和这些不同要素相互间的一定关系。"③ 当然,经济关系的其他几个方面也不是消极被动的,

---

① 马克思:《资本论》第1卷,引自《马克思恩格斯文集》第5卷,人民出版社2009年版,第197页。
② 马克思:《资本论》第1卷,引自《马克思恩格斯文集》第5卷,人民出版社2009年版,第198页。
③ 《马克思恩格斯全集》第2卷,人民出版社2005年版,第98页。

"生产就其片面形式来说也决定于其他要素。"① 生产资料的所有制总要通过生产、交换、分配、消费等社会生产和再生产所必经的几个环节来实现，否则生产资料的所有制也就会落空，生产资料所有制形式可以从其他环节和方面揭示出它们所体现、所反映的生产资料的所有制关系及其本质。

生产资料所有制是生产关系的基础，不同的生产资料所有制形式决定人们在生产中的地位及其相互关系；生产资料所有制形式和人们在生产中的地位及其相互关系，又决定劳动产品的分配形式。从表面上看，生产资料所有制是人对物的占有关系，实质上它是通过对物的占有而发生的人与人之间的关系。生产资料归谁所有，由谁支配，不仅决定直接生产过程中人与人的关系，而且决定着分配关系、交换关系和消费关系。由于生产资料是基本的生产条件，因此，谁占有了生产资料，谁就可以主宰整个生产过程，谁就可以支配生产和交换，谁就能够占有劳动成果进而决定消费。所以，生产资料所有制是生产关系的基础，它决定着人们在生产中的一定地位和相互关系，决定一定社会生产关系的性质。比如，在资本主义制度下，生产资料被资本家所占有，劳动者要谋生，就不得不把自己的劳动力出卖给资本家。这就决定了资本家在生产过程中的支配地位，劳动产品也归资本家所有；决定了资本家可以无偿占有工人创造的剩余价值，而工人只能获得维持劳动力再生产的劳动价值。

生产资料所有制表现在法律上，是一种权力关系。这种权力关系与生产资料所有制的所有、占有、支配和使用关系相对应，分别表现为所有权、占有权、支配权和使用权。其中，所有权是生产资料所有关系的法律表现，在上述几种权力中具有决定意义，它在总体上制约着占有权、支配权和使用权；占有权是对生产资料占有关系的法律界定，它作为所有权的一种权能，可以支配和使用生产资料；生产资料支配权，是所有者和占有者为了实现既定的生产目的而决定生产资料投向哪里的权力；使用权则是生产资料使用关系的法律表现，它是生产资料所有者或占有者在生产资料投向既定的条件下，具体运用生产资料以实现生产目的的权力。

生产资料所有制，不仅决定着社会生产资料主要归谁所有、由谁支配，

---

① 马克思：《1857～1858年经济学手稿》，引自《马克思恩格斯全集》第30卷，人民出版社1995年版，第41页。

更为重要的是决定着人们之间最本质的利益关系，因而决定着生产关系的利益性质。也就是说，生产的性质和形式决定了分配、交换、消费的性质和形式。这是由于生产关系的基本形式决定了劳动者和生产资料的主要结合方式，而上述结合的特殊方式和方法，可以将社会结构区分为各个不同的经济时期。因此，人类历史上各种经济形态的区分，主要是以生产资料所有制的不同基本形式为标志的。

二、所有制内涵和性质

（一）所有制与生产资料所有制

所有制的实质，是现实的、对财产占有的经济关系。马克思在分析商品交换过程时说："为了使这些物作为商品彼此发生关系，商品监护人必须作为有自己的意志体现在这些物中的人彼此发生关系，因此，一方只有符合另一方的意志，就是说每一方只有通过双方共同一致的意志行为，才能让渡自己的商品，占有别人的商品。可见，他们必须彼此承认对方是私有者。"[①] 尽管从表面上看，所有制是人们对物能行使其自由意志，对生产资料的自由使用、处理和支配的关系，但这种人对物质生产条件的占有在本质上是人与人的关系，是通过人对物的占有来体现的物质生产中的人与人的关系。

马克思的所有制范畴有广义和狭义之分。广义所有制是指经济主体对客体对象的占有关系，不仅包括对客观物质生产条件的占有关系，而且包括对劳动产品（物质产品和精神产品）的占有关系，还包括对主观生产条件即人的劳动能力的占有关系。狭义所有制是指生产资料所有制，是指经济主体对客观生产条件的占有关系。所有制关系不仅存在于一切社会生产中，而且是一切社会生产的前提。马克思认为，社会生产的特征在于生产者必须首先是生产条件的占有者。在马克思看来，所有制关系体现了生产主体对生产的客观条件的最高层次排他性归属关系。不过，所有制不是简单的

[①] 马克思：《资本论》第1卷，引自《马克思恩格斯文集》第5卷，人民出版社2009年版，第103页。

人与物的关系，而是人与物背后的人与人的关系，是通过人对物的占有来体现的物质生产中人与人的关系。因此，所有制是生产条件与产品占有中的人与人的关系，而且是一种历史的、随着物质生产力的发展不断变化的关系。

所有制的核心是生产资料所有制。所有制不等于生产资料所有制，但所有制的核心只能是生产资料所有制。因为任何社会都离不开生产，而要进行生产就先要有对生产条件的占有。马克思在对资本主义直接生产过程进行分析之后，研究了资本原始积累的历史过程，他说，"劳动者对他的生产资料的私有权是小生产的基础"①，而"创造资本关系的过程，只能是劳动者和他的劳动条件的所有权分离的过程，这个过程一方面使社会的生活资料和生产资料转化为资本，另一方面使直接生产者转化为雇佣工人。因此，所谓原始积累只不过是生产者和生产资料分离的历史过程"②。可见，生产资料所有制在社会生产关系中处于核心地位。

马克思认为，生产资料所有制直接回答的问题就是生产资料归谁所有，即生产资料在不同人们之间的分配关系。这种分配关系"是在生产关系本身内部由生产关系的一定当事人在同直接生产者的相对立中所执行的那些特殊社会职能的基础。这种分配关系赋予生产条件本身及其代表以特殊的社会性质。它们决定着生产的全部性质和全部运动"③。

（二）劳动力所有权与生产资料所有权结合的方式决定所有制的性质

生产资料所有制包含在直接生产过程中，它是进行生产的条件，决定了劳动者和生产资料的结合方式，决定了生产的性质，从而决定了分配、交换、消费的性质。

劳动力与生产资料的结合，首先表现为人和自然界进行物质变换，生产物质财富的过程。劳动者和生产资料是最基本的物质要素。只有劳动者和生产资料有机地结合起来，互相发生作用，存在于这些物质要素中的能量才能

---

① 马克思：《资本论》第 1 卷，引自《马克思恩格斯文集》第 5 卷，人民出版社 2009 年版，第 872 页。
② 马克思：《资本论》第 1 卷，引自《马克思恩格斯文集》第 5 卷，人民出版社 2009 年版，第 822 页。
③ 马克思：《资本论》第 3 卷，引自《马克思恩格斯文集》第 7 卷，人民出版社 2009 年版，第 995 页。

转变为物质力量,形成现实的生产能力,生产出物质产品来。"人自身作为一种自然力与自然物质相对立"①,"人在生产中只能像自然本身那样发挥作用"②。因此,劳动力所有权与生产资料所有权的结合过程,是生产力形成和发挥作用的过程,是现实的劳动过程。马克思说:"不论生产的社会形式如何,劳动者和生产资料始终是生产的因素。但是,二者在彼此分离的情况下只在可能性上是生产因素。凡是进行生产,就必须使它们结合起来。实行结合的特殊方式和方法,使社会结构区分为各个不同的经济时期。"③

劳动者与生产资料结合的过程,不仅存在结合的自然方式,而且存在结合的社会方式。劳资结合的社会方式首先包含着人们对于生产条件的占有或所有关系。一方面,人们对于生产条件的占有关系,归根结底是以人与自然的关系为基础,是在人们的物质生产活动中必然地形成和发展起来的。另一方面,人们对于生产条件的占有关系又是物质生产过程的前提和条件,只有在一定条件下社会的生产关系适合生产力的性质和发展,劳动者才同生产资料结合起来,以一定的社会方式来进行物质资料的生产活动。劳资结合的社会方式还包含着生产过程中的人与人的关系。在生产过程中,人们之间必然发生一定的联系和关系。劳资结合的社会方式遵循的是人们之间的利益原则,物质利益关系便支配着劳资结合的社会方式。只有在人们的这些社会联系和社会关系的范围内,才可能有劳动者对于自然界的关系,才可能进行生产。"形成商品的人的要素和物的要素这样结合起来一同进入的现实过程,即生产过程,本身就成为资本的一种职能,成为资本主义的生产过程。"④

劳资结合的社会方式与生产关系是密切相关的。生产关系就是"人们在他们的社会生活过程中、在他们的社会生活的生产中所处的各种关系"⑤。一定的生产关系或经济关系,不过是某一特定劳资结合的社会方式的必然关系。生产关系总是与劳资结合的社会方式在本质上相一致。马克思认为,由生产关系本身产生的经济制度的全部结构,以及它的独特的政治结构,都是

---

① 马克思:《资本论》第1卷,引自《马克思恩格斯文集》第5卷,人民出版社2009年版,第208页。
② 马克思:《资本论》第1卷,引自《马克思恩格斯文集》第5卷,人民出版社2009年版,第56页。
③④ 马克思:《资本论》第2卷,引自《马克思恩格斯文集》第6卷,人民出版社2009年版,第44页。
⑤ 马克思:《资本论》第3卷,引自《马克思恩格斯文集》第7卷,人民出版社2009年版,第994页。

建立在一定的经济形式之上的。不过，劳资结合的社会方式与生产关系之间又是有区别的。前者表明人们以何种方式在直接生产过程中发生社会联系和关系，后者则表明人们在生产、交换、分配等各个环节中发生的各种社会联系和关系。正因为如此，劳资结合的社会方式并不总是直接地表现出人与人之间的真实社会经济关系。在人类社会的早期阶段，原始共同体的劳动者与生产资料结合的社会方式是简单的，因此，人与人之间的关系也是十分明了的。而在后来的发展阶段，在封建社会，特别是在资本主义社会，劳资结合的社会方式越来越复杂，从而使人与人之间的真实关系隐藏起来。

所有制是直接由劳资结合的社会方式决定的。这是因为，生产资料所有制是在直接生产中发生的社会经济过程，是通过直接生产过程中人与人的一定生产关系而实现的人对生产资料的占有、支配等。作为所有制研究的生产资料，不是指静止的物，而是指进入生产过程，同劳动者相结合的生产资料。考察一个社会的所有制不能脱离一定的劳资结合的社会方式。生产资料所有制作为生产过程的前提、出发点，其本身就是劳资结合的社会方式的构成要素，而且这种所有制是通过生产过程本身，作为生产的历史结果产生出来的，并且随着劳资结合的社会方式的改变而改变。也就是说，生产资料所有制作为直接生产中的社会关系，不仅是劳资结合方式的前提、构成要素，而且是由劳资结合的社会方式决定的。

三、所有制结构与形式

（一）所有制结构

虽然马克思主义经典作家没有明确提出"所有制结构"的范畴，但实际上已经对这一范畴所内含的历史和现实内容进行过分析。马克思是依据上述方法论来研究所有制结构问题的。马克思说："无论哪一个社会形态，在它们所能容纳的全部生产力发挥出来以前，是决不会灭亡的；而新的更高的生产关系，在它的物质存在条件在旧社会的胎胞里成熟以前，是决不会出现的。"[①]

[①] 马克思：《〈政治经济学批判〉序言》，引自《马克思恩格斯全集》第31卷，人民出版社1998年版，第413页。

同样，一种所有制形式在它容纳的生产力全部发挥出来以前，也不会消亡，新的所有制如果不能更有效地促进生产力的发展，同样也不能取代旧的所有制。在一定社会的一定发展时期，生产力水平的不平衡性、多层次性的存在，必然决定了多种所有制的并存。

在马克思主义政治经济学中有一个"普照之光"理论。这就是马克思说的："在一切社会形式中都有一种一定的生产决定其他一切生产的地位和影响，因而它的关系也决定其他一切关系的地位和影响。这是一种普照的光，它掩盖了一切其他色彩，改变着它们的特点。"[①] 这段话表明了不同性质所有制同时存在时它们之间的相互关系。可见，马克思没有明确提出"所有制结构"范畴，却对这一范畴所表征的现实和历史内容进行过分析，特别强调，在多种所有制并存的经济中，有一种所有制是普照之光，也就是说，占主体地位的所有制形式支配、影响其他所有制形式。

马克思具体分析了封建社会和资本主义社会的所有制结构。他说："封建时代的所有制的主要形式，一方面是土地所有制和束缚于土地所有制的农权劳动；另一方面是拥有少量资本并支配着帮工劳动的自身劳动。这两种所有制的结构都是由狭隘的生产关系——小规模的粗陋的土地耕作和手工业式的工业——决定的。"[②] 其中后一方面的所有制形式逐步发展为资本主义私有制，"即以各个独立劳动者与其劳动条件相结合为基础的私有制，被资本主义私有制，即以剥削他人的但形式上是自由的劳动为基础的私有制所排挤"[③]，受到排挤，但不是没有了、消亡了。并且，马克思在研究资本主义社会中起主导作用和占主体地位的资本主义私人所有制的同时，还分析过存在于资本主义社会中的其他所有制形式，尤其是小生产的私有制与资本主义所有制的关系及其在资本主义社会中并存的命运。而且，马克思关注到当时资本主义经济中刚产生的社会主义经济萌芽的合作制经济。

（二）所有制形式

马克思不仅研究了所有制结构，还研究了所有制形式。马克思明确地区

---

① 马克思：《〈1857～1858年经济学手稿〉·导言》，引自《马克思恩格斯文集》第8卷，人民出版社2009年版，第31页。
② 马克思、恩格斯：《德意志意识形态》，引自《马克思恩格斯文集》第1卷，人民出版社2009年版，第523页。
③ 马克思：《资本论》，引自《马克思恩格斯文集》第5卷，人民出版社2009年版，第873页。

分了"一般的所有制"与"所有制形式"、所有制"基本关系"与"所有权借以实现的形式"和"种种不同的形式"等范畴，并且关注对一定社会不同阶段多种所有制类型和一种所有制多种实现形式进行研究。同样，马克思是依据上述方法论，坚持生产资料所有制要从根本上适应生产力的发展方向和要求的原则，来研究所有制形式问题的。

马克思在《1857~1858年经济学手稿》中对"原始所有制"的各种形式问题的研究，充分体现了马克思的所有制形式的经济思想。在马克思看来，尽管从本质上看都属于劳动的个人对其劳动的自然条件的原始所有制，但由于地域、历史和发展状况的不同，明确地把原始所有制区分为三种主要形式，即："亚细亚的所有制形式""古代的所有制形式"和"日耳曼的所有制形式"。并且，马克思还明确提出这三种类型在财产"公有"程度上的差异。马克思认为，亚细亚形式是最典型完整的"原始公社"，或称之为"第一种形式"，在这种形式中"每一个单个的人，只有作为这个共同体的一个肢体，作为这个共同体的成员，才能把自己看成所有者或占有者"①。不过，在古代的所有制形式中，却是"一部分土地留给公社本身支配……另一部分则被分割，而每一小块土地由于是一个罗马人的占有财产，是他的领地"②。在日耳曼形式中，"公有地只是个人财产的补充，并且只有当它被作为一个部落的共同占有物来保卫，以不受敌对部落的侵袭时，它才表现为财产"③。因此，马克思既把这三种类型的所有制视为同存于一个历史阶段的"原始所有制"；又指出它们在保留原始"公有"上的明显差异，说明其所处的不同发展状态。

马克思不仅研究了不同地域、历史和发展状况的所有制形式，而且还以亚细亚所有制类型为例研究了同一种所有制类型中的多种实现形式。马克思把亚细亚所有制分为四种形式，即：家庭型、扩大成为部落的家庭型、通过家庭之间相互通婚而组成的部落和部落的联合型。马克思指出，这四种形式既具有"土地公有"的共同性，又存在组织形式和家庭关系上的差异性。因此，

---

① 马克思：《1857~1858年经济学手稿》，引自《马克思恩格斯全集》第30卷，人民出版社1979年版，第466页。
② 马克思：《1857~1858年经济学手稿》，引自《马克思恩格斯全集》第30卷，人民出版社1995年版，第472页。
③ 马克思：《1857~1858年经济学手稿》，引自《马克思恩格斯全集》第30卷，人民出版社1995年版，第474~475页。

"这种以同一基本关系为基础的形式，本身可能以十分不同的方式实现"①。

马克思非常关注资本主义发展中出现的变化，针对资本主义所有制形式多样化的重要特征，对其进行充分研究，尤其对资本、地租等多种财产经营关系进行深入研究。在马克思看来，资本主义所有制形式的多样化，是适应社会化大生产和市场经济发展而出现的重大变化。随着资本关系的成熟，资本主义财产占有方式和表现形态多样化了。又由于所有权与经营权的分离及其不断演化，出现了多种资本经营中的不同代理方式。马克思认为，资本主义发展中出现的占有经营关系，不是所有制性质发生了变化，而是因为所有权借以实现的形式发生了变化。并且，所有权与经营权分离后，"执行职能的资本家代表他人所有的资本"②，是"单纯的经理"或"别人的资本管理人"③。这种代理方式的出现是所有权形式通过经营权形式的派生来实现的，这是资本主义条件下所有权形式的新变化。可见，所有制形式多样化实则是所有制内部经营性权利分离和组合的多种状态的表现，目的是为了追求资本经营利益最大化。马克思认为，上述资本主义发展中所有制形式变化有利于社会生产的发展和财产经营效益的提高，具有很大的进步性，甚至是通向未来社会的一种途径。

（三）所有制结构和形式研究的方法论

人类经济发展的历史表明，所有制总是处于不断地变革之中。那么，为什么会处于不断地变革之中？这种变革是由怎样的力量来推动的？对此，马克思主义政治经济学是有明确的回答的。这就是，生产力是所有制变革的客观力量，所有制的变革必须适应生产力发展的要求，只有有益于生产力发展的所有制才是进步的。

马克思就包括所有制在内的一切生产关系的产生与变革问题有过非常精辟的论述。他说："人们在自己生活的社会生产中发生一定的、必然的、不以他们的意志为转移的关系，即同他们的物质生产力的一定发展阶段相适应

---

① 马克思：《1857~1858年经济学手稿》，引自《马克思恩格斯全集》第30卷，人民出版社1995年版，第467页。
② 马克思：《资本论》第3卷，引自《马克思恩格斯文集》第7卷，人民出版社2009年版，第427页。
③ 马克思：《资本论》第3卷，引自《马克思恩格斯文集》第7卷，人民出版社2009年版，第495页。

的生产关系。"① 生产力决定社会生产的主要内容,生产关系决定社会生产的主要形式,而生产资料所有制是生产关系的基础,因此社会生产是不能离开所有制而单独进行的。所谓生产力"决定"生产关系,就是生产力的发展必然引起生产关系的变革,在生产力发展停滞条件下就不可能引起生产关系的变革;有什么样的生产力,就要求有什么样的生产关系与之相适应;新的生产关系的建立是由生产力的发展造成的。新的生产关系一旦建立,是否适应生产力发展的要求,要用生产力作为唯一衡量标准。坚持生产力标准,是马克思主义所有制理论的灵魂。生产资料所有制要从根本上适应生产力的发展方向和要求,只有这样,才能更好地促进社会生产的发展。

进一步,马克思就生产力对所有制变革的作用过程进行了分析。在对原始所有制解体的分析中,马克思说:"劳动主体所组成的共同体,以及以此共同体为基础的所有制,归根到底归结为劳动主体的生产力发展的一定阶段,而和该阶段相适应的劳动主体相互间的一定关系和他们对自然的一定关系。在某一定点为止,是再生产。然后,便转入解体。"② 在这里,原始财产关系和其组织形式"归根到底"要与"一定阶段"生产力水平相适应,尤其对所有制变化中的"某一定点"和其"之前""往后"的差别及转化进行了细致的分析。这里的"某一定点""是一个必然的过渡点"③,就是指所有制与生产力适应性的阶段转化的区间。"之前"是指所有制适应生产力要求而处于相对稳定的时期;"往后"是指所有制不适应生产力要求而处于变动的时期。由此往后这个时期"既是旧形式的重新生产,同时又是旧形式的破坏"④。可见,所有制变革的过程是一个不断与生产力相适应的变化过程,生产力始终是这个变化过程的决定因素。因此,"社会制度中的任何变化,所有制关系中的每一次变革,都是产生了同旧的所有制关系不再相适应的新的生产力的必然结果"⑤。

---

① 马克思:《〈政治经济学批判〉序言》,引自《马克思恩格斯全集》第31卷,人民出版社1998年版,第412页。
② 马克思:《1857~1858年经济学手稿》,引自《马克思恩格斯全集》第30卷,人民出版社1995年版,第488页。
③ 马克思:《1857~1858年经济学手稿》,引自《马克思恩格斯全集》第30卷,人民出版社1995年版,第512页。
④ 马克思:《1857~1858年经济学手稿》,引自《马克思恩格斯全集》第30卷,人民出版社1995年版,第486页。
⑤ 恩格斯:《共产主义原理》,引自《马克思恩格斯文集》第1卷,人民出版社2009年版,第684页。

马克思关于生产力对所有制变革作用过程的分析适用一切社会，包括未来社会。在《资本论》中，马克思明确把未来社会所有制的产生归结为经历两次变革的"否定的否定"过程，即只能在经历劳动方式和财产占有方式的双重变革之后，"在资本主义时代的成就的基础上，也就是说，在协作和对土地及靠劳动本身生产的生产资料的共同占有的基础上"① 建立起来的。马克思还多次强调，如果舍弃这种新社会"必需的物质生产条件和与之相适应的交往关系，那么一切革命的尝试都是唐·吉诃德行为"②。

四、经济制度的生成逻辑

在马克思主义经典著作中，并没有对经济制度范畴给予明确定义和系统研究。但对经济制度的相关研究却非常丰富。马克思明确将生产关系以及生产关系总和定义为经济基础或社会经济基础，并将立足于其上的法律的、政治的及意识形态的上层建筑视为真正的社会制度。如此，在马克思主义政治经济学说中包含着作为经济制度的生产关系的制度体系。

马克思主义政治经济学认为，经济制度是人们为维持生存进行生产活动而自发形成的。经济制度的形成便构成了社会生产不可缺少的一个组成部分。在社会生产活动中涉及两方面的关系：一是人与自然的关系；二是人与人之间的关系。尽管社会生产活动中人与自然的关系是基本的，但人与人之间的关系尤其是生产关系直接影响甚至决定着人与自然的关系，进而改变着人与人之间的关系。因此，人与人之间的关系就是通过一定的生产关系或经济制度来体现的。研究社会生产的一个重要内容是对生产关系或经济制度的研究。

在社会生产活动中涉及的人与自然、人与人之间的两方面的关系，会进一步深化为生产力与生产关系、经济基础与上层建筑两对矛盾运动，其实这就是经济制度的产生及发展的动力及运行的机制。这也是马克思主义唯物史观的核心内容。马克思主义政治经济学认为，作为范畴的经济制度实质上是

---

① 马克思：《资本论》第1卷，引自《马克思恩格斯文集》第5卷，人民出版社2009年版，第874页。
② 马克思：《1857~1858年经济学手稿》，引自《马克思恩格斯全集》第30卷，人民出版社1995年版，第109页。

在一般意义上对个人与社会的相互经济做出的基本判断，进一步就是明确回答在人与社会的相互关系中究竟哪一个更为基础的问题。在马克思看来，虽然社会是由个人组成的，但是社会不等于单个人的简单的量的加总，而是按照一定规则和方式构成的有机整体。这个有机整体一旦形成，就不以个人的意志为转移，也就不具有个人的属性，而是具有了源于个人又超越个人的整体属性，也就形成了具有整体属性的客观规律、机制及结构。因此，尽管社会经济活动在结构上是由个体的选择及行为组合而成的，但个人的经济行为及选择不可能脱离历史和社会条件的制约。作为个人，其本身就是经济制度的产物，也就是经济关系的人格化。这样，应该从经济制度变迁，也就是各种社会生产关系总和的历史延续性、变动性中去理解现实的整体结构中的人及其行为。马克思主义政治经济学认为，经济制度的历史起点是对社会物质生产的分析，经济制度的理论起点是各种生产关系的总和。所以，人们常常把一定社会发展阶段各种生产关系的总和视为经济制度的内涵。

生产资料所有制是经济制度的核心和基础。因为直接生产过程中的关系是社会生产关系体系的基础和核心。所谓直接生产过程中的关系就是生产资料所有制。生产资料是一个社会最基本的经济资源，拥有生产资料的社会集团，实际上占有着对生产的控制权和对经济剩余的支配权，从而决定着一个社会的生产、交换和分配的基本规则，并由此而成为这个社会政治上的统治者和意识形态上的主导者。因此，所有制是社会生产关系产生和形成的基础和条件，它在本质上反映一个国家中人与人之间的经济利益关系，是一个国家经济制度的主要表现形式。当然，一个国家生产力的解放、经济的发展、制度的创新、机制的转换等，都必然要引起所有制的变革。

值得注意的是，在经济思想史上，马克思首次明确把所有制的经济内容与法律形式区别开来，从而对于所有制和所有权的概念做出了科学的规定。作为政治经济学范畴的生产资料所有制，必须从直接生产中的客观经济关系中去说明，而不应从人们的意志关系和法理角度去解释。人们对生产资料的占有，并不是纯粹为了显示归属关系，而是要通过这种占有为自己谋取某种经济利益。这就必然引起人们之间发生相应的社会经济关系，这种经济关系构成了生产资料所有制的实体，马克思说，政治经济学"对财产关系的总和，不是从它们的法律表现上即作为意志关系来把握，而是从它们的现实形态上即作为生产关系来把握"①,"要想把所有权作为一种独立的关系、一种特殊的范畴,一种抽象的和永恒的观念来下定义,这只能是形而上学或法学的幻想"②。当然,经济制度也是生产关系在法律上的反映,即生产过程中人与人之间相互关系的法律规范。这种法律形式只是对这种经济关系的社会认可和保护。

根据经济制度的性质、地位和作用,可以将其分为处于基础性地位的经济制度和处于派生地位的经济制度两个层次,也就是基本经济制度和经济体制两个层次。基本经济制度是由一个社会的生产资料所有制决定的,反映了最基本的生产关系。因此,生产资料的所有制不仅是一个社会基本经济制度的核心,也是一个社会基本政治和法律制度的基础。作为制定规则的规则,它从根本上决定了一个社会的性质和发展方向。而处于派生地位的经济制度,其实就是经济体制,也就是在基本经济制度约束下具体的经济行为规则和运行机制。与经济制度的两个层次相对应,社会经济制度的演进过程体现在两方面:一是基本制度的变革,也是社会生产资料所有制的根本变化,由此引发国家政权等方面的根本变化;二是在既定的基本制度的框架内寻求基本制度的实现形式,这样的变化其实就是经济体制的改革,一般不会改变基本经济制度性质。当然,社会经济制度的演进过程所体现的两个方面是相互联系、相互作用的辩证关系。基本经济制度决定着经济体制,又是通过经济体制实现的,经济体制变革到一定程度,必然会导致基本制度的相应调整。

五、未来社会及其所有制

(一) 马克思主义经典作家关于未来社会的推论

唯物史观的建立是马克思和恩格斯关于未来社会经济形态思想的形成的重要理论基础。马克思和恩格斯通过对生产力和生产关系的辩证法的认识,第一次创造了解释社会进步的科学观念。唯物史观不仅为揭示社会发展的单个方面,而且为揭示社会发展的最普遍的运动规律,从而为揭示历史过程的

---

① 马克思:《论蒲鲁东》,引自《马克思恩格斯选集》第3卷,人民出版社2012年版,第14页。
② 马克思:《哲学的贫困》,引自《马克思恩格斯文集》第1卷,人民出版社2009年版,第638页。

本质以及在这个基础上描绘未来发展的趋势提供了钥匙。

在唯物史观的基础上就有可能为共产主义观点的进一步制定得出基本的、有科学根据的结论。第一，把历史的发展理解为不同社会形态的相互更替，这种世界历史过程的各个阶段就具有独立的意义。这一点也适用于包括资本主义社会制度在内的、建立在私有制基础上的社会制度。马克思和恩格斯通过揭示和概括生产力和生产关系的相互关系为科学地分析共产主义建立的前提提供了基础。废除私有制，也就是共产主义建立，这是历史的必然。因为"生产力和交往形式已经发展到这样的程度，以致它们在私有制的统治下竟成了破坏力量"①。第二，马克思和恩格斯在揭示出物质生活的生产方式、建立在其上的阶级关系以及政治和思想上层建筑之间的相互关系的同时，开始认识社会机体的内部结构。这就提供了把各个有关未来制度的预言纳入这个结构或者从社会领域的这种相互关系的角度来表述这些预言的基础。马克思和恩格斯指出："共产主义和所有过去的运动不同的地方在于：它推翻一切旧的生产关系和交往关系的基础……因此，建立共产主义实质上具有经济的性质。"② 这表明共产主义在物质生产中实现的过程具有首要的意义。

马克思和恩格斯在《共产党宣言》中证明共产主义的规律性时运用了当时所取得的关于社会经济形态的认识。他们从生产力的发展出发，提出生产力如何对现存的生产关系产生影响和最后越来越同生产关系发生矛盾。马克思和恩格斯深刻地描绘了资本主义生产方式的迅猛发展并强调了大工业的革命作用。由于有了大工业，才有可能大力发展生产力。在马克思和恩格斯看来，随着资本主义的向前发展，它的内部矛盾便暴露出来了。周期性的和反复出现的危机证明，现代生产力正在冲击现存的生产关系。因此，"资产阶级的生产关系和交换关系，资产阶级的所有制关系……现代资产阶级社会，现在像一个魔法师一样不能再支配自己用法术呼唤出来的魔鬼了"③。

唯物史观告诉我们，只有通过对其生产关系即经济基础的分析，才能揭

---

① 马克思、恩格斯：《德意志意识形态》，引自《马克思恩格斯全集》第 3 卷，人民出版社 1960 年版，第 516 页。
② 马克思、恩格斯：《德意志意识形态》，引自《马克思恩格斯文集》第 1 卷，人民出版社 2009 年版，第 574 页。
③ 马克思、恩格斯：《共产党宣言》，引自《马克思恩格斯文集》第 2 卷，人民出版社 2009 年版，第 37 页。

示某种社会形态的运动规律；一种更高的社会形态的物质前提，是在旧社会的胎胞中成熟起来的。因此，要全面地、科学地证明共产主义社会的规律性和特征，就必须深入研究资本主义产生和发展的经济基础。如果说唯物史观是建立政治经济学的理论原则和方法论，那么，政治经济学又反过来影响马克思主义哲学，而且由此从经济上全面论证科学共产主义成为可能。从历史唯物主义观点出发研究关于社会经济形态的基本思想，最初还带有假设的性质。但是，经过经济学的研究得到了证实。

唯物史观和剩余价值是马克思的两个伟大发现，由于这两个发现，社会主义变成了科学。由于有了《资本论》，才在唯物史观的基础上并通过剩余价值的发现，揭示了剥削的秘密，认识了资本主义生产方式的经济运动规律。马克思以此指明了资本主义生产方式如何在自己的胎胞中产生出新社会的前提条件，这个新社会在人类历史上将第一次消灭一切剥削。马克思和恩格斯对资本主义的剖析得出这样一种思想：在资本主义制度下必然会产生出未来共产主义社会的客观和主观前提。

马克思在《资本论》第一卷中把上述思想概括为下面这一著名论断，随着"……资本巨头不断减少，贫困、压迫、奴役、退化和剥削的程度不断加深，而日益壮大的、由资本主义生产过程本身的机构所训练、联合和组织起来的工人阶级的反抗也不断增长。资本的垄断成了与这种垄断一起并在这种垄断之下繁盛起来的生产方式的桎梏。生产资料的集中和劳动的社会化，达到了同它们的资本主义外壳不能相容的地步。这个外壳就要炸毁了。资本主义私有制的丧钟就要响了。剥夺者就要被剥夺了"[①]。

（二）未来社会公有制的设想和基本特征

马克思认为，公有制的公有对象只能是生产资料，因此，公有制是公共的生产资料所有制。在生产资料公有制条件下，除了自己的劳动，谁都不能提供其他任何东西，另一方面，除了个人的消费资料，没有任何东西可以成为个人的财产。所以，从本质上说，生产资料公有制就是杜绝人们以占有生产资料为手段而获取消费资料的可能性。马克思不仅在一般的逻辑推论基础

[①] 马克思：《资本论》第1卷，引自《马克思恩格斯文集》第5卷，人民出版社2009年版，第874页。

之上，而且还在生产力高度发展的现实基础之上，提出了公有制形式的基本设想。

1. 单一的全社会公有制

马克思以当时发达和比较发达的资本主义国家为背景，仔细考察和分析了资本主义社会的生产社会化和资本主义私人占有制之间的矛盾，依据生产关系一定要适合生产力性质的规律，根据生产社会化必然要求占有社会化的趋势，得出了只有全部生产资料归社会全体成员公有的全社会所有制，才能同在资本主义制度下发展起来的高度社会化的生产力相适应。设想在生产社会化高度发展的社会主义社会中，所有制应是单一的全社会所有制。马克思说："生产资料随着社会生产的发展已不再是私人生产的资料和私人生产的产品，它们只有在联合起来的生产者手中还能是生产资料，因而还能是他们的社会财产，正如它们是他们的社会产品一样。"[①] 显然，这是马克思运用抽象分析法演绎出来的一个理论模式。逻辑的起点不是某个国家所有制的现状和生产力水平，而是生产关系与生产力矛盾发展的必然趋势；逻辑的结论也不是某个国家社会主义革命变革后立即实现的所有制模式，而是成熟的社会主义形态所具有的模式。因此，马克思当时所设想的社会主义公有制，是单一的全社会占有全部生产资料的公共占有制，不仅要消灭资本主义私有制，而且要消灭一切私有制。

马克思认为，在公有制的条件下不存在商品和货币的关系。马克思说："在社会的生产中，货币资本不存在了。社会把劳动力和生产资料分配给不同的生产部门。生产者也许会得到纸的凭证，以此从社会的消费品储备中，取走一个与他们的劳动时间相当的量。这些凭证不是货币。它们是不流通的。"[②] 在马克思看来，在公有制的条件下，由于劳动时间的有计划的分配可以调节着各种劳动职能同各种需要的适当的比例，这样就使劳动者的个别劳动在生产开始时就表现为社会劳动。"货币资本会完全消失，因而，货币资本所引起的交易上的伪装也会消失。"[③] 劳动者的个别劳动不必通过价值

[①] 马克思：《资本论》第 3 卷，引自《马克思恩格斯文集》第 7 卷，人民出版社 2009 年版，第 498 页。
[②] 马克思：《资本论》第 2 卷，引自《马克思恩格斯文集》第 6 卷，人民出版社 2009 年版，第 397 页。
[③] 马克思：《资本论》第 2 卷，引自《马克思恩格斯文集》第 6 卷，人民出版社 2009 年版，第 349 页。

形式间接地表现为社会劳动,个别劳动具有社会劳动的经济假定已成为生产的一般前提,这样,货币的使用在经济上就变成多余的了。

2. 直接的社会主义公有制

马克思通过对人类历史上生产资料占有关系的深刻分析,划分出直接占有和间接占有两种不同的所有制形式。所谓直接占有形式,是指生产资料的所有者同时也是实际上的占有者、生产资料支配者、生产活动的自主决策者,集三者于一身。所谓间接占有形式,是指经济活动主体对某些生产资料(如土地)具有实际占有权,但在其上还有一个最高的占有者,由它来限定经济活动主体在一定范围内的生产资料的占有权。马克思认为,社会主义所有制应该是生产资料的直接占有制。马克思说,社会主义社会应该将资产阶级的全部生产资料转变为"联合起来的生产者的财产,即直接的社会财产"[①]。直接的社会主义公有制,实际上是劳动者与生产资料的直接结合,"是劳动条件成为直接社会的、社会化的劳动条件,或成为生产过程内直接协作的条件的结果"[②]。联合了的劳动者既是生产资料占有的主体,同时又是生产与经营管理的主体,在全社会范围内直接占有劳动成果;联合劳动者按照全社会的利益和统一的经济计划进行管理,在社会主义生产、分配和交换中有着充分的自主决策自由。

单一的社会主义公有制与直接的社会主义公有制之间并不存在本质的区别,它们都要求消灭私有制,实行对生产资料的统一占有,统一组织生产。不过,直接的社会主义公有制是一种更为成熟的社会主义公有制形式。

3. 重新建立的个人所有制

生产资料的公共占有,首先表现为社会的每个人都同等地拥有对生产资料的所有权,从这个意义上说这是个人所有制,但这种个人所有制不是孤立的,而是一个联合起来的个人所共同拥有的所有制。所以,马克思称生产资料公有制是"在协作和对土地及靠劳动本身生产的生产资料的共同占有的基础上,重新建立个人所有制"[③]。马克思把自由个性概括为公有制社会的

[①] 马克思:《资本论》第3卷,引自《马克思恩格斯文集》第7卷,人民出版社2009年版,第495页。

[②] 马克思:《资本论》第3卷,引自《马克思恩格斯文集》第7卷,人民出版社2009年版,第118页。

[③] 马克思:《资本论》第1卷,引自《马克思恩格斯文集》第5卷,人民出版社2009年版,第874页。

基本特征。在未来全面社会化的生产形式中，个体的人在社会关系中成为社会化的主体成为可能，完全能够"用那种把不同社会职能当做互相交替的活动方式的全面发展的个人，来代替只是承担一种社会局部职能的局部个人"①。"重新建立个人所有制"是从历史事实和发展过程中得出的结论，是建立在非常严格的前提条件的基础之上的。

"重新建立个人所有制"是社会生产力高度发展、生产高度社会化的"自然过程"的必然结果。"重新建立个人所有制"作为资本主义私有制的对立物，是在资本主义发展成就的基础上建立起来的。生产的社会化既包括劳动过程中协作形式的社会化，也包括生产资料使用形式上的社会化。马克思认为，只有全社会占有全部生产资料，人人都是生产资料的所有者，才可能具备真正的基础。从所有制主体的角度来看，劳动者自身也得到了全面的发展，这就是说，社会获得解放，个人也获得解放。此时的社会就是"自由人联合体"。

社会主义公有制是个人所有制的基础，而个人所有制是公有制的内容和实质。在社会主义条件下，由于实现了生产资料的公有制，实现了"由劳动人民实际占有一切劳动工具"②的个人所有制。这是一种联合占有、共同占有基础上的个人所有制。因此，这种个人所有制实际上是社会主义公有制的同义语。正是通过劳动者对生产资料的"实际占有"这一方式实现的。可见，与资本主义私有制相对立的"重新建立个人所有制"，是马克思对公有制的又一种表述。

六、向未来社会过渡及其所有制

（一）向未来社会过渡的两个阶段及其所有制研究的方法论

1. 向未来社会过渡的两个阶段

马克思和恩格斯认为，物质资料的生产是人类社会存在和发展的基础，

---

① 马克思：《资本论》第1卷，引自《马克思恩格斯文集》第5卷，人民出版社2009年版，第561页。
② 恩格斯：《论住宅问题》，引自《马克思恩格斯文集》第3卷，人民出版社2009年版，第328页。

只有生产力极大发展、物质财富极大丰富，才能实现共产主义，如果没有这种发展，那就只能有贫困的普遍化，就谈不上未来社会的建设。马克思在《哥达纲领批判》中指出：" 在资本主义社会和共产主义社会之间，有一个从前者变为后者的革命转变时期。"① 未来的社会主义、共产主义社会是与资本主义经济制度直接对立的社会经济制度，具有明显的优越性。马克思和恩格斯对未来社会，特别是社会主义社会的经济特征从理论上进行了比较系统的分析和论证。

马克思和恩格斯还一再研究了生产力发展到什么水平才能够向共产主义社会形态过渡的复杂问题。在《共产党宣言》中提出的十条过渡性措施中，前六条与工人阶级实行政治统治这一普遍任务的前一部分有关。在逐步实现社会改造的过程中国家具有决定性的作用。上述措施表明，生产资料私有制首先应当变为国家所有制。信贷和运输业也应当集中在国家手中。后面四条措施的目的是迅速提高生产力，它们与工人阶级实行政治统治这一任务的后一部分有关。马克思和恩格斯提出："增加国家工厂和生产工具，开垦荒地和改良土壤"②，为的是提高工农业的生产。实行普遍劳动义务制和成立产业军也是服务于这个目的。同时这种义务制也是为了"促使城乡之间的对立逐步消灭"③。马克思和恩格斯在《共产党宣言》中认为，所提出的这些措施普遍适用于先进的资本主义国家。这样，他们也就指出了共产主义社会建立的普遍适用的规律的作用。

在《哥达纲领批判》中，马克思第一次明确地把共产主义社会划分为低级和高级阶段，他认为在推翻资本主义之后，不可能立即进入完全的共产主义社会，只可能进入共产主义的低级阶段，即社会主义的历史阶段。共产主义社会两个阶段在经济上的根本差别是经济发展的程度不同。

马克思把"经过长久的阵痛刚刚从资本主义社会里产生出来的形态"称为共产主义社会的第一阶段。他指出，这个低级的共产主义社会为了生产和管理的需要，在对社会产品做了种种必要的社会扣除之后，才根据"按劳分配"的原则在它的成员之间进行分配。这个平等权利，"不承认任何阶

---

① 马克思：《哥达纲领批判》，引自《马克思恩格斯文集》第 3 卷，人民出版社 2009 年版，第 445 页。
②③ 马克思、恩格斯：《共产党宣言》，引自《马克思恩格斯文集》第 2 卷，人民出版社 2009 年版，第 53 页。

级差别……但是它默认，劳动者的不同等的个人天赋，从而不同等的工作能力，是天然特权"①。马克思认为，这个弊端在共产主义的低级阶段是不可避免的，因为"它不是在它自身基础上已经发展了的，恰好相反，是刚刚从资本主义社会中产生出来的，因此它在各方面，在经济、道德和精神方面都还带着它脱胎出来的那个旧社会的痕迹"②。在《哥达纲领批判》中，马克思从原则上阐述了由社会主义过渡到共产主义的条件，并论证了国家消亡的经济基础。他指出："在共产主义社会高级阶段，在迫使人们奴隶般地服从分工的情形已经消失，从而脑力劳动和体力劳动的对立也随之消失之后；在劳动已经不仅仅是谋生的手段，而且本身成了生活的第一需要之后；在随着个人的全面发展，他们的生产力也增长起来，而集体财富的一切源泉都充分涌流之后，——只有在那个时候，才能完全超出资产阶级权利的狭隘眼界，社会才能在自己的旗帜上写上：各尽所能，按需分配！"③ 从这里可以看出，马克思把按劳分配与按需分配的区别和联系作为划分共产主义社会发展的两个阶段的重要标志。

2. 过渡阶段所有制研究的方法论

马克思关于公有制的设想，不仅通过理论逻辑推演提出了公有制的完备形式，而且还联系当时的实际提出了公有制的过渡形式。马克思在《资本论》中曾经论述到合作工厂、消费合作社等，认为这是对资本主义占有方式的积极扬弃。在这些合作工厂和组织中证明资本家作为单纯的资本的所有者已成为多余的，资本家可以被改造为单纯的经理。马克思还把资本家集团所有制、资本家国家所有制也看作是对资本主义私人所有制的消极扬弃。马克思说，资本主义生产极度发展的这个结果，既是资本再转化为联合起来的生产者的财产，即直接的社会财产"所必需的过渡点"，同时也是"所有那些直到今天还和资本所有权结合在一起的职能转化为联合起来的生产者的单纯职能，转化为社会职能的过渡点"④。

---

① 马克思：《哥达纲领批判》，引自《马克思恩格斯文集》第2卷，人民出版社2009年版，第435页。
② 马克思：《哥达纲领批判》，引自《马克思恩格斯文集》第2卷，人民出版社2009年版，第434页。
③ 马克思：《哥达纲领批判》，引自《马克思恩格斯文集》第2卷，人民出版社2009年版，第435~436页。
④ 马克思：《资本论》第3卷，引自《马克思恩格斯文集》第7卷，人民出版社2009年版，第494页。

实际上，马克思关于公有制过渡形式的设想具有重要的方法论意义。公有制不仅有完备的形式，而且有过渡形式，或者说，公有制不仅具有一般形式，还具有实现形式。马克思关于公有制的设想，从理论逻辑上讲是合理的、科学的。马克思说，"我们的任务不是构想未来并使它适合于任何时候"，"我们不想教条式地预期未来，而只是想通过批判旧世界发现新世界。"① 然而，至于"在将来的某个特定的时刻应该做些什么，应该马上做些什么，这当然完全取决于人们将不得不在其中活动的那个既定的历史环境"② "所谓'社会主义'不是一种一成不变的东西，而应当和任何其他社会制度一样，把它看成是经常变化和改革的社会。"③ 社会主义公有制的实现形式，其实就是社会主义的公有财产在经济运行过程中的具体经营方式和组织形式。公有制实现形式可以而且应当多样化。如果说社会主义公有制的一般形式从总体上静态地概括了生产资料的占有性质，那么，社会主义公有制则是从微观上动态地说明了生产资料的运动方式。公有制在典型形态的社会主义社会与非典型形态的社会主义社会分别有着不同的实现形式。

（二）过渡阶段所有制的具体设想

从资本主义社会形态向共产主义社会形态过渡时，仍然保持着生产力发展中的持续性，因为生产力发展的物质内容可以通过抽象掉社会经济形式而结晶出来。"发展社会劳动生产力，是资本的历史任务和存在理由。资本正以此不自觉地为一个更高级的生产形式创造物质条件。"④ 资本主义生产方式向共产主义生产方式过渡的发展，也是其自我扬弃的过程。如马克思所说："这是资本主义生产方式在资本主义生产方式本身范围内的扬弃，因而是一个自行扬弃的矛盾，这个矛盾明显地表现为通向一种新的生产形式的单纯过渡点。"⑤

---

① 马克思：《马克思致阿尔诺德·卢格》，引自《马克思恩格斯文集》第 10 卷，人民出版社 2009 年版，第 7 页。
② 马克思：《马克思致斐迪南·多梅拉·纽文胡斯》，引自《马克思恩格斯文集》第 10 卷，人民出版社 2009 年版，第 458 页。
③ 恩格斯：《恩格斯致奥托·冯·伯尼克》，引自《马克思恩格斯文集》第 10 卷，人民出版社 2009 年版，第 458 页、第 588 页。
④ 马克思：《资本论》第 3 卷，引自《马克思恩格斯文集》第 7 卷，人民出版社 2009 年版，第 288 页。
⑤ 马克思：《资本论》第 3 卷，引自《马克思恩格斯文集》第 7 卷，人民出版社 2009 年版，第 497 页。

马克思所说的扬弃，按其性质的不同分为"消极地扬弃"与"积极地扬弃"两种形式。资本主义私有制度正是通过上述两种不同的扬弃形式逐步向未来社会过渡的。"消极地扬弃"是自我肯定基础上的扬弃。由资本的内在矛盾即私人资本和社会资本的矛盾运动引发的资本的扬弃确实内生出一些新社会因素，不过，这些因素又被资本关系包裹着，并为资本服务。正是在这个意义上，马克思将其称为"消极地扬弃"。"积极地扬弃"则不是由资本内在的双重性质的矛盾引发的，而是由资本主义再生产过程中的劳动与资本的矛盾引发的。它不是资本主义基本矛盾运动中的资本内在的表现，而是这一矛盾在劳资关系中的表现，它不是对资本主义经济关系的部分调整，而是对这种关系的根本否定。由于在资本主义社会中，资本的积极扬弃与消极扬弃互为条件、相互作用；积极扬弃的形式又常常受到很大的限制，资本的消极扬弃常常阻碍着积极扬弃的实现。

1. 合作制

资本主义条件下的合作制经济，反映了社会化的生产力日益要求摆脱资本主义生产关系的束缚，因此也就反映了合作制本身所具有的社会性。但是，只要资本主义私有制没有被否定，这种合作关系只能局限在资本关系的范围内。马克思曾在一个多世纪前就对合作制做过评价，"工人自己的合作工厂，是在旧形式内对旧形式打开的第一个缺口，虽然它在自己的实际组织中，当然到处都再生产出并且必然会再生产出现存制度的一切缺点。但是，资本和劳动之间的对立在这种工厂内已经被扬弃，虽然起初只是在下述形式上被扬弃，即工人作为联合体是他们自己的资本家，也就是说，他们利用生产资料来使他们自己的劳动增殖。资本主义的股份企业，也和合作工厂一样，应当被看作是由资本主义生产方式转化为联合的生产方式的过渡形式，只不过在前者那里，对立是消极地扬弃的，而在后者那里，对立是积极地扬弃的"[①]。马克思上面的评价不仅适合于他所处的时代，也适合于我们所处的时代。

值得注意的是，作为"积极地扬弃"的合作制是不是具有社会主义的

---

① 马克思：《资本论》第3卷，引自《马克思恩格斯文集》第7卷，人民出版社2009年版，第499页。

性质呢？马克思说："工人阶级不是要实现什么理想，而只是要解放那些在旧的正在崩溃的资产阶级社会里孕育着的新社会因素。"① 马克思又说："不管合作劳动在原则上多么卓越，在实际上多么有效，只要它仍然限于个别工人的偶然努力的狭隘范围，它就始终既不能阻止垄断势力按照几何级数增长，也不能解放群众，甚至不能显著地减轻他们的贫困的重担。"② 因此，把合作制比作新社会因素，并不等于说合作制具有社会主义性质。因为合作制处于资本主义生产关系的包围之中。合作制的性质不能离开它所处的社会的基本生产关系而进行抽象的判断。"要解放劳动群众，合作劳动必须在全国范围内发展，因而也必须依靠全国的财力。但是土地巨头和资本巨头总是要利用他们的政治特权来维护和永久保持他们的经济垄断的。他们不仅不会促进劳动解放，而且恰恰相反，会继续在它的道路上设置种种障碍"，所以，"夺取政权已成为工人阶级的伟大使命"③。总之，不可能实现资本主义和平地长入社会主义。

马克思的理论论述和现代资本主义的实际发展都表明，合作制从两个方面证明了资本主义将被否定的必然性。一方面，合作企业的"工人们不是在口头上，而是用事实证明：大规模的生产，并且是按照现代科学要求进行的生产，没有那个雇佣工人阶级劳动的雇主阶级也能够进行；他们证明：为了有效地进行生产，劳动工具不应当被垄断起来作为统治和掠夺工人的工具；雇佣劳动，也像奴隶劳动和农奴劳动一样，只是一种暂时的和低级的形式。它注定要让位于带着兴奋愉快心情自愿进行的联合劳动"④。另一方面，合作企业表明"在物质生产力和与之相适应的社会生产形式的一定的发展阶段上，一种新的生产方式怎样会自然而然地从一种生产方式中发展并形成起来"⑤。

2. 股份制

股份制也是资本主义社会基本矛盾运动的结果。随着生产社会化的高度发展，生产资料的占有形式必须与其相适应，股份制正是在新的历史条件

---

① 马克思：《法兰西内战》，引自《马克思恩格斯文集》第 3 卷，人民出版社 2009 年版，第 159 页。

②③④ 马克思：《国际工人协会成立宣言》，引自《马克思恩格斯选集》第 2 卷，人民出版社 2012 年版，第 9 页。

⑤ 马克思：《资本论》第 3 卷，引自《马克思恩格斯文集》第 7 卷，人民出版社 2009 年版，第 499 页。

下，为了克服生产资料私人占有所具有的弊端而采取的实现形式。股份制在资本主义国家的股份公司或大企业中居于支配地位，对资本主义国家大公司的权利结构、运行方式、行为目标都产生了决定性的影响。

股份制具有显著的社会化特征：（1）资本所有关系的社会化。股份制形式在一定程度上导致资本所有关系的社会化。这是因为股份制促使资本的所有权、支配权和经营权之间的关系发生分离，从而也就在一定程度上扬弃了资本所有权的私人性质，进而推动了资本的占有主体和经营主体的社会化。（2）资本积累方式的社会化。股份公司通过向社会发行股票，吸纳社会分散的小额资金，将资本以股份的形式结合起来，聚合形成大资本。可见，现代资本积累的方式实现了社会化。（3）资本的生产力发展的社会化。马克思说："一切社会劳动生产力，都表现为资本的生产力。"[1] "资本是以生产力的一定的现有的历史发展为前提的"，同时"资本又推动和促进生产力向前发展"。[2] 实际上，股份制提高了不同生产资源"协作"的生产力，特别是现代信用制度使得生产力发展的社会化得到了有力的推动。（4）资本经营主体的社会化。在股份公司中，由于资本所有权、支配权和经营权发生了分离，相应地所有权主体、支配权主体和经营权主体也发生了分离，由此引起了经营主体的社会化。经营主体的社会化还能起间接的约束作用。

从单个私人资本到法人资本的一系列形式的演化过程，同时也是资本所有制关系不断社会化的过程。马克思认为，"资本不是物，而是一定的、社会的、属于一定历史社会形态的生产关系"。[3] 资本主义生产的物质方式和社会方式的基本性质，决定了资本具有私人性和社会性的二重属性。资本的私人性表现为资本的私人权力，即在法权关系上表现为一种私人产权；资本的社会性则表现为资本只能作为一种社会劳动的结晶和社会结合的力量而存在，它在经济关系中则是以一种社会力量而体现的。随着资本主义生产方式的发展，资本的社会性作为一种同资本私人权力异质化的力量日益发展起来，并导致私人资本的占有方式、所有制结构与形式的变化。从单个私人资

---

[1] 马克思：《资本论》第1卷，引自《马克思恩格斯全集》第49卷，人民出版社1982年版，第114页。

[2] 马克思：《1857～1858年经济学手稿》，引自《马克思恩格斯全集》第31卷，人民出版社1998年版，第94页。

[3] 马克思：《资本论》第3卷，引自《马克思恩格斯文集》第7卷，人民出版社2009年版，第422页。

本到法人资本的历史，不过是资本私人性和社会性内在矛盾发展的结果。分散的单个私人资本联合起来转化为社会资本，是资本主义生产方式发展的历史必然。

3. 国家所有制的发展

国家所有制在一定程度上是对财产的资本主义私人所有制的扬弃。但是，这一切都还是在资本主义的范围内发生的。因此，它并没有改变资本主义私有制的根本性质，所改变的只是资本主义私有制的占有形式。如恩格斯所说，"无论向股份公司的转变，还是向国家财产的转变，都没有消除生产力的资本属性"，"现代国家，不管它的形式如何，本质上都是资本主义的机器，资本家的国家，理想的总资本家"，"资本关系并没有被消灭，反而被推到了顶点"[①]。

国家所有制是发达资本主义国家所有制的重要实现形式，是当代国家垄断资本主义的有机组成部分，也是对私人资本主义所有制的进一步扬弃。资本主义国有制企业在资本主义经济发展中具有十分重要的作用。国有制企业是私人企业的重要补充，具有私人企业不可替代的作用。良好的基础产业是一个国家国民经济发展的前提，国有企业承担兴建和经营利润低、耗资大、风险高的基础产业，为私人垄断资本提供社会不变资本，降低了私人资本的耗费，提高了私人资本的利润率，并在一定程度上阻止了利润率下降的趋势，从而推动了资本主义经济的发展。资本主义国家常常通过国有制企业的手段，增强国际竞争的实力，保持本国经济的独立性。一方面，国有制企业保护本国免受外国产品的竞争；另一方面，国有制企业可以作为经济扩张的工具，推进国有企业产品出口或者在国外建立跨国公司。

发达资本主义国家国有制企业的形成不是偶然的，而是资本主义经济发展本身固有规律的历史必然。资本主义基本矛盾的进一步深化，推动了国有企业的形成。生产社会化和生产资料的资本主义私人占有形式之间的矛盾贯穿于资本主义生产方式的始终。尽管垄断资本所有制的出现在一定程度上缓和了这一基本矛盾，但并非从根本上消除了生产资料所有制的资本主义私人性质。生产社会化的高度发展所带来的一系列新问题，是私人垄断资本难以

[①] 恩格斯：《反杜林论》，引自《马克思恩格斯文集》第7卷，人民出版社2009年版，第295页。

完全解决，或者无力解决，或者不愿解决的。而这些问题常常涉及垄断资本整体利益，或者整个资产阶级的利益，甚至整个社会发展的利益。这就要求资本主义经济制度在资本主义限度内进行变革。因此，国家通过建立国有制企业的途径，直接参与生产和经营，从内部调节社会总资本的再生产过程，以适应生产社会化的客观要求。

利润率趋向下降的规律是马克思在19世纪中叶分析资本积累的历史过程中发现的。这个规律不仅适用于自由竞争资本主义时代，也适用于垄断资本主义时代。资本积累的目的是为了实现利润量和利润率的最大化。但是，随着资本积累程度的提高，利润率下降的压力也会加大。这一内在矛盾迫使资本主义不得不限制自由竞争而走向垄断，以阻止利润率下降并实现利润最大化的积累目标。不过，从长远的角度看，垄断不可能从根本上解决积累过程中的内在矛盾，反而为这一矛盾的深化埋下了前因。资产阶级国家努力使自己的经营活动保证垄断资本的高额利润，利用国民经济的国有化部门来阻止平均利润率下降的趋势，国家资本是用来作为制止利润率降低的手段。

上面分析了资本主义向共产主义过渡三种经济形式。根据马克思的思想，合作制是"积极地扬弃"，国家所有制和股份制则是"消极地扬弃"。资本主义私有制度正是通过上述扬弃形式逐步向未来社会过渡的。在资本主义基本矛盾的作用下，资本的两种形式的扬弃还将长期存在下去。一方面，资本的消极扬弃在现实的条件下还存在着广阔的发展空间。从内涵上看，资本可以通过股份资本、国家资本等经济形式，直接或间接控制和配置更多的社会资源；从外延上看，资本也可以通过对外扩张获得新的市场，在更高的程度上将资本关系拓展到能够拓展的程度。另一方面，资本的积极扬弃也会继续发展，这是因为劳动在本质上存在着摆脱资本束缚的要求，也就是说，人类还存在着消除异化、摆脱物质奴役、实现人的自由个性的崇高愿望，而这些又必须建立在现实的物质基础之上。总之，"当资本开始感到并且意识到自身成为发展的限制时，它就在这样一些形式中寻找避难所，这些形式虽然看起来使资本的统治完成，但由于束缚自由竞争同时却预告了资本的解体和以资本为基础的生产方式的解体"。[①]

[①] 马克思：《1957~1958年经济学手稿》，引自《马克思恩格斯全集》第31卷，人民出版社1998年版，第42页。

4. 通过赎买方式的所有制形式

早在《共产党宣言》中，马克思和恩格斯就指出："共产党人可以把自己的理论概括为一句话：消灭私有制。"① 无产阶级将依靠政权的力量，"一步一步地夺取资产阶级的全部资本，把一切生产工具集中在国家即组织成为统治阶级的无产阶级手里，并且尽可能快地增加生产力的总量"②。马克思和恩格斯设想无产阶级在夺取政权后，除了可以通过暴力手段之外，在一定条件下也可以通过赎买的方式来改变资产阶级的生产资料所有制形式。

恩格斯就采用怎样的赎买方式进行了研究，他说，"一部分用国家工业竞争的办法，一部分直接用纸币赎买的办法，逐步剥夺土地所有者、工厂主、铁路所有者和船主的财产"，"没收一切反对大多数人民的流亡分子和叛乱分子的财产"③。恩格斯在这里提出了可以采取竞争、赎买、没收三种方式实现剥夺剥削者，并就采用暴力方式没收私有财产的对象进行了简单的划分。

在政权的性质变化后，无产阶级是否能够通过和平的方式消灭生产资料私有制，是需要具有一定历史条件的。恩格斯在《法德农民问题》一文中指出："我们的党一旦掌握了国家政权，就应该干脆地剥夺大土地所有者，就像剥夺工厂主一样。这一剥夺是否要用赎买来实行，这大半不取决于我们，而取决于我们取得政权时的情况，尤其是也取决于大土地占有者先生们自己的态度。我们决不认为，赎买在任何情况下都是不容许的；马克思向我讲过（并且讲过好多次！）他的意见：假如我们能赎买下这整个匪帮，那对于我们最便宜不过了。"④ 可见，马克思和恩格斯设想的无产阶级实现对资产阶级的和平赎买是有历史条件的。

七、马克思关于跨越"卡夫丁峡谷"的设想与启示

在《资本论》发表之后，马克思更为关注非资本主义国家或者正在走

---

① 马克思、恩格斯：《共产党宣言》，引自《马克思恩格斯文集》第 2 卷，人民出版社 2009 年版，第 44 页。
② 马克思、恩格斯：《共产党宣言》，引自《马克思恩格斯文集》第 2 卷，人民出版社 2009 年版，第 52 页。
③ 恩格斯：《共产主义原理》，引自《马克思恩格斯文集》第 1 卷，人民出版社 2009 年版，第 686 页。
④ 恩格斯：《法德农民问题》，引自《马克思恩格斯文集》第 4 卷，人民出版社 2009 年版，第 529 页。

上资本主义道路的国家的经济的社会形态的演进问题。在《资本论》中，马克思以英、法等工业化国家为解剖对象，探讨了西欧社会历史发展，形成了经济的社会形态的一般理论。那么，在世界进入资本主义时代以后，落后国家的经济的社会形态又是怎样演进的？对于这个问题，马克思在《资本论》中也已做过初步分析，认为世界历史的发展趋势是资本主义生产的规律正以"铁的必然性"向前资本主义国家扩展，"工业较发达的国家向工业较不发达的国家所显示的，只是后者未来的景象"①。从19世纪70年代开始，马克思凭借着对俄国等东方国家经济社会发展的实证材料的深刻的经济学把握，较为系统地探讨了东方社会的性质、结构和前景等一系列重大问题，提出了非资本主义国家跨越"卡夫丁峡谷"② 发展道路的设想。

1877年，马克思在《给〈祖国纪事〉杂志编辑部的信》中严厉批驳米海洛夫斯基对他的思想的曲解，与此同时明确阐发了跨越"卡夫丁峡谷"的主要思想。马克思说："他一定要把我关于西欧资本主义起源的历史概述彻底变成一般发展道路的历史哲学理论，一切民族，不管它们所处的历史环境如何，都注定要走这条道路——以便最后都达到在保证社会劳动生产力极高度发展的同时又保证每个生产者个人最全面的发展的这样一种经济形态。但是我要请他原谅。(他这样做，会给我过多的荣誉，同时也会给我过多的侮辱)"③。1881年马克思在《给维·伊·查苏利奇的复信》中正式提出跨越"卡夫丁峡谷"的设想。马克思基于对世界历史环境和东方落后国家特殊历史条件的充分考察，提出了一个独到的理论构想，即俄国"有可能不通过资本主义制度的卡夫丁峡谷，而占有资本主义制度所创造的一切积极的成果"，④ 在经济文化落后的基础上直接进入社会主义，从而实现跨越式的

---

① 马克思：《资本论》，引自《马克思恩格斯文集》第5卷，人民出版社2009年版，第8页。
② "卡夫丁峡谷"本是古罗马卡夫丁城（今意大利蒙泰富尔基奥）附近的一个峡谷。公元前321年第二次萨姆尼特战争时期，萨姆尼特人在这里包围并击败了罗马军队。按照当时双方交战的惯例，战败方的军队必须在长矛交叉构成的"轭形门"（另一种解释是"牛轭"）下通过，以此方式接受胜利者对战败者的羞辱，然后再遣散被俘军队。古罗马人把这种遣散战俘的方式称为"轭门下的遣送"。"通过卡夫丁峡谷"典故由此而来，寓意是被统治者遭受到最大的侮辱和痛苦。马克思借用历史典故，将"卡夫丁峡谷"喻指资本主义制度，喻指资本主义对无产阶级所造成的一切可怕波折。马克思认为，落后国家"不通过资本主义卡夫丁峡谷"即是不经过资本主义阶段，从而避免因走资本主义道路所遭受的苦难。
③ 马克思：《给〈祖国纪事〉杂志编辑部的信》，引自《马克思恩格斯文集》第3卷，人民出版社2009年版，第466页。
④ 马克思：《给维·伊·查苏利奇的复信》，引自《马克思恩格斯文集》第3卷，人民出版社2009年版，第578页。

发展。这一构想被后人称为马克思晚年的跨越"卡夫丁峡谷"设想。

马克思晚年的跨越"卡夫丁峡谷"设想的提出，除源于"历史环境"的巨大变化外，也与他对东方社会认识的深化密切相关。19世纪70年代后，人类学、历史学的研究取得了突破性进展，马克思认真研读了摩尔根的《古代社会》等著作，撰写了《人类学笔记》《古代社会笔记》《历史学笔记》等论著，对人类学和东方社会理论研究成果进行了深入的思考。马克思认为，东方村社与原始公社有所不同，是从公有制到私有制、从原生形态到次生形态的过渡形态，由于商品生产、交换的逐步发展和西方殖民主义侵略等因素的影响，东方社会的原始土地所有制已经出现分化的过程，在其内部逐渐形成了公有制与私有制并存的格局。正因为俄国农村公社所有制结构具有不同于较古类型公社的公私二重性，所以在一定历史条件下，俄国公社就有可能走一条不同于西方农业公社的发展道路。马克思指出，农村公社"这种二重性也可能逐渐成为公社解体的根源"，"或者是它所包含的私有制因素战胜集体所有制因素，或者是后者战胜前者。先验地说，两种结局都是有可能的，但是，对于其中任何一种，显然都必须有完全不同的历史环境。一切都取决于它所处的历史环境"[①]。

跨越"卡夫丁峡谷"设想正式提出以后，马克思和恩格斯又根据实践的发展和历史条件的变化，对其做了进一步的完善和发展。在1882年马克思和恩格斯为《共产党宣言》俄文第二版所撰写的序言上，他们分析俄国革命形势后认为，俄国毕竟不是资本主义发达国家，在俄国"除了迅速盛行起来的资本主义狂热和刚开始发展的资产阶级土地所有制外，大半土地仍归农民公共占有"[②]。那么，在这种历史条件之下，俄国公社何去何从，俄国社会会不会走出一条与西方不同的发展道路呢？马克思和恩格斯简洁明了地指出："对于这个问题，目前唯一可能的答复是：假如俄国革命将成为西方无产阶级革命的信号而双方互相补充的话，那么现今的俄国土地公有制便能成为共产主义发展的起点。"[③] 1894年初恩格斯在《〈论俄国的社会问题〉

[①] 马克思：《给维·伊·查苏利奇的复信》，引自《马克思恩格斯文集》第3卷，人民出版社2009年版，第574页。
[②] 马克思、恩格斯：《共产党宣言》，引自《马克思恩格斯文集》第2卷，人民出版社2009年版，第3页。
[③] 马克思、恩格斯：《共产党宣言》，引自《马克思恩格斯文集》第2卷，人民出版社2009年版，第8页。

跋》中明确指出，俄国公社成为社会主义起点的根据不在自身，而在于外因，即俄国公社要获得发展必须有来自西欧无产阶级革命的胜利带来的物质支持、技术管理和榜样效应。恩格斯做了进一步分析："目前还是资本主义的西方作出榜样和积极支持。只有当资本主义经济在自己故乡和在它兴盛的国家里被克服的时候，只有当落后国家从这个榜样上看到'这是怎么回事'，看到怎样把现代工业的生产力作为社会财产来为整个社会服务的时候——只有到那个时候，这些落后的国家才能开始这种缩短的发展过程。"①只有当这些重要的条件具备之后，那些仍然保存氏族制度或仍有氏族制度残余的国家，才可以利用"公有制的残余和与之相适应的人民风尚作为强大的手段，来大大缩短自己向社会主义社会发展的过程，并避免我们在西欧开辟道路时所不得不经历的大部分苦难和斗争"②。恩格斯还特别强调："这不仅适用于俄国，而且适用于处在资本主义以前的阶段的一切国家。"③

马克思晚年的跨越"卡夫丁峡谷"的理论构想具有极为丰富的理论价值与实践意义，为东方国家在经济文化相对落后的历史条件下探索社会主义发展道路提供了独特的理论研究线索。

第一，现实状况是落后国家实现"跨越"是内在动力。俄国等东方国家具有自己的特殊性，其社会发展道路不会等同于西方国家的发展道路。马克思认为，俄国能够跨越资本主义的"卡夫丁峡谷"而直接走上社会主义道路，不仅要取决于时代发展的要求和资本主义在全球的扩张这一外部环境，更为主要的是取决于俄国是否具备了跨越发展的具体历史条件。马克思特别申明了一个观点，就是他在《资本论》中对于资本积累规律的论述，只不过是说明了西欧资本主义的历史起源问题，不能简单地用西欧社会发展的模式去解释俄国的社会发展道路问题。马克思在对俄国问题、东方社会问题深入研究后认为，符合当时那个时代生产力发展水平的，既可以是西欧的资本主义的生产方式，也可以是非资本主义的生产方式，例如俄国以前存留下来农村公社这样的生产方式。当然，这种生产关系一定要经过调整和变革，要通过革命以及一系列的调整变革措施实施之后去适应、去推动生产力的进一步发展。马克思认为，落后国家在实现跨越发展的过程中，要高度重

---

①②③ 恩格斯：《〈论俄国的社会问题〉跋》，引自《马克思恩格斯文集》第3卷，人民出版社2009年版，第459页。

视所处历史条件的重要性,强调俄国一定要发展它所特有的历史条件。马克思认为,落后国家在选择发展道路时,要以自己的特殊国情条件为选择前途的基本依据。

第二,历史环境是落后国家实现跨越的外部动力。一个国家或民族出现跨越发展的现象,是以世界上与其交往的不同经济的社会形态在空间上的并存为前提的。时间上的差距可以通过空间上的转换来弥补。19世纪后期俄国等东方落后国家所处的历史环境中的一个重要条件,就是与资本主义发达国家同时存在。马克思正是从俄国现实的外部社会历史环境出发,来把握俄国特殊的历史发展道路的。他在分析俄国问题时反复强调,俄国公社不是脱离世界而孤立存在的,而是和世界的市场保持着联系。马克思认为,资本主义在自身发展的进程中,通过它所创造的生产力和一切文明成果,也在同时改变着世界各个民族国家的生产方式和生存方式。这当中必然对落后民族国家的历史发展进程产生重大影响,甚至决定着他们的历史走向。在这样的历史背景下,落后国家可以通过吸收发达国家的"积极成果"改变自己原有的落后状况,就有可能在避免资本主义制度所产生的一切痛苦和屈辱的情况下,实现跨越"卡夫丁峡谷"。

第三,经济的社会形态发展是连续性和跨越性的辩证统一。马克思对俄国公社特点及其"跨越"发展的可能性分析,是对经济的社会形态理论的丰富与深化。通常人们仅仅局限于一个民族国家内部来论证生产力对生产关系的决定性关系和作用,这是一种封闭式的思维方式。从世界历史的发展看,当资本主义生产方式在人类发展的历史中出现之后,经济的社会形态的运动已经超出了具体的国界,每一个历史时段的生产力和生产关系之间的结合,事实上已经变得非常复杂,已经出现犬牙交错、参差不齐的普遍现象。马克思在他的"跨越"思想中,把一个民族国家的经济的社会形态发展纳入到了世界范围的整体框架内去把握,以全人类社会形态演变为宏观背景,从落后国家和资本主义发达国家并存的时代特征入手分析,认识到世界整体连续性发展的过程中,也会出现作为局部的某个国家的所谓跨越现象。这种跨越只是相对于民族国家自身而言的,它并没有超出整个时代的性质和要求,而且在一定意义上可以看作是时代连续性发展总体过程中的一种带有必然性质的社会发展产物。

第四,经济的社会形态演进的统一性和多样性的辩证统一。马克思关于跨越"卡夫丁峡谷"的论断向人们说明了人类历史的发展是多线条的，突破了单一的社会主义发展模式。无论是西方的国家还是东方的民族，无一例外都是由生产力和生产关系、经济基础和上层建筑之间的矛盾运动规律所决定，从低级到高级，从简单到复杂，由渐进到飞跃相结合而发展。西方国家和东方国家的区别仅仅在于其具体的历史和现实条件不同，因而在它们发展的过程中呈现出了一般规律的表现形式，或者说是发展的具体道路上具有多样性的特点。任何国家的发展道路，除了最终要受到社会发展一般规律的制约以外，无一例外都还同时受到自身社会历史条件的制约。马克思明确表示过这样的观点，即他在《资本论》中对西欧资本主义发展所做的剖析和论述，对俄国和其他东方国家和地区不一定是适用的，因为它们的历史和现实的诸多具体条件是完全不同的。此时的马克思，与他在19世纪50年代的观点有了较大的不同。那时他曾经认为，人类社会经济的社会形态演进在世界各地"大体说来"都是一样的。认识了西欧社会，就认识了一切地区，一切国家。到了晚年，通过对俄国和东方国家发展道路问题的研究，马克思在理论上有了新的认识。他在1877年《给〈祖国纪事〉杂志编辑部的信》里开始强调说，《资本论》关于西欧资本主义起源的"历史概述"并不是关于"一般发展道路的历史哲学理论"。到了1881年，马克思更进一步指出，《资本论》中对资本主义生产的起源所做的分析，其"历史必然性"明确地限于西欧各国，而西欧以外的国家（这里主要是俄国）在一定条件下可以不通过资本主义的"卡夫丁峡谷"。

马克思关于跨越"卡夫丁峡谷"的设想告诉我们，在一定历史条件下生产力发展水平不高的国家可以不通过资本主义"卡夫丁峡谷"进入未来社会，也就是可以跨越"卡夫丁峡谷"直接进入未来社会。不过，要经过一个相当长的过渡时期，相对于生产力水平高的国家，这个过渡时期实际上是过渡时期的过渡时期。在这个漫长的过渡时期，采取怎样的所有制形式，包括采取怎样的公有制形式，应该根据马克思主义政治经济学关于生产关系要与生产力水平相适应等基本原理，从当时社会的各种实际出发，进行实践探索和理论创新。

第二章 苏东国家社会主义所有制实践

20世纪初,苏联创立了世界上第一个社会主义国家,建立了社会主义所有制,开始了社会主义经济建设的实践。20世纪中叶,随着第二次世界大战的结束,一批东欧国家陆续建立了社会主义制度。由于历史的原因,苏联社会主义公有制成为当时所有制的唯一形式,所有社会主义国家纷纷仿效。尽管苏联高度集中统一的经济体制和公有制框架在一段时间内发挥了重要的作用,但随着经济的发展,这种经济体制的弊端和矛盾越来越明显地暴露出来。因此,自20世纪50年代以来,一批社会主义经济学家对一些带有普遍性的、关系到社会主义公有制前途和命运的问题进行了研究和探索,推动了社会主义所有制理论和实践的发展。

尽管苏东国家进行社会主义所有制改革的方法和路径各有特色,但共同的都是在社会主义条件下发展非公有制经济,不过,如何根据生产力发展的实际状况,在社会主义公有制条件下发展非公有制经济,这些国家所进行的改革和探索还不够深入。也就是社会主义基本经济制度这个重要问题一直没有明确。社会主义基本经济制度是运用市场经济发展非公有制经济的基石。没有这个基石,社会主义公有制的主体地位、主导作用就难以为继,非公有制经济的发展就会偏向。

一、苏联社会主义所有制实践

(一)"战时共产主义"苏联所有制的形成

苏联是世界上第一个社会主义国家,如何建设社会主义,建立什么样的经济制度无先例可循。由于资本主义国家对苏联的包围，苏联是处于世界资本主义汪洋大海中的一座"孤岛"，受到严重的战争势力的威胁，因此，苏联采用马克思和恩格斯创立的科学社会主义理论，探索社会主义经济发展道路。

"十月革命"后，在列宁、斯大林的领导下，苏联消灭了资本主义私有制，确立了社会主义公有制，实现了国家的工业化，在社会主义建设中取得了巨大的成就。相对于马克思和恩格斯创立的科学社会主义理论而言，以小农经济占优势的相对落后的俄国存在明显的差距，又没有现成的实践经验可以借鉴。因而苏联的社会主义建设事业只能在实践中摸索前进。在苏联建国初期所有制社会主义改造的这一过程中，既有成功的经验，也有失败的教训。

苏维埃政权初期，旧俄国留下的是一个小农生产者占绝大多数、农业所占比重超过工业的国家，在这种落后的经济基础上建设社会主义，就必须要通过有别于发达国家的特殊的过渡办法。列宁从俄国的实际情况出发，把"剥夺剥夺者"的马克思主义的一般原理具体化为社会主义的经济纲领，并规划了实现社会主义的具体步骤。列宁指出，无产阶级夺取政权后，应暂时允许私人资本在国家控制的范围内存在并发展。无产阶级通过发展社会主义经济，同资本主义竞争直至战胜资本主义。[①] 遵照列宁的思想，苏联在"十月革命"胜利后并没有立即消灭资产阶级和资本主义所有制，而只是把影响国计民生的重大工业、交通运输业、银行和邮电业收归国有。国家允许资本家经营中小企业，但通过必要的控制和监督把资本主义的发展限制在一定范围之内。这种国家控制和监督下的资本主义，当时被称为国家资本主义。在农村，则实行土地国有化、没收地主的财产、团结中农和限制富农的政策，并通过合作化把小农生产者逐步引导到社会主义轨道上来。与此同时，在流通领域中，允许私人贸易，允许粮食的自由买卖，扩大商品流转，扩大城乡间的经济交流。

年轻的苏维埃政权在"十月革命"后赢得的和平喘息时间非常短。1918年春，俄国内反革命叛乱和外国帝国主义势力对苏维埃政权发动了武装干涉，企图把它扼杀在摇篮里。这样，刚刚开始的和平经济建设被迫停了

---

① 《列宁全集》第37卷，人民出版社1986年版，第108页。

下来。当时，列宁提出了"一切为了前线"的口号，把整个经济转向军事轨道，实行战时共产主义的政策。这样一来，在苏维埃政权初期列宁明确提出的从小生产到社会主义的中间过渡形式即国家资本主义，没有按照列宁最初的设想发展。在发生帝国主义武装干涉和国内战争之后，苏维埃国家实际上放弃了国家资本主义的过渡形式，即实行所谓的"战时共产主义"，对经济采取集中统一领导的方式，从对大企业实行逐步国有化发展到全面国有化，通过国有化把基本生产资料集中在国家手里，并形成大量的国有企业。同时，取消私人商业，实行余粮收集制以及严格的消费品配给制，从而为社会主义所有制的建立提供了基础。"战时共产主义"有利于保证国家把有限的人力、物力、财力最大限度地集中起来，用于应对战争非常有效。不过，由于某些过"左"措施，如实行工业商业等所有制改造措施，脱离了当时苏维埃国家生产力的发展水平，使得国家出现了严重的经济危机和政治危机。因此，在小农经济占优势的国家里，用简单、迅速和直接的办法实行社会主义生产和分配是行不通的。

"战时共产主义"主要有这样一些特点：第一，除了农业外，几乎对全部经济（包括对超过5人的小企业）都实行国有化，以此来达到最大限度地扩大国有制企业。对农民，通过余粮征集制征收全部农业剩余产品集中在国家手里。第二，对从生产到分配的全部经济活动，其决策与管理权都集中在国家手里，实行强制的行政方法进行管理。第三，在消灭商品、货币的条件下，经济关系实物化。第四，国有企业与国家（总管理局）的关系是一种行政隶属关系，各企业从国家那里获得全部物资供应，而企业生产的全部产品上缴国家，是完全的"统收统支制"。第五，分配上实行高度的平均主义。第六，实行劳动力的强制分配和普遍劳动义务制。第七，国家对当时还很不发达的对外经济实行完全控制。

（二）"新经济政策"时期的苏联所有制

国内战争于1921年初结束后，苏维埃政权取得了胜利。但这期间经济遭到了严重的破坏，整个国民经济处于极端困难时期。国内战争使本来就十分落后的俄国经济又明显倒退了。因此，战争结束后，苏维埃国家迫切需要以最大的努力和最快的速度医治战争创伤，恢复经济。在此情况下，以列宁为首的布尔什维克党，在俄共（布）第十次代表大会上做出了由"战时共产主义"向"新经济政策"过渡的决定。这样,苏维埃俄国就转入到在整个苏联时期最符合客观实际并且富有成效的新经济体制时期。

"新经济政策"的内容十分广泛,就所有制方面简单来说就是允许在新的条件下重新发展国家资本主义这种经济形式。当时的国家资本主义主要有四种具体形式:租让制、合作制、租赁制以及代销代购制。"新经济政策"实际上是对已被消灭的资本主义私有制在一定范围内和一定程度上的退却,但并不代表要退回到私有制,而是要运用迂回的办法逐步消灭私有制,从而建立公有制。"新经济政策"的实质是发展商品货币关系,要在社会主义发展过程中,运用市场机制,通过市场和贸易、工农业之间的经济交流,达到从经济上巩固工农联盟,活跃和迅速恢复濒于崩溃的经济的目的。总之,"新经济政策"实行后,苏联的私人资本主义经济有所发展,但并没有导致资本主义的复辟,而是促进了国民经济的发展,使整个经济形势很快获得好转。遗憾的是,由于列宁过早地逝世,他没来得及在对新经济政策头几年实施的情况进行总结的基础上,进一步完善与发展设想,使其系统化。并且,没有时间去解决新经济政策与当时布尔什维克党一些领导人在社会主义观念及未来经济体制模式设想方面存在的矛盾乃至冲突。这也是"新经济政策"后来较快地被斯大林推行的高速工业化与农业全盘集体化政策取代的一个重要原因。

虽然列宁一再指出"战时共产主义"时期的不少政策超过了限度,多次加以批判性的总结,但是,俄共(布)领导层和一般党员干部中仍有不少人把这个时期实行的高度集中、用行政命令、排斥商品货币关系的经济体制视为长期有效的政策。这也是导致以斯大林为首的新领导下决心取消"新经济政策",向"战时共产主义"回归的一个不可忽视的因素。随着"新经济政策"的中止,斯大林的主张逐步成了苏联共产党的指导思想,这标志着斯大林的经济体制模式初步确立,按照"新经济政策"建设社会主义、建立经济体制的可能性已被排除。也就是说,又回到了"战时共产主义"的向社会主义"直接过渡"方式上来了。

(三) 苏联模式的社会主义所有制

20世纪20年代末到30年代初,随着经济恢复时期的结束,苏联开始大规模的社会主义改造,消灭城乡资本主义势力,短短几年把所有的非社主义经济成分消灭，建立了单一的社会主义所有制。在私人工商业方面，苏联开始是采取限制性政策，而到1932年，政府就明文规定禁止私人经营商业。在这段时间苏联着力推动工业化，相应的企业国有化迅速发展。第一个五年计划的头一年（1928年），私人经济成分在工业总产值中还占17.6%，而到了五年计划的最后一年（1932年）就只占0.5%。[1] 可见，苏联在工业化时期的工业管理体制是建立在单一的国家所有制基础上的。在工业化运动期间，斯大林在苏联创造了"世界上所有一切工业中最大最集中的工业"，并且使其成为"按照计划领导"的"统一的工业经济"。[2] 社会的经济基础是由生产关系的性质决定的，而生产资料所有制是生产关系的决定因素，是生产资料归谁所有的问题。在斯大林看来，苏联建立的公有制有两种形式：一是以国有企业为代表的全民所有制，是社会主义公有制的最高形式；二是以集体农庄为代表的集体所有制，它是公有制的低级形式，这种形式应不断向全民所有制这一最高形式过渡。

在企业国有化迅速发展的同时，全盘农业集体化也快速推行。斯大林推行农业全盘集体化运动的结果是，把占人口最多的农民与国民经济中居重要地位的农业纳入了公有制之中，在全苏联形成高度集中的、全面统一的经济。同时也意味着苏联向建成完整的斯大林模式社会主义的迈进。在斯大林全盘集体化的思想指导下，通过强大的政治压力，强迫农民与中农参加集体农庄。1933年1月，联共（布）中央宣布，把分散的个体小农经济纳入社会主义大农业轨道的历史任务已经完成。斯大林之所以用强制的办法加速农业集体化，其主要目的有：控制粮食与取得资金；全面建立社会主义的经济基础；消灭"最后一个资本主义阶级"的个体农民；随着集体农庄的建立，国家开始对农业实行直接的指令性计划管理，从而最后形成包括计划经济体制在内的完整的斯大林模式。苏联在农业集体化过程中形成计划的指令性，即国家下达的指标，集体农庄必须执行。从农业集体化时期开始一直到斯大林逝世前，国家在规定集体农庄生产计划制度时，都以有利于国家控制粮食为基本出发点和原则。

在社会主义建设与社会主义改造过程中，苏联用强制的手段，实行工业

---

[1] 《苏联国民经济统计年鉴》，世界知识出版社1962年版，第483页。
[2] 《斯大林全集》第10卷，人民出版社1954年版，第258页。

化与农业集体化的道路；以公有经济为基础和以产品经济观为理论，建立起与高度集权的政治体制模式相适应的高度集中的、指令性的计划经济体制模式。在斯大林之后，赫鲁晓夫开始对农业进行了一系列重大改革，对工业管理体制也进行了重大调整和改革。之后，勃列日涅夫、安德罗波夫和契尔年科不断在前任的基础上进行改革。到了戈尔巴乔夫，改革的力度明显加大，改革的方式越来越激进，提出了"加速战略"和根本改革的方针。[1] 尽管戈尔巴乔夫的改革主观上是为了促进经济发展，但由于当时苏联经济社会的复杂性，实际改革没有促进经济的发展，反而使经济严重恶化，这必然影响经济改革的进行。最后，"加速战略"以失败而告终。

农业所有制改造方面是提倡在农村实行全盘合作化运动，硬性规定农业合作化的期限。1930年，苏共中央通过了《关于集体化速度和国家帮助集体农庄建设的措施》的决议，正式宣布由限制富农剥削的政策过渡到消灭富农阶级的政策。20世纪30年代初，苏联的农业集体化成功实现，但社会为其付出的代价非常之高，1929～1933年，苏联农业总产值下降了23%，1932年的粮食产量与1928年相比非但没有增加反而减少了4.6%。[2] 由此可见，这次的社会主义改造虽然是一场较为彻底的社会主义改造，但对苏联工商业和农业生产的破坏也是巨大的。

苏联公有制的发展和改革表明，所有制的社会主义改造不能超越生产力的发展水平，否则势必造成严重的经济后果。在国有化建设过程中，应允许多种经济成分同时存在，以便调动各种积极因素，恢复和发展国民经济。

二、波兰社会主义所有制实践

（一）波兰社会主义所有制的形成

1944年7月，波兰建立了其历史上第一个人民政权——波兰民族解放委员会。波兰工人党领导的人民政权没收了外国资本，主要是德国占领者的产业；将大部分工业企业和全部银行归国家暂行管理，同时在农村实行土

---

[1] 戈尔巴乔夫：《改革与新思维》，新华出版社1987年版，第61页。
[2] 《苏联国民经济统计年鉴》，世界知识出版社1962年版，第535页。

改，消灭封建贵族土地所有制。这一阶段的经济恢复顺利完成。当时波兰在欧洲是最早取消定量配给的国家。此时的所有制的变革，起到了激发劳动群众的生产积极性和政治热情的作用，有效推进了生产力发展。

1944年9月，波兰政府开始实行土改。土改法规定无偿剥夺拥有50公顷以上土地所有者（东部地区）和拥有100公顷以上土地所有者（西部地区）的土地所有权。土改消灭了残余的封建贵族庄园制，满足了广大农民对土地的迫切要求。无地少地农民分得的土地主要来自剥夺大庄园主的土地，没有侵犯经济力量较强的自耕农户（即一般所谓的富户）的利益，所以遇到的阻力较小。

1946年，波兰政府颁布《国民经济基本部门国有化》法令，对不同类型的企业采取不同的改造方式。对于所有德国企业采取无偿收归国有的方式；对于非敌产的矿山、钢铁厂以及大部分加工工业通过赎买收归国有。允许每班劳动人数不超过50人的私营企业存在。对某些每班劳力虽不超过50人，但对国家经济生活具有重大意义的私人企业通过赎买收归国有。① 当时法令还规定，国家所有、合作社所有、私有三种所有制形式并存，工业企业有国有、公共事业和自治组织经营、合作社营、私营四种类型企业同时发展。波兰工业国有化进程也没有出现明显的冲突，因为国有化没收的企业主要是敌人的财产。同时，大量波兰私营企业主逃亡国外，许多企业处于无人照管状态，国家接收这些企业是有利于发展生产和安定人民生活的。

与此同时，在执政的波兰工人党内关于社会主义建设道路选择问题出现了争论。1946年，时任波兰工人党总书记哥穆尔卡就提出走向社会主义的波兰道路。他认为，"打算沿苏联走过的道路使波兰走向社会主义……是根本不懂马克思主义，不会从不同的历史时代和具体的历史形势中得出正确的结论"②，"苏联和波兰的历史条件有很大区别，因此所走的具体途径应该有所不同"③，"波兰的经济制度也是既具有社会主义经济特点，又具有资本主义特点"④。他主张实行照顾波兰农民传统特点的农村政策，不要马上实行农业集体化，剥夺农民刚得的土地，应先发展机械化来推动农业社会化。

然而1943年8月底召开的波兰工人党中央全会却指责哥穆尔卡犯有

---

① 孔寒冰：《东欧史》，上海人民出版社2010年版，第284~285页。
②③④ 《哥穆尔卡在华沙波兰工人党和波兰社会党积极分子会议上的讲话》（1946年11月30日），载于［波兰］《新路》（月刊）1947年第1期。

"右倾民族主义""富农路线"错误，撤销了他的总书记职务。1949年他进而被开除出党，后被关进监狱。1948年底波兰工人党与波兰社会党合并组成波兰统一工人党，并在制定的建设社会主义的路线中提出，要从经济生活中消除资本主义因素，要把小农经济改造成集体经济。从此波兰开始全面照搬苏联模式，1950~1955年期间执行了"发展经济和建设社会主义基础"的六年计划。波兰1962年出版的《波兰简史》中关于这一时期总结道，"在建设社会主义一系列问题的教条主义理解和解释下，推行了一系列错误政策"，"在阶级斗争愈益尖锐化的理论指导下，把国家机关变成专横和破坏法制的官僚机构"。[①]

上述经济建设上的做法具有明显的主观主义，企图迫使现实适应计划，而不是从现实出发制订计划。用行政手段强制实施小农经济集体化，对私营工商业、手工业采取排挤取缔政策，但合作社和国有手工业根本代替不了手工业作坊，结果是，农业生产下降，市场供应紧张，丧失了土改后建立起来的农民对政府的信任，造成广大农民与政府的对立。波兰政府原以为私营小企业、手工业作坊的减少就是社会主义成分的增长。实际上，事与愿违，压制和取缔私营小生产实际上是赶走了社会主义的盟友，使城乡居民生活发生困难，导致社会普遍不满。

（二）20世纪50年代开始的波兰社会主义所有制改革

1956年，受到苏共二十大的影响，在其党内外对政府的强制合作化、破坏民主法制等一系列错误政策强烈不满情绪的冲击下，终于酿成了国际共运史上有深远影响的波兰"十月事件"。社会主义国家的工人第一次向共产党罢工示威，要求当局改变政策，改善生活。

在具有历史转折意义的波兰统一工人党二届八中全会上，哥穆尔卡等人得到平反，哥穆尔卡重新当选党中央第一书记。哥穆尔卡引用了列宁关于社会主义民族特点的论述："一切民族都将走到社会主义……但是一切民族的走法却不完全一样，在民主的这种或那种形式上，在无产阶级专政的这种或那种类型上，在社会生活的各方面的社会主义改造的速度上，每个民族都会

---

① 波斯坦尼斯瓦夫·阿诺德、波马里安·瑞霍夫斯基：《波兰简史》，商务印书馆1974年版，第329页。

有自己的特点。"① 哥穆尔卡以此来回答党内"反列宁主义"的指责。经济学家兰格在谈到社会主义经济模式时认为:"盲目模仿苏联模式不能产生好的效果,因为苏联的经济结构是在它的具体地理和历史条件下形成的。波兰的社会主义经济模式……将在经验的基础上形成,它必须从生活中成长起来,它不能来自上面的命令。否则,我们必然会堕落到新的官僚体制。"②

当时的中央书记莫拉夫斯基针对个体经济的性质论述道:"城市和农村的私营小商品经济,既不是社会主义经济,也不是资本主义经济,具有自发地向资本主义发展的倾向,但也可能向社会主义的方向发展。对这些阶层采用强制手段只能使他们反对和远离社会主义。个体所有制与资本主义私有制有根本的区别。"③ 波兰在所有制问题上采取了新的原则:首先宣布对个体经济、合作经济和国有经济奉行"一视同仁"原则;尊重农民自愿、自治原则,允许解散强迫组成的农业生产合作社,鼓励建立各种形式的农民自愿结合的合作组织;准许土地自由买卖,但限定个体农户拥有的土地最高额(种植业户不得超过 15 公顷,畜牧业户不得超过 20 公顷);准许雇工;减少义务交售量;提高农产品的收购价格。对城乡个体小生产、手工业放松税收、原材料供应、雇佣人数等方面的限制。商业上采取国家订购和个人租赁形式。

然而,在内外阻力的干扰下,1957 年开始的改革没有得以完全贯彻,基本上没有摆脱传统观念和官僚主义高度集中制的影响。哥穆尔卡当政后期,迫于内外压力,在所有制上的后退引起了广大群众的不满。到 1970 年底,出现市场紧张、经济恶化等状况。

(三) 20 世纪 70 年代波兰社会主义所有制改革

20 世纪 70 年代,波兰的所有制结构进一步放宽了对个体经济的限制,取消土地买卖量的限制,对税收制进行了改革,鼓励农民买地扩大经营规模。此外,对新购买土地的新农户免征 3～8 年的土地税,1972 年完全取消

---

① 《列宁全集》第 23 卷,人民出版社 1958 年版,第 74～65 页。
② 奥·兰格:《关于波兰社会主义道路的若干问题》,引自《社会主义经济理论》,中国社会科学出版社 1981 年版,第 114 页。
③ 叶·莫拉夫斯基:《反对教条主义和修正主义的若干问题》,载于[波兰]《新路》(月刊) 1957 年第 3 期。

农副产品的义务交售制，实行合同定购制，对全部个体农民及其家属实行免费医疗。

在小工商业、服务业方面，租赁形式比以前更为普遍发展。承租人享有许多优惠，一次定税，三年不变，在原材料供应上条件大为放宽，市场供应大为丰富。1977 年波兰进而宣布，个体手工业和私营小工业是公营工商业的补充，应该予以扶持发展，颁布法令允许公民私人开设雇佣不多于 5 个职工的零售商店。

同时，也有许多政策措施是不利于个体经济发展的。例如国家在发展农业资金的分配方面还有一些不当之处，把 65% 的资金给予仅占 23% 农业用地、提供 15% 农产品的国有农场和合作社，其中相当大部分资金用于补贴亏损农场；而提供 85% 农产品的个体农民却得到很少。[①] 政府不是将大量资金用来扶持个体农民生产谷物，而是用大量宝贵的外汇进口谷物和补贴消费者。大量先进机械设备在国有农场被浪费，而对个体农民急需的中小型机械设备、化肥、燃料、建筑材料却供不应求，而且售价昂贵。政府将大量资金用于食品购销差价倒挂补贴，农民对此很是不满，认为这种补贴消费者的政策实际上是扼制农民发展生产的政策。此外，反对发展个体经济的阻力时起时伏，政府政策也时紧时松，使个体经济缺乏稳定感。

在城市，每当发现私营企业主和承租人收入高时，政府就采取收缩政策。许多承租合同被解除，租赁的零售商店数目下降。当市场趋于紧张时，则又想到放宽政策。这种政策上的反复无常造成企业主、承租人缺乏安全感、稳定感，以致使他们不愿从长计议，而是进行掠夺式经营，短期内夺取高利。

自 20 世纪 70 年代后半期起，波兰采取高投资、高经济增长率和高消费的经济战略，新经济体制的实施受挫，经济停滞。反映在整个经济发展过程中的"主观主义""投资狂热症"、投资结构不当，尤其是外债过量且利用不当以及国际贸易条件恶化等内外因素使经济急剧恶化。

（四）20 世纪 80 年代所有制改革及其特点

在总结两次改革失败经验教训的基础上，波兰开始了第三次所有制改

---

① 《波兰农村统计》，Polonia 出版社 1954 年版，第 97 页。

革。1981年以议会立法形式通过"经济改革方针"。该文件较全面、完整地提出了各个方面的改革方针原则。1987年改革已进入第二阶段。这期间在所有制的理论、政策上有不小的突破。

第一,所有制理论方面的深化。

1986年6月,波兰统一工人党第十次代表大会通过的党纲,在理论上纠正了过去对波兰社会所处的发展阶段的错误认识,否定了七大提出的"建设发达社会主义社会阶段"的不切实际的提法。党纲实事求是地指出,当前波兰"正处于从资本主义向社会主义过渡时期的最后阶段"[1],这为正确处理所有制等基本问题提供了理论依据。

在社会主义所有制问题上提出的主要论点有:(1)无产阶级革命的目的是消灭剥削阶级所有制,不是消灭一般意义的一切所有制。无产阶级建立社会主义制度是为了发展生产力,因此,确定所有制结构形式应该以有利于生产力的发展为原则。不管哪种所有制,只要它不利于生产力发展,终究会被抛弃和变革。(2)生产资料所有制与经济性质不是等同的。生产资料公有制并不一定就是社会主义性质,如资本主义国家也有国有和集体经营的公有制,同样,生产资料私有制经济也不一定都属于资本主义性质。(3)社会主义制度下的个体农民不同于资本主义和封建制度下的小农经济。因为衡量经济性质不能单纯从生产资料私人占有这一点出发,还应看其占有生产资料是否作为剥削他人的手段。而当时波兰的个体农民都是自耕农,不存在剥削关系。此外,当时的个体农民除了分散劳动、独立经营外,其产前产后服务、购销与国家计划紧密相连,不同程度上纳入了国家计划。[2]

第二,所有制结构改革方面的推进。

确认社会主义所有制多元化结构,确认个体经济的政治地位,保护它的所有权。1981年议会通过的"经济改革方针原则"中明确指出,多种经济成分是波兰经济的持久特征,个体经济在社会主义经济体系中起重要作用。1986年波兰统一工人党十大决议文件确认,多种经济成分是社会主义经济的固有成分,它的发展不会对社会主义目标构成威胁,它在社会主义经济中具有持久稳定的发展前景。同时,一再重申对各种经济成分"一视同仁",

---

[1] 波斯坦尼斯瓦夫·阿诺德、波马里安·瑞霍夫斯基:《波兰简史》,商务印书馆1974年版,第257页。

[2] 许术兰:《波兰演变的经济根源》,中国社会科学出版社1993年版,第122页。

各种经济成分在法律、财政政策、生产资料供应和产品销售方面享有平等权利。波兰还对个体经济的税收进行了改革。对条件相似的各种所有制的生产者实行统一的比例税,取消过去的累进税。对工业、手工业、商业和不动产销售等行业中的大宗交易,私营者征收所得税,其余的则视同国有企业,只收极少的平衡税。所得税的起征点一般定得较高。[①]

第三,建立多种形式的股份制。

1982年改革之后,私营小工商业、手工业和个体农业的发展较之过去加快。根据《波兰统一工人党纲领》基本内容,所采取的所有制形式主要有四种:第一种是将部分国有企业改为股份公司,国家和银行至少购买51%的股份,部分股票卖给本公司职工,规定每个职工购买股票的最高额;第二种是由数家企业联合购买破产企业而建立的合股企业;第三种是由国家、集体和个人共同出资兴办的合股企业;第四种是与外资成立的合股企业。建立多种形式的股份制旨在建立有价证券市场,使资金横向流动和使职工从切身利益出发关心企业的经营成果。

第四,农业土地制度的调整。

改变过去那种怕两极分化而限制个体农民扩大生产规模的政策,采取促进土地集中,扩大农户经营规模、提高经济效益的政策。政府运用税收、价格、农业科技补贴等手段推动家庭农场扩大经营,提高效率。放宽经营土地的限额,最高额恢复到土改时的规定,按地区不同在50~100公顷之内。同时,制定法律规定个体农户经营土地的最低限度,以避免土地分散、农民经营规模过小。在社会保障方面实行个体农民退休制,以保障老弱农民生活,促使他们退下来,把农场移交给国家或转移到经营有方的农民手中。鼓励农民自愿结合合资购买农业器械,鼓励拥有大型农业机器的农民从事农机的租赁业务。

三、罗马尼亚社会主义所有制实践

(一)罗马尼亚社会主义所有制的形成

罗马尼亚政府认为,社会主义所有制是生产资料和生产产品归劳动人民

---

① 王坚红:《波兰统一工人党对提高党在社会主义建设中作用的看法》,载于《理论前沿》1987年第10期,第9~10页。

共同所有的一种新的所有制形式，是社会经济发展的一种必然的客观规律。社会主义所有制同资本主义所有制有着本质的区别：首先，在社会主义所有制的范围内，生产资料和产品掌握在生产者集体手里，即所有者和生产者表现为同一主体；而在资本主义社会里，生产资料和产品的所有者绝大部分不属于生产者。其次，社会主义所有制的社会属性具有直接的特点，直接的生产者和生产者集体更接近于他们的所需产品和剩余产品。最后，在生产目的和所有制客体使用方面的区别为社会主义所有制的客体被用来直接生产和满足生产者集体和社会全体成员的需要和利益，而资本主义所有制则直接或间接地服务于资本所有者的经济利益。

如同东欧其他社会主义国家的所有制形成的过程一样，罗马尼亚社会主义所有制的形成也经历了主要生产资料国有化和农业合作化两个阶段。

1. 主要生产资料国有化

1947年12月30日，罗马尼亚人民共和国宣告成立，1948年4月，罗马尼亚共和国通过新宪法。新宪法决定将属于人民的共同财富，包括地下自然资源、矿藏、森林、水流、自然能源、铁路和公路交通线、内河和海上交通线、邮电和广播事业等转变为国家所有。新宪法还规定：当总体利益需要自然人或法人的私人所有制财产，即生产资料、银行和保险公司时，其可以根据法律规定的条件成为国家的财产，即人民的财富。同年6月1日召开的大国民议会会议，批准了将主要生产资料国有化的第119号法律，这就为罗马尼亚实现社会经济基础的变革奠定了法制的前提条件。同时，罗马尼亚还为此做了必要的思想准备和组织准备，尤其在工业和运输部门首先实行国有化，使主要生产资料国有化得以顺利进行。基于当时国内和国际的整个形势，罗马尼亚国有化法规定，国家给实行国有化企业的原所有者和股东发放补偿金。补偿金的来源是国家通过立法创建作为公共所有制独立法人的"国有化工业基金"，它依靠国有化企业的纯利润形成储备金。

罗马尼亚还通过对特殊部门颁布的补充措施，解散了所有由私人资本控制的银行企业和信贷机构，将医院、电影制片企业和电影院、药店实行国有化。但是小作坊性质的小企业不是国有化的对象，对于它们，是通过建立手工业合作社来解决的。罗马尼亚和苏联不同，其土地不实行国有化，农村社会主义所有制是通过农业合作化的途径解决的。

2. 农业合作化

1948年以前的罗马尼亚农村，小个体经济占据主要地位，土地分散，农业工具落后，劳动生产率低下，农业发展缓慢。1948年3月，罗共中央全会制定了乡村社会主义改造的纲领，提出随着必要的物质条件的建立和在自愿的基础上通过把劳动农民逐渐联合到农业生产合作社而消灭人剥削人的关系。这样做一方面是为了努力发展农业社会主义物质技术基础，加大农业投资，提高农业机械化站的数量和质量；另一方面是为了积极鼓励个体农户走农业合作化的道路。

最初的农业生产合作的形式是互助组和初级合作社等简单形式，这些形式的特点仍是在保持私有制关系的条件下进行互助合作，但却是劳动农民向社会主义生产合作化转变迈出的第一步。罗马尼亚广大农村建立的农业共耕社是社会主义生产关系的逐渐形成和发展的过渡阶段。农业共耕社的大部分生产资料，如土地、农具和耕畜仍是农民的私有财产，但土地合并了，这就为广泛采用机械化手段创造了可能性。在共耕社中，产生了以共耕社基本基金为形式的集体共有制的成分。共耕社根据社员付出的劳动和每个人入社的土地、牲畜和农具，进行收入分配。

农业生产合作社是当时条件下罗马尼亚农业合作化的高级形式。在农业生产合作社中，社会主义生产关系占据统治地位，劳动、生产资料的使用和生产资料所有制全部实现了社会化，而产品的分配是根据劳动的数量和质量进行的。随着农业合作化的深入，国家逐年向农业合作社增加提供贷款、农业机械、输送受过中等和高等教育的农业技术人员，提高合作社农民的生活水平，农业合作社得到了稳步发展。1962年4月，罗马尼亚大国民议会宣布罗马尼亚全国农业合作化过程已经完成。到1985年，罗马尼亚全国社会主义农业单位共拥有农地约占全国农地总面积的90.5%。[①]

（二）罗马尼亚社会主义所有制不同形式

罗马尼亚社会主义所有制中存在四种不同的形式：（1）全民所有制。全民所有制在罗国民经济中占主导和决定性的地位，是罗马尼亚社会主义所有制的

---

① 欧金·瓦西列斯库、彼得·彼得雷斯库博：《罗马尼亚社会主义共和国财政经济体制》，克拉约瓦罗马尼亚著作出版社1981年版，第23页。

一种主要形式。全民所有制企业工业产值占全国整个工业产值的91.6%。[①] 并且，全民所有制国有农业企业对罗马尼亚农业的发展起着非常重要的作用。(2) 合作社所有制。合作社所有制是罗马尼亚社会主义所有制的另一种基本形式。合作社所有制的单位，包括农业生产合作社、社际协会、手工业者合作社组织、消费合作社、信贷合作社组织等。合作社所有制的财产属于各个合作社组织。(3) 公共组织所有制。随着社会主义的不断发展，群众组织和公众组织在政治、经济和文化生活等方面的作用也相应地提高了。它们变成所有制关系主体的一部分，拥有自己的设施和建筑物、文化馆、俱乐部、图书馆、体育设备以及一定的基金，特别是用于文化教育、体育和旅游等用途的基金。尽管人们对这一主体还没有形成确切的定义，但是由于它们的属性，即自愿参加、自行活动、自行管理的特点，决定了它们在所有制的关系中占有一定的主体地位。(4) 个人所有制。个人所有制主要指山区和丘陵地带未实行合作化的分散农业、畜牧业、家庭副业、小手工业和服务性行业的个体所有成分。此外，属于个人所有的房屋、资金、消费品和劳动人民参加国有企业入股的股份也组成了个人所有制的客体。个人所有制在罗马尼亚全国经济中所占的比例很小。[②]

随着生产力的不断发展，罗马尼亚社会主义全民所有制和合作社所有制两种基本形式的发展趋向愈加接近。罗马尼亚共产党党纲也明确提出，将发展和加强农业中两种社会主义所有制形式和扩大它们之间的合作。罗马尼亚农业合作化完成以后，继续致力于提高生产资料所有制的社会化程度。一些合作社单位联合在一起建立社际单位，提高了劳动效率和生产能力，使农业合作社增加了社会主义国有企业的管理、组织和劳动分配的成分。同时，合作社和国有农业企业在生产中的合作关系日益密切，使两种所有制形式更趋接近。1979年，罗共中央决定在农村广泛建立国有和合作社农工统一委员会，这是组织和领导农业的高级形式。农工统一委员会的主要成员包括：国有农业企业、农业生产合作社、农机站、农研所、农业教育单位和农产品加工单位。在农工统一委员会的范围内，参加农工统一委员会的各单位仍保留法人资格和单位自治，同时通过农工统一委员会的协调领导，扩大了国有农

[①] 《罗马尼亚统计手册》，莫斯科出版社1979年版，第75页。
[②] 欧金·瓦西列斯库、彼得·彼得雷斯库博：《罗马尼亚社会主义共和国财政经济体制》，克拉约瓦罗马尼亚著作出版社1981年版，第162页。

业企业和合作社单位之间的合作和协作，并采取一切措施进行集中地生产，统一地使用土地、农机设备、农用物资、技术力量和劳动力，使生产资料和生产产品更为社会化。这种结合的特点是合作社所有制逐步向单一的全民所有制形式过渡。

（三）罗马尼亚社会主义所有制与经济关系的调整

罗共中央认为，随着社会主义所有制的日益发展和完善，社会主义经济关系也随之发生了深刻的调整。这些调整要求：一是提高国家经济中心的经济调节器的作用（这里经济中心即指社会主义国家、国家机关和作为经济中心一部分的民主机构），完善领导和计划。二是通过将生产者的收入与他们付出的劳动和取得的成果有机地结合，来提高全体直接生产者的利益融为一体的水平，同时在领导、组织和开展微观和宏观社会再生产的过程中扩大物质的刺激作用和加强生产责任心。三是通过吸收劳动人民参加各级水平的社会经济活动的领导和组织，进一步发挥劳动群众和劳动集体的首创精神和生产热情，扩大和完善劳动集体、社会成员与经济中心之间的联系机制。

1. 国家作用的转变

物质生产的社会主义社会化，社会劳动分工的进一步扩大，社会主义所有制在整个国民经济的广泛推广以及生产专业化、多样化和社会主义协作的加强促使国家的作用发生了根本性的变化。根据罗共的思想，由于敌对阶级和阶级统治的消失，由于在社会主义所有制条件下国民经济实行同志式的协作和互助，罗马尼亚已成为革命的工人民主的社会主义国家。国家成为生产者的最高代表，社会主义所有制和社会资源总的管理者，经济和社会生活主要的组织者。因而国家作为主要的经济中心，并通过国家行使对整个国民经济的统一领导。因此，社会主义国家在目前具有双重性质的作用，即对外职能和经济职能。其经济职能就是：第一，代表社会并为了社会及社会成员合理管理社会资源；第二，按照社会和社会成员的根本经济利益和需要指导全体人民的力量；第三，为经济和社会活动的各个方面的良好运转创造必需的组织和制度化的条件；第四，对整个国民经济实行符合客观规律行为的有计划的统一领导；第五，对直接生产、分配、商品的交流和消费、服务以及社会主义所有制的生产资料经济的完成情况进行统计和监督。这些经济职能要求国家进一步完善反映经济关系的经济政策和法律及实施规则，科学制订整个国民经济按比例均衡发展的战略目标和国家社会经济发展计划，完善财经机制、工人自我管理和财经自理机制，加强对外的影响和联系。

2. 劳动人民参加社会主义所有制企业的民主管理

社会主义民主的实质就是吸收广大劳动人民和人民的代表参加国家经济和社会生活的管理和组织。劳动人民参加经济和社会生活的管理和组织才能准确地表达劳动者的要求，才能行使他们参加经济和社会活动的权利和义务，才能体现他们作为社会主义所有制主人翁的地位。罗马尼亚通过了一系列的决议和法律，确保劳动人民参加社会主义所有制企业的民主管理。1978年7月，罗马尼亚通过的《罗马尼亚国有社会主义单位组织管理法》中明确规定：由于有必要进一步完善社会主义生产关系并鉴于劳动人民具有既是生产资料所有者又是社会全部物质和精神财富的生产者与受益者的身份，为了发扬和扩大社会主义民主，要让劳动人民直接和有效地领导每一个经济单位，对有效地管好自己所主管的财富担负起全部责任，同时还让他们承担起不断关心自己所在单位事业进步的义务。

社会主义所有制就其内容来说，就是要把群众有机地纳入到生产的组织和领导工作中，加强每一位公民的纪律性以及他对完成自己的任务所负的责任，让劳动者直接参与做出决定并由劳动人民对所通过的决议的执行情况进行严格的检查。为此，罗马尼亚在全国的国有企业中设立了劳动人民大会（或劳动人民代表大会）和劳动人民委员会的制度。罗马尼亚法律规定，劳动人民大会或劳动人民代表大会，由企业的干部、工人、技术和管理人员及其他人员或代表组成，劳动人民大会或代表大会只有在2/3的职工或2/3的劳动人民代表与会的情况下工作才能有效。劳动人民委员会由企业的党委书记、厂长、副厂长、主要生产技术部门或生产车间的主任、工程师、经济师、群众组织的主要负责人和不脱产的劳动人民代表组成。劳动人民委员会成员必须有半数以上是劳动人民代表，劳动人民代表中至少有75%的代表为不脱产的工人和工长。劳动人民委员会的主席由企业党委书记担任，副主席由厂长、工会主席、共青团书记和一名不脱产的劳动人民代表担任。劳动人民大会为企业的最高领导形式，劳动人民委员会为劳动人民大会的常设领导机构。罗马尼亚法律还规定，劳动人民委员会和劳动人民委员会执行局实行集体领导的原则，重大问题由集体做出决定。罗马尼亚认为实行劳动人民参加的劳动人民大会和劳动人民委员会的领导制度有助于加强社会主义企业的自我管理和自行核算,有助于加强劳动人民积极参与社会经济活动的民主管理、决策的集体制定和对计划任务完成的有效监督。

3. 工人入股

1982年6月,罗共中央全会提出关于企业职工参加购买企业基本基金股份的设想。1982年11月,罗马尼亚通过职工入股的法律。根据这一法律,国有企业的职工作为入股者,有权拥有本单位经营的固定资产的一部分。这在客观上加强了社会劳动成员对全民所有制的生产资料的支配和使用地位,可以更大地调动和提高广大职工的积极性。罗马尼亚《关于国有经济单位劳动人民入股参加筹集经济发展基金的法令》规定,劳动群众入股筹集发展基金,将有助于增强他们作为生产资料所有者的责任,从而使他们更加关心发展和保护公共财产,最有效地利用自己拥有的各种手段,以及使劳动集体更积极地参加本单位的自我管理和独立核算,增加盈利、利润,提高职工收入。由职工入股的股份组成的企业固定资产,被称之为"共同所有制",这种所有制的建立既有助于国家发展资金的短缺现象得以缓解,又有助于增强劳动人民对企业经营状况的关心,使他们热爱和保卫社会主义所有制。

罗马尼亚不仅认识到,社会主义所有制的全面发展可以提高全体人民福利水平,所以应当充分发挥劳动人民在实现这一目标中的决定性作用;而且还认识到,劳动人民入股筹集经济发展基金是一种新型的和高级的物质鼓励的形式。这种形式作为新的财经机制的有机组成部分,将使生产资料的所有者和生产者更加关心以最大经济效益管理好和经营好从整个社会主义财产中授予每个国有经济单位的那部分财产。

四、匈牙利社会主义所有制实践

(一)匈牙利社会主义所有制的形成

1. 匈牙利工业企业的公有制形成

匈牙利工业企业公有制是通过工业私营企业国有化,分期分批地形成的。从时间上可以分为以下三个阶段。

第一阶段：始于1945年12月。这一年，匈牙利国会决定首先将煤矿收归国有；1946年秋，又将三家大公司收归国有；1947年春，三家大银行转到国家手中；到1947年底，匈牙利国有企业就业人员已占大型工业企业中就业总人数的50%左右，而有些工业部门这一比重更高，如电力部门为100%，冶金和机械工业部门为88%，矿井为95%。[1]

第二阶段：始于1948年3月。在这一年，匈牙利政府颁布一项法令规定，职工人数超过100的私营企业一律收归国有，这以后，国有占比不断提高，国有企业职工人数占职工总人数比重由1947年的50%左右增加到1948年的80%左右。[2]

第三阶段：始于1949年12月。政府颁布的新法令规定，就业人数超过10人的私营企业亦收归国有。与此同时，外国人在匈牙利境内开设的企业也转为匈牙利财产。

2. 匈牙利农村私人经济的社会主义改造

关于对农村私人经济的社会主义改造，匈牙利在解放后便立即在农村进行土地改革，土地改革总共没收了相当于匈牙利全国耕地面积的1/3的土地，结果是65万农户分得了土地，从此，消灭了农村的封建土地所有制关系，中农成了农村的重要角色，他们占有的耕地相当于全国耕地面积的70%。[3]

匈牙利农业社会主义改造的工作早在1945年就开始了，这一年匈牙利农村成立了一批消费、供销和信用合作社。1948年秋，匈牙利农村开始成立农业生产合作社。到1956年，各类生产合作社总数已经增加到1483个。与此同时，国有农场数也是不断增加的，并且截至1954年底，国有农场耕地面积已占全部耕地面积的12.5%。[4] 1958年，匈牙利继续进行改造工作，农业合作化与生产集约化同时并进，严格执行农民自愿入社原则，并引导农民从低级社逐步向高级社过渡。在这次合作化运动中，国家在物质、技术上给合作社以大力支持，因此这次合作化运动进展比较顺利，到1962年，全

---

[1]《匈牙利国民经济统计资料汇编》，中国社会科学出版社1980年版，第240页。
[2]《匈牙利国民经济统计资料汇编》，中国社会科学出版社1980年版，第79页。
[3]《匈牙利国民经济统计资料汇编》，中国社会科学出版社1980年版，第356页。
[4]《匈牙利国民经济统计资料汇编》，中国社会科学出版社1980年版，第219页。

国已有 4507 个农业合作社。[①]

匈牙利的农业合作社主要有两种形式：一是高级合作社，这种合作社中生产资料和耕畜完全归集体所有，土地集体耕种，但所有权仍属于原所有者；二是初级合作社，这种合作社中生产资料和耕畜归个人所有，但采取集体生产方式。合作化的过程是初级合作社向高级合作社过渡的过程，在这一过程中，生产资料社会化的程度不断提高。

（二）匈牙利社会主义所有制改革历程

20 世纪 60 年代以前，匈牙利所有制同其他东欧国家（南斯拉夫除外）一样，都是照搬苏联中央集权制。但随着经济的发展，这种制度束缚了企业的积极性，造成了生产效率低下，技术进步迟缓，经济发展速度下降。匈牙利经济体制改革的全过程大致分为两个时期，即局部改革时期和全面改革时期。

1. 局部改革时期（1957～1967 年）

1956 年，匈牙利开始对过去的经济体制进行批评，并打算进行改革。1964 年，匈党中央全会做出了"全面地、有批判地审查经济管理制度"的决定，全国掀起了对经济体制改革问题的大辩论，同时，组织力量到国外去考察，特别吸收了南斯拉夫的一些做法。匈牙利首先对农业体制进行了改革。在此基础上，1965 年 11 月，匈党中央做出了《关于经济体制改革的初步指导原则的决议》，开始搞企业试点。1966 年 5 月，匈党中央全会又做出了《关于经济体制改革的决议》，扩大试点，积极培训干部。

这个时期，匈牙利针对当时国民经济比例严重失调的情况，大幅度地改变经济发展战略，即由片面发展重工业追求高速度的粗放战略转为平衡发展集约经营战略，采取了一系列旨在恢复国民经济平衡的调整措施，同时对过分集中的传统经济体制进行了若干局部改革。

首先，匈牙利在坚持自愿互利的基础上重新实现农业合作化的同时，对农业体制做了较大的根本性的改革。改革的主要措施是：一是取消对农业合作社下达指令性指标的做法，使其享有较大的经营自主权；二是废除农产品义务交售制，代之以合同收购制，允许农业社在完成合同任务后自由出售自

[①] 《匈牙利国民经济统计资料汇编》，中国社会科学出版社 1980 年版，第 163 页。

己的农产品；三是允许和鼓励农业社社员扩大自留地和家庭副业的经营；四是在农业社内部实行以家庭为单位的联产承包责任制；五是健全农业社的民主管理制度等。

其次，匈牙利对工业经济体制也进行了一些局部性的改革，主要措施有：一是减少给企业下达的指令性计划指标；二是用国内外市场销售额指标代替总产值作为评价企业经营的主要标准；三是实际利润分红制度，分红基金的提取主要取决于利润的大小；四是废除统一工资率，实行在国家规定的基本工资范围内的企业自定工资制；五是实行资金税制度；六是改组工业组织形式，合并企业，建立托拉斯；七是鼓励集体经济的发展，允许个体经济的存在等。

上述改革是在传统的集中计划经济体制的基本框架内所做的局部调整，却有效地配合了匈牙利的国民经济调整，摸索出了改革的经验，为经济体制改革全面展开提供了条件。

2. 全面改革时期（1966年至东欧剧变）

经过一年半左右的充分准备，1968年1月1日匈牙利正式宣布在国内全面推行适合本国实际情况的"新体制"，对经济体制进行了全面的根本性改革，在推行过程中不断完善体制改革。这一时期，匈牙利改革的基本原则是，在坚持社会主义公有制占绝对优势的条件下发展多种经济形式，在此基础上把中央的计划管理与市场的积极作用有机地联系起来。

在坚持国家对整个国民经济的计划管理的前提下，改变实现计划的调节方式和手段，即取消向企业下达指令性指标的做法，实行经济手段与行政手段相结合且以经济手段为主的计划管理制度。根据《关于经济体制的初步指导原则》的要求，国民经济计划和企业计划分别由国家和企业独立制定，国民经济计划不再层层分解下达，企业计划也无须国家批准。它们之间的衔接通过互通信息、相互协商和吸收大企业参与制定国民经济计划等多种方法加以协调。在计划的协调和执行过程中，国家主要运用价格、税收、信贷、财政补贴、工资等经济手段，引导企业的经济活动符合国民经济的计划目标。行政手段是计划管理的补充手段，其运用范围主要是：某些关系到国计民生的重要产品和稀缺物资的生产和流通，国家重大投资项目的决定等。

进入全面改革后，匈牙利还特别重视发展各种混合经济形式以及出租经营、承包经营等多种经营方式。与此同时，匈牙利还进行了组织体制的改革。第一，通过上述改革，扩大企业的自主权，确立了企业的独立商品生产者（集体企业）或相对独立的商品生产者（国有企业）的地位。第二，解散改革初期经过企业合并而成立的行政性托拉斯（只保留少数有内在经济联系的托拉斯），使企业直接面对市场，开展竞争。第三，把重工业部、冶金和机械工业部、轻工业部合并为工业部，减少部门对企业日常经营活动的直接干预，加强主管财政、税收、物价、工资等经济调节手段的职能部和银行的作用。第四，建立和健全各种社会利益代表机构，如全国商会（代表企业）、全国工会（代表职工）、全国农业合作社联盟（代表农民）、全国小工业合作社联盟（代表小手工业者）、全国消费合作社联盟（代表商业合作社社员）等，在国民经济管理中发挥协调作用。

匈牙利在改革中对集体经济采取支持和鼓励的政策，合作社经济创造的国民收入在全部国民收入中的比重由1960年的17%上升为1981年的23.6%。[1] 个体经济以及带私有经济成分的自留地经济和辅助经济，也在政策许可下得到了恢复和适当的发展，它们在服务行业和农副产品生产方面发挥了重大的作用。私人小手工业提供的居民服务占全国劳务总额的50%，自留地经济和辅助经济的产值占农业总产值的1/3，全国蔬菜和水果的50%、猪肉的56%、家禽的79%、兔肉的90%是由它们提供的。[2]

匈牙利所有制改革并不是一帆风顺的，而是在激烈斗争中前进的，一方面受到苏联的压力，另一方面受到国内反对改革势力的阻碍。他们谴责所有制改革会使国内经济"导致无政府主义""助长了资本主义倾向""违背社会主义计划经济原则""影响发展社会主义一体化"。同时，1973~1974年的资本主义经济危机，使得同西方经济建立了密切关系的匈牙利经济也遇到了很大困难，如1974年世界石油价格猛涨，使匈牙利遭受巨大损失。在内外压力下，匈牙利领导人卡达尔虽被迫适当放慢新体制的推行进程，但并没有放弃坚持走自己独特的道路。卡达尔多次强调，由于民族特点的不同，向社会主义过渡的形式是各种各样的，并决心在匈牙利继续推行新体制。

随着匈牙利经济的大幅度增长，人民生活水平显著提高，所有制改革在群众中深入人心。1978年，匈牙利领导人在国内报刊杂志上发表了一系列全面肯定新体制的文章，掀起了赞扬新体制的热潮。讲话和文章强调匈牙利

---

[1][2]《匈牙利国民经济统计资料汇编》，中国社会科学出版社1980年版，第163页。

经济改革是极为成功的创举;经济改革的十年是匈牙利经济的黄金时代;超出匈牙利经验的意义。

(三) 匈牙利社会主义所有制改革的特点

匈牙利社会主义所有制改革坚持发展公有制,坚持有计划的中央管理,坚持发展生产力,坚持提高人民生活水平。匈牙利社会主义所有制改革有两个明显的特点:一是将有计划的中央管理权力与地方权力相结合。既扩大企业的自主权,把大部分经济决定权转入企业职权范围内,又不是把企业自主权绝对化,国家有权规定企业的活动范围,监督企业的活动,有权规定企业职工的基本劳动报酬,企业经理也由国家任免,他们是国家在企业中的代表。二是将计划经济与市场经济相结合。匈牙利政府认为,计划经济和市场经济并不是对立的,市场是中央管理和调节的市场,国家对市场不是采取放任不管的方式,而是将市场经济纳入计划的轨道,不是完全自发的市场。国家要制定国民经济的规划,但经济管理中必须以经济手段代替过去的行政手段,即通过商品关系、银行贷款、价格、税收、奖金等渠道来调节企业的生产活动。

上述两个特点从以下改革中具体反映出来。第一,取消了国家下达给企业的计划指标,国家主要靠经济政策来调节经济,保证计划的完成。第二,取消了中央统一调配生产资料、原材料和产品的制度,改用自由贸易办法。第三,取消了企业投资由国家预算拨款的制度,改用银行贷款制。第四,取消产品价格一律由国家规定的制度,实行多种、灵活的价格政策。第五,取消职工工资由国家统一规定的制度,实行职工工资直接取决于企业经营好坏、盈利多寡及本人劳动贡献的政策。第六,改变集中统一的外贸体制,扩大外贸机构及其权力。第七,扩大工人管理企业的权利。

随着匈牙利改革的推进,工人管理企业的权利也不断扩大。在推行由厂长(经理)个人负责的"一长制"领导体制的同时,提出必须保证每一个职工都能了解企业生产和经营中的重要问题,允许劳动力自由流动,实行企业民主化。为此,企业建立了各种会议制度,如定期召开职工大会(亦称生产会议),规定企业领导人必须向大会汇报企业经营情况,企业投资、对外贸易和财务收支情况,福利措施情况和下一阶段的具体任务等。定期召开工人代表会议,讨论企业中期规划和年度生产计划,企业利润自由支配部分的分配比例，企业的福利基金的使用和比例等。匈牙利还非常重视工会的作用，国家法律保证工会代表职工行使各种正当民主权利。如《劳动法》规定："企业领导在制定有关规章制度和条例时，必须征得企业工会的同意，否则决定和条例无效。"

匈牙利政府在经济领域采取的最重要措施是对国有企业实行私有化，其中包括对大中型企业实行股份制，组成由国家、本国企业集团和外资的股份公司，国家作为股东之一派代表参与管理。私有化头两年，匈牙利政府还规定某些企业中国家股份要超过50%，但1992年以后，政府已经放弃了这一要求，不少企业中国家股份只占30%～40%，只要保持相对多数即可。剧变之初，生产财富的93%为国家所有。1994年初，国有企业资产的30%～35%已实现了私有化，经济结构已有改善。20世纪80年代末，全国共有15000个国有企业和社会主义合作组织，1994年初已有15万多个经济公司和将近70万个体经营者。截至1994年初，匈牙利国内生产总值的一半以上为私营成分生产。①

五、保加利亚社会主义所有制实践

（一）保加利亚社会主义所有制的形成

保加利亚进入社会主义后，对生产资料所有制进行了社会主义改造。战争刚结束，就宣布没收与德国人勾结的资本家的财产。同时，对在国民经济中占有重要地位的资本主义企业实行强制性购买和赎买。通过赎买，不仅外国企业变成了国家财产，一些重要工业企业也转到国家手中，对其余资本主义企业，则实行工人监督，让工人参与企业的管理。国家还通过规定价格、税收、劳动定额和工资等措施，使得这些私营企业的生产有利于社会，使得这些企业实际上成了国家资本主义企业，并且限制其消极作用。

1947年12月4日，新宪法的颁布标志着保加利亚生产资料所有制的社会主义改造工作进入了新的阶段。新宪法规定，消灭生产资料的资本家占有制。1947年12月23日颁布的国有化法令规定，没收私人资本主义企业，

---

① 雅诺什·科尔奈：《通向自由经济之路》，吉林人民出版社1990年版，第107页。

结果有 6094 个私营企业转为国有企业。到 1952 年，一些小企业也转为国有企业或合作企业，在私营工业企业国有化的同时，交通运输组织、银行商业等组织也先后收归国有，经过多年的工作，社会主义经济成分在国民经济中占了绝对优势。保加利亚工业部门产值比重如表 2-1 所示。

表 2-1　　　　　　　保加利亚工业部门产值比重　　　　　　　单位：%

企业类别	1946 年	1948 年	1952 年
社会主义企业	29.5	91.7	98.2
资本主义企业	70.5	8.3	1.8

资料来源：根据 1971 年、1979 年和 1983 年《保加利亚统计年鉴》整理。

保加利亚农村的土地改革，是根据保加利亚人民议会于 1946 年 3 月 12 日通过的劳动土地所有制法进行的。这项法令从大土地所有者手中征收了 5 万公顷土地，从教堂和其他土地所有者手中征收了 18 万公顷土地，有 13 万无地或少地的农户总共分了 14 万公顷的土地。保加利亚农业社会主义改造任务，花了大概 13~14 年完成。[1] 改造主要途径分为两个方面，一是组建国有农场，其二是成立农业劳动合作社。

保加利亚共产党以列宁的农业合作化思想为指导，参考其他社会主义国家的经验，并结合本国实际，顺利完成了两方面的任务。保加利亚的国有农场是在土改后逐步建立的。国有农场在保加利亚农业生产中起着骨干作用。农场的数字增加虽不多，但其耕地面积产值和职工人数增加很快。在 1952~1971 年之间，保加利亚国有农场数由 100 个增加为 149 个，耕地面积由 11.07 万公顷，增加为 62.91 万公顷，职工人数由 24860 人增加为 148525 人。[2] 保加利亚解放后不久，即在农村组织农业合作社。

与其他东欧国家不同的是，保加利亚在土改尚未完成前，就着手建立农业合作社，这是由保加利亚具体历史条件决定的。1947 年 2 月召开的农业劳动生产合作社第一次全国代表会议，提出了继续发展农业生产合作的任务。20 世纪 40 年代末和 50 年代初，保加利亚农村出现了农业合作

---

[1] 《保加利亚人民共和国统计年鉴》，三联书店 1960 年版，第 219 页。
[2] 《保加利亚人民共和国统计年鉴》，三联书店 1960 年版，第 386 页。

化高潮，大量个体农户主动要求加入合作社。在农业社会主义改造过程中，保加利亚对富农采取的是限制和逐步排挤的政策，通过这些政策将富农改造为劳动者。1958 年召开的第七次保加利亚共产党大会，对以往十几年的农业社会主义改造工作做了总结，并指出合作制已经取得最后的和彻底的胜利。

（二）保加利亚社会主义所有制改革

1. 改革探索期（1954～1977 年）

1954 年日夫科夫担任保共第一书记后，曾提出要根据保加利亚的条件创造性地运用马列主义理论，在运用苏联经验时要考虑到保加利亚的条件，考虑到保加利亚的历史传统和社会经济特性。在他领导期间，保加利亚也曾进行过一些所有制改革的尝试，但这些改革基本上是在苏联的影响下进行的，并没有脱离苏联中央集权体制的总框架。[①]

1963 年，日夫科夫就向保共中央政治局提出了在管理工作中利用经济机制的建议，并得到了政治局的通过意见。随后，成立了由赫里斯托夫领导的机制研究小组。保加利亚认为社会主义国家传统的集中计划经济体制虽有它的好处，但集中也容易产生官僚主义，因此要少用行政命令，多用经济方法，在管理中要遵循客观经济规律，运用经济机制。

1964 年 4 月，保加利亚在 50 家企业中进行国民经济新领导体制的试点。1965 年 12 月，保加利亚正式通过关于"国民经济计划和领导工作新体制"的基本条例，其指导思想是在坚持集中领导的前提下，加强企业经济核算，利用价值法则通过价格和利润促进生产和刺激社会劳动生产率的增长。它的主要内容是：扩大企业在制订计划方面的自主权，把中央指令性计划指标减少到 22 种；建立联合企业和公司，加强经济核算，提高经济合同作用；完善奖励制度，加强物质刺激，把工资和最终经济成果联系起来；广泛利用价格、信贷、利息、税收和其他经济杠杆，运用经济手段管理经济，部分产品允许企业在国家规定的最高和最低限价范围内浮动定价和生产企业

[①] 托·日夫科夫：《关于进一步发展我国社会管理体制的基本方向——1968 年 4 月在保共中央全会上的报告》，引自《保加利亚共产党的经济政策》第 2 卷，世界知识出版社 1982 年版，第 120 页。

与商业企业之间的合同定价。①

不过,一些企业在获得部分产品定价权后,盲目追求利润,破坏合同纪律,造成不良后果,再加上捷克斯洛伐克事件的影响,改革停滞下来。1969年,保加利亚把价格管理权重新收归国家控制。1971年,日夫科夫提出在农村普遍建立"农工综合体",加速实现国家所有制与合作社所有制的接近和融合,使它们成为"统一的全民所有制",这些措施导致土地荒芜,农村人口减少,农业生产下降。②

2. 全面改革的推进(1978年至东欧剧变)

从1978年起,保加利亚对经济体制进行全面改革,推行新经济体制机制,实行生产资料所有权与经营权相分离,计划编制工作实行上下结合,指令性指标缩减;国家不干预农业组织的收益分配;企业实行以经济核算为基础的自负盈亏,企业总收入与经营效果挂钩,个人工资取决于劳动的成果,农业实行完全的自负盈亏;把过去的单一固定价格体制改为混合价格体制,实行国家统一价、浮动价、自由价和奖励价等。

新体制机制实行后,保加利亚经济形势并未明显好转,国民收入平均增长率连续三个五年计划下降,外贸长期亏损,外债不断增加,日用消费品严重短缺。为了提高劳动生产率,实现生产的集约化发展,1987年1月,保加利亚实行《经济活动章程》,规定企业完全实行自治、自负盈亏和财政自理原则。国有资产交给劳动集体经营,国家不再向自治经济组织下达指令性指标,国家计划作为信息通过对话形式传达给经济组织,通过协商和经济合同落实国家计划任务。国家逐步放弃对价格的制定权,由供求双方协商定价,同时国家根据国际市场价格和国内具体情况,对市场定价实行最高限价控制。基本消费品和主要原材料仍由国家统一定价。

1988年9月,日夫科夫又提出改革新方案,包括全面推行农业承包制,通过所得税调节个人收入,乡政府有权出租或拍卖多余土地等。③ 由于日夫科夫的改革没有触动国有企业效率低下这个根本问题,企业自治和对工厂经

---

① 托·日夫科夫:《保加利亚共产党的经济政策》第3卷,世界知识出版社1982年版,第220~221页。
② 托·日夫科夫:《为贯彻保共十二大决议而勇敢的工作和战斗》,引自《保加利亚共产党的经济政策》第3卷,世界知识出版社1982年版,第590页。
③ 托·日夫科夫著,吴锡俊、王金柏等译:《日夫科夫回忆录》,新华出版社1999年版,第382~392页。

理实行差额选举造成了混乱,许多改革建议仅仅停留在纸面上,经济形势进一步恶化。1989年保加利亚国民收入出现负增长,比上一年减少40%,欠西方外债达115亿美元,预算赤字13亿列弗,农业减产,通货膨胀率达到11%。[①] 1989年11月,保共中央举行全会,解除日夫科夫的职务,"日夫科夫时代"宣告结束。

(三) 保加利亚社会主义所有制改革的特点

进入20世纪80年代后,保加利亚在坚持马克思主义理论的基础上,提出社会主义公有制的所有权与经营权可以分离,并努力在实践中探索具体运用的形式。保加利亚党和政府认为,国家是生产资料的所有者,不应直接从事经营活动,而企业本身则是社会主义财产的组成部分,只有作为劳动集体的企业,才是生产资料的直接经营者,过去把所有权和经营权理解为合一的,由国家直接负责经营的做法是不对的。他们强调,必须在坚持公有制的条件下完善经济机制。

保加利亚实行全民和集体两种所有制形式,由于集体所有制经济规模的扩大和与国有经济的联合,这两种公有制正在逐渐靠近,已无多大实质性的差别。国家应该容许个人拥有动产和不动产(如住房、小型生产资料等),但不容许私有制的存在和发展,禁止私人雇工、剥削他人劳动成果。他们认为,完善经济机制是为了多用经济方法、改进管理,而计划则是经济方法和管理的主要形式。因此,为完善计划方法而努力是党的工作中心,也是计划部门的重要任务。计划应当是各个时期有针对性的纲领性文件,国家要善于利用社会主义制度的优越性,合理利用财力、物力、人力,解决经济建设中的基本问题。因此,完善经济机制应与计划工作密切结合起来,要有利于加强计划经济制度,因为建立在公有制基础上的社会主义经济,是不能离开计划经济轨道的。

在保加利亚党和政府看来,应当明确在计划管理上究竟给企业放哪些权?国家作为所有者必须保留哪些权?涉及宏观平衡的大的权限(包括发展战略、重要经济政策、重大经济比例关系等)必须由国家集中掌握确定。具体来说,

---

① 托·日夫科夫著,吴锡俊、王金柏等译:《日夫科夫回忆录》,新华出版社1999年版,第392页。

包括以下几个方面：第一，国家要对经济发展进行战略性的指导，包括由国家负责制定全国的经济发展战略、科技进步发展战略。第二，国家要相应制定一系列的经济政策，诸如投资政策、对外经济关系政策、国内消费政策、企业之间的专业化协作政策、生产力的地区均衡布局政策、利息政策、信贷政策、国际合作与专业化分工政策。第三，国家要控制、调节基本比例关系，包括积累与消费的比例关系、购买力与商品可供量的平衡状况、价格升降的比例、工资提高的比例等。第四，国家还要负责确定企业领导人选。

保加利亚认为，他们的经济体制既不同于苏联、民主德国，又不同于匈牙利、南斯拉夫，是一种介乎其中的集中与分散相结合的经济模式。保加利亚认为，综合平衡是最有生命力的东西。为了搞好综合平衡，实现宏观控制，保加利亚进一步加重了国家计委的责任。除了继续发挥现有职能、完善经济机制外，要求把经济杠杆的运用、科技进步的实现同计划密切结合起来，责成计委牵头编制运用经济杠杆的五年计划和体现科技进步的五年计划，以保证实现社会经济发展的目标。为了保证国家经济稳步增长，一方面采取具体措施，加强宏观控制，在控制基本建设投资规模、控制消费基金的增长、控制物价、控制外汇收支平衡等方面，都有严格的规定；另一方面，在加强宏观控制下又重视把微观放活，注意调动劳动集体和劳动者个人的积极性。

六、南斯拉夫社会主义所有制实践

（一）南斯拉夫社会主义所有制的形成

南斯拉夫是东欧国家中最早对资本主义工商业采取革命行动的国家。早在1945年，南斯拉夫社会主义革命胜利后，就有55%的工业企业转到国家手中。国家建立了生产资料公有制，最初采取的是国家所有制的形式，除手工业外，全部工业生产资料都归国家所有。在这段时间，实行国家所有制形式，集中有限的资金用于最急需的建设上，为消除技术和经济的落后状况，为社会主义建设创造物质基础起到了积极的作用。

南斯拉夫联邦人民共和国成立以后，进一步采取了私人资本主义工商业国有化措施。具体措施分两步进行：第一步，是将大型企业收归国有。政府于1946年2月颁布的《关于劳动集体管理国有经济企业及其更高级的联合组织的法令》规定，大型工业企业、建筑业企业、银行和保险组织、批发商业和交通运输企业等，均收归国有。截至1946年底，即全国解放的第二年，100%的大型企业和70%的地方企业已转到国家手中。第二步，是将中等企业收归国有。1948年的法令规定，将尚未收归国有的中等企业和事业单位也变为国家财产。经过上述两次国有化，生产资料的国家所有制在国民经济各部门（农业除外）占了绝对统治地位。

在农村，南斯拉夫的土地改革是于1945年开始的，同年8月23日公布的土改法规定，没收大地主的土地。按规定，私人占地的最高限额为25～35公顷，超过部分一律没收。当时被没收的耕地共达156.6万公顷。[1] 这部分耕地的90%是从地主、德意志族人、教堂和银行那里没收而来的。从地主手中没收的土地，有一半左右分给了贫苦农民。法令还规定，工业、公用事业的土地，以及地下资源、森林和河流归国家所有。经过这次土地改革，广大农民都分得了土地，从而实现了"耕者有其田"的原则。

南斯拉夫土地改革任务完成以后，关于农村的中心工作是单纯发展生产还是将发展生产与农业的社会主义改造紧密结合的问题，引发了两种意见：一种意见认为首要的是发展农业生产，社会主义改造的问题可以晚一点解决；另一种意见则认为农业发展与其社会主义改造是统一的问题，只能统一解决。对此，南斯拉夫党的领导人爱·卡德尔也比较赞同后一种意见。[2] 因此，南斯拉夫土地改革完成后即掀起了农业社会主义改造的运动，其具体途径是号召农民组成农业生产合作社。

战后以来，南斯拉夫农业社会主义改造大致经历了三个阶段。

1946～1952年，力争尽快消灭土地私有制关系，主要途径是组织农民劳动合作社，在此期间，农民劳动合作社像雨后春笋般大量地涌现，具体如表2-2所示。

表2-2　　　　　1946～1952年南斯拉夫农民劳动合作社情况

年份	合作社数量（个）	耕地面积（公顷）
1946	454	121518
1947	779	210986

---

[1] 《南斯拉夫国民经济统计资料》，统计出版社1957年版，第79页。
[2] 爱·卡德尔：《关于我国合作社政策的任务》，载于《战斗报》1956年5月24日。

续表

年份	合作社数量（个）	耕地面积（公顷）
1948	1318	323984
1949	6626	1838613
1950	6934	2595472
1951	6797	2329112
1952	4679	1664912

资料来源：根据1962年《南斯拉夫联邦人民共和国统计年鉴》整理。

1953～1955年，是南斯拉夫改组农民劳动合作社时期，改组的原因是战后建立的大批农民劳动合作社并未调动社员的生产积极性，相反，农业生产下降，市场供应恶化，在此期间，人均粮食产量比战前还少1/4。基于上述情况，南斯拉夫于1953年开始对合作社，特别是农民劳动合作社进行改组。按规定，个体农户入社或退社完全自愿。于是很多农户退社，合作社的数量从1952年的4679个锐减为1959年的229个，如表2-3所示。

表2-3　　　　　1952～1959年南斯拉夫农民劳动合作社情况

年份	合作社数量（个）	耕地面积（公顷）
1952	4679	1664912
1953	1223	326673
1954	896	281524
1955	704	233177
1958	390	206320
1959	229	174265

资料来源：根据1962年《南斯拉夫联邦人民共和国统计年鉴》整理。

1957年以后，南斯拉夫继续对农业实行社会主义改造，认为以列宁的思想为出发点更加注意贯彻自愿原则，发挥农民的主动性，才能取得积极的成效。由于几乎都是占有小量土地的中小型农户，南斯拉夫在农业社会主义改造中的基本特点是，一方面继续巩固和发展社会所有制农业组织（农场、农工联合企业和农业合作组织）；另一方面加强社会所有制农业组织与个体农民的联系和合作，逐步地将个体农业纳入社会所有制农业的发展轨道，并使个体农民转变为合作农民。

(二) 南斯拉夫社会主义所有制改革与社会所有制发展

自 1950 年 6 月南斯拉夫实行工人自治制度后，国家所有制被社会所有制所取代。南斯拉夫社会所有制是通过对经济体制的一系列变革实现的，它是南斯拉夫自治制度的基础，是实行经济体制改革的起点与核心。

社会所有制在南斯拉夫的建立和发展可分为以下几个主要阶段。

第一阶段（1950~1963 年），改革只限于微观经济层面，而宏观经济层面如价格、投资、外贸等方面，仍由国家集中管理。

这一时期改革的主要内容是：实行权力下放，把工厂交给工人管理，在工厂建立工人管理机构。改革国家所有制为社会所有制，把生产资料交给企业工人管理，允许互相买卖和转让，改变了计划制度和价格制度，发挥市场的调节作用；改革指令性计划为社会计划，社会计划只规定比例，如设备最低利用率、基建投资和工资基金比例、平均利润率和社会基金比例等；逐步改革收入分配制度，扩大企业财权，在收入分配上，从企业的收入中扣除生产费用、折旧费及各种上缴款后，余下的收入由企业自行分配。

第二阶段（1964~1971 年），企业的权限进一步扩大到管理扩大再生产。

随着改革范围的进一步扩大，取消了社会投资基金，全部实行银行贷款。同时，改革了外贸及外汇制度，实行较大的贸易自由化；改革了价格制度，价格形成以企业根据市场情况和计划范围自由确定为原则，企业通过自治协商定价，国家对价格实行直接或间接地监督。

第三个阶段（1971~1992 年），自治制度进一步发展和完善，企业工人自治进入了新的历史时期。

1976 年 11 月，南斯拉夫颁布了《联合劳动法》，把联合劳动确定为新的社会组织原则，并从法律上固定下来。在企业中，普遍建立了联合劳动的组织形式，使自治原则贯穿了整个社会生活的各个方面，因此，这一时期又称为"联合劳动"时期。"自治"主要是通过联合劳动的各层组织来实现的，自治制度已成为一套较为完整的社会制度。新宪法规定，国家机构不应有自己的专门的基本建设投资基金，不应干预企业的投资和新项目的建设，强调应通过各种方法和措施把市场调节与计划指导连接起来。

上述所有制改革的三个阶段，从管理体制上看，是一个由集中到分散，再由分散到联合的改革过程。从所有制形式来看，是从国家所有制形式逐步转变为社会所有制的过程，也就是由国家支配生产资料到企业支配生产资料，再到由联合劳动组织管理和支配生产资料的过程。南斯拉夫创建的生产资料社会所有制，实际上就是社会主义的工人自治管理制度。在管理形式上，实行工人委员会直接管理企业的自治制度；在组织形式上按联合劳动原则，在全国范围内成立了各种联合劳动组织；在分配上，实行联合劳动组织独立经营、自负盈亏原则。

尽管南斯拉夫的社会所有制是从国家所有制演变过来的，但是社会所有制同国家所有制、集体所有制都存在明显的区别。

社会所有制同国家所有制的根本区别在于，国家所有制由国家代表人民管理生产资料，这只能由少数人来执行管理职能，广大劳动者仅仅是间接地参加管理。而社会所有制则是生产者直接管理生产资料，实现了生产者与生产资料的直接结合。因此，社会所有制的经济主体是直接生产者，而不是以中央和地方各级政府为实体的国家。各级联合劳动组织的管理不是由各级政权机构委派的干部负责，而是由工人直接选举的工人管理机构和工人监督机构行使自治管理企业的权利。社会所有制企业是国民经济中相互独立又相互依存的微观经济主体，有自主进行企业生产经营决策的权力，与国家所有制企业按指令性计划进行生产有着明显的区别。

社会所有制同集体所有制也存在明显区别。社会所有制企业是以社会整体为出发点的。社会所有制企业不是一个单独经营的小集体单位，它的自主权是有一定限度的，它是通过联合劳动的形式和再生产过程中通过的自治协议、社会契约为基础的社会计划体制和其他联合劳动组织联系成为一个统一的社会经济整体。而集体所有制不可能导致对整个社会的计划调节，集体所有制企业的生产资料是属于该企业的生产者集体占有、支配和管理的。

（三）南斯拉夫特色的社会所有制

以爱·卡德尔为代表的南斯拉夫党和政府，根据本国社会主义建设的实践，对马克思公有制与公有产权理论进行了新的理解，逐步形成了一套别具一格的社会所有制理论，即自治理论。[①] 他们认为，社会所有制来源于马克

---

① M. 特尔克利亚：《自治所有制是社会所有制的历史形式》，载于［南］《社会主义》1986年第9期。

思主义经典作家关于未来社会的设想。马克思和恩格斯曾多次设想，资本主义生产方式应被自由生产者联合体所代替。在马克思和恩格斯设想的自由联合体中，一切生产部门都将由社会全体成员根据全社会的利益和需要专门组织经营和管理。社会全体成员作为生产资料的直接管理者和主人，在全社会范围内实现同生产资料的直接结合。

南斯拉夫党和政府反对将国家所有制与公有制相等同。尽管国有制曾经发挥过巨大的作用，但是它不过是社会主义公有制的初始形式。南斯拉夫领导人爱·卡德尔认为："斯大林为代表的社会主义经济理论之所以把国家所有制等同于社会所有制，把国家所有制看作是社会主义的高级形式，在很大程度上与他们对马克思主义公有制范畴的曲解有关。他们总是把国家与社会等同起来，从而把国家占有与社会占有等同起来。而马克思并没有把国家所有制同公有制等同起来。"①

在爱·卡德尔看来，国家所有制存在着内在矛盾和历史局限。第一，国家所有制"表现为把工人及其劳动同对社会资本和劳动的其他客观条件的直接管理相分离"，"就会造成使劳动者同公有制生产资料相异化的一定形式再生产的条件"。② 结果，就不能解决劳动者进行生产的动力和效率问题。第二，国家所有制集权形式不是生产力发展的有机表现，而是国家采取的政治行动，这种集权形式使劳动组织彼此隔绝和分散化，从而增强了经济的粗放经营程度，阻碍了生产集约化的发展。这样，"国家所有制的集中在越来越大的程度上变成了现实的经济和工艺一体化的障碍"③。第三，在国家所有制条件下，还会带来滋生严重的官僚主义的危险，使革命的行动上的集中越来越蜕化为行政官僚的中央集权制，使对国有化生产资料的管理，即对社会资本的管理，变为某种国家所有制和专家治国论管理者的垄断权，党和国家管理机构可能使公有制由劳动者解放的条件变为奴役劳动者的工具。

根据爱·卡德尔的观点，马克思的公有制实质上是社会所有制。社会所有制的体制特征可以概括为：劳动者与生产资料直接结合；劳动是占有生产资料的唯一基础，排斥任何脱离劳动过程的所有者来垄断地占有生产资料；劳动成果由劳动者根据经营状况和社会利益进行分配。在社会所有制条件

---

①③ 卡德尔：《公有制在当代社会主义实践中的矛盾》，中国社会科学出版社1980年版，第19页。

② 卡德尔：《公有制在当代社会主义实践中的矛盾》，中国社会科学出版社1980年版，第8页。

下,"每个劳动者实际上在进行个人占有,但不以生产资料和私人所有制为基础,而是以自己的劳动为基础"[①]。马克思之所以强调社会所有制是社会劳动条件下个人所有制的特殊形式,是因为社会所有制本身并不是目的,而是为了克服劳动条件、劳动产品同劳动相脱节的产物。因而,社会所有制下没有"所有者"与"非所有者"之间的关系,而是共同支配生产资料、劳动者占有自己劳动果实的关系。社会所有制也不是集体或集团所有制,法律制止在生产资料和剩余劳动方面采取任何形式的垄断。

爱·卡德尔所理解的社会所有制,具有财产关系体的工人自治的特征。"自治是劳动者的统治权,而不是像目前许多国家中实行的工人参加管理企业的形式之一。自治本身既是经济制度,同时又是政治制度,自治是社会主义范畴的反映。"[②]"只有在生产资料社会所有制的基础上,只有工人阶级在社会上拥有能够使整个社会经济机制和社会政治机制与建立和保持社会主义关系的利益相适应的政治力量时,自治才能有所发展。"[③] 在自治企业中,劳动者能够民主地、自由地决定整个社会再生产,这是每一个劳动者不可剥夺的权利。工人管理劳动和管理经营活动的权利并不局限于他们工作所在的联合劳动组织内,还延伸到他们进行劳动和资金联合的所有组织内。社会主义公有制的自治内容可以概括为:在使用社会所有的生产资料进行联合劳动的基础上,联合劳动基层组织的工人在相互联系和依赖、互相负责的关系中,共同地、平等地行使一系列极为重要的自治权利。

从更深远的角度看,在爱·卡德尔看来,国家的消亡应从国家的经济职能开始,因为经济是其他社会关系和制度的基础。国家经济职能消亡的过程,就是通过国家的职能转交给直接生产者的过程,即通过转交给由直接生产者构成的社会管理机构和监督机构来实现。这个机构就是马克思所说的"自由生产者的联合体"。既然无产阶级国家的职能的消亡首先从经济领域开始,国家就不能在它达到高度工业化和创造了一切必要的物质条件以后,一直把全部职能保持在自己手中。只有将生产资料的国家所有制形式改变为社会所有制形式,只有企业的直接生产者代表社会支配和管理生产资料,并直接支配产品和剩余产品时,才能使直接生产者真正同生产资料结合起来。

---

① 卡德尔:《卡德尔论文选》,外语教学与研究出版社1986年版,第192页。
② 卡德尔:《卡德尔论文选》,外语教学与研究出版社1986年版,第532页。
③ 卡德文:《卡德尔论文选》,外语教学与研究出版社1986年版,第539页。

第三章 中国社会主义基本经济制度探索

正确认识基本经济制度，事关我国社会主义经济改革的基本方向和经济发展道路的大事。我国社会主义建设取得的巨大成就和历史性跨越与坚持这一基本经济制度密切相关。社会主义经济建设正反两方面的经验表明：能否坚持并完善以公有制为主体、多种所有制经济共同发展的基本经济制度，直接关系到我国改革发展的前途与社会主义事业的成败。回顾这些年来我国社会主义基本经济制度建构发展的进程，我们可以大致把其分为：1949~1978年、1978~1992年、1992~2002年以及2002年至今这四个阶段。近70年来，我国社会主义建设取得的巨大成就和历史性跨越无不与坚持基本经济制度密切相关，客观公正地评价这一进程对坚持完善我国社会主义初级阶段基本经济制度具有重要的理论价值与现实指导意义。

一、单一公有制为基础的基本经济制度

（一）单一公有制基本经济经济制度的探索历程

在1949~1978年这29年间，我国以消灭私有制为指向，建立了最后使公有经济在经济总量中占95%以上的单一公有制为基础的基本经济制度，又称为单一公有制，为我国整个上层建筑的建构发展初步奠定了经济基础。在这29年里，以社会主义改造为分水岭又可以将探索历程分为两个历史阶段。

1. 社会主义改造时期对基本经济制度的探索（1949~1956年）

新中国成立以后，解决旧的生产关系与生产力之间的矛盾是当时的首要

任务，而变革生产资料所有制是关键环节。中国共产党领导全国人民，仅用3年时间就医治了战争的创伤，恢复了国民的经济，从1953年开始了新民主主义阶段向社会主义阶段的过渡。在这个过渡阶段中，中国共产党的指导思想和路线方针政策基本上是正确的。在新民主主义三大经济纲领——没收封建阶级的土地归农民所有、没收垄断资本归新民主主义的国家所有以及保护民族工商业的指引下，全国上下没收与接管了国民党统治时期的国家垄断资本，从而构成了新中国最初国有经济的主要组成部分。其中没收官僚垄断资本于1949年就开始了。这对于刚成立的新中国十分重要。毛泽东说："中国的现代性工业的产值虽然还只占国民经济总产值的百分之十左右，但是它却极为集中，最大的和最主要的资本是集中在帝国主义及其走狗中国官僚资产阶级的手里。没收这些资本归无产阶级领导的人民共和国所有，就使人民共和国掌握了国家的经济命脉，使国营经济成为整个国民经济的领导成分。这一部分经济，是社会主义性质的经济，不是资本主义性质的经济。"[1] 1949年工业生产总值中，国营、合作社营工业占34.7%，公私合营工业占2%，私营工业占63.3%。1952年底工业总产值中，国营、合作社营与公私合营企业产值所占的比重已达50%以上，与其他经济成分相比已占优势。这样基本形成了过渡时期的基本经济制度：社会主义国营经济领导下的多种经济成分并存。

1952年党提出了以"一化三改"——逐步实现社会主义现代化，逐步实现对农业、手工业和资本主义工商业的社会主义改造为核心的过渡时期总路线。到1956年底，在我国全国工业总产值中，国营工业、公私合营工业、合作社工业、个体手工业和资本主义工业的比例是54.5∶27.1∶17.1∶1.3。[2] 1954年，第一届全国人大第一次会议通过了第一部《中华人民共和国宪法》（以下简称《宪法》）。《宪法》第五条把我国基本经济制度表述为："中华人民共和国的生产资料所有制现在主要有下列各种：国家所有制，即全民所有制；合作社所有制，即劳动群众集体所有制；个体劳动者所有制；资本家所有制。"《宪法》规定：国家"保证优先发展国营经济"，"鼓励、指导和帮助合作社经济的发展"，对富农经济"限制和逐步消灭"，"指导和帮助个

---

[1] 毛泽东：《在中国共产党第七届中央委员会第二次全体会议上的报告》，1949年3月5日。
[2] 中国国家统计局：《关于1956年度国民经济计划执行结果的公报》，1957年8月1日。

体手工业","逐步以全民所有制代替资本家所有制"。①

由新民主主义革命向社会主义的过渡,党中央和毛泽东同志预计要用十年到十五年或者更长一些时间。由于党的路线、方针正确,措施得当,全国人民包括大部分私人资本主义工商业者建设社会主义的热情很高,到1956年底就基本上完成了对农业、手工业和资本主义工商业的社会主义改造,在我国建立起社会主义经济制度。据统计,到1956年底,全国农户的96.3%加入了合作社,其中加入高级社的占87.6%,手工业者加入合作社的占总人数的90%以上,私营工业人数的99%、私营商业人数的85%实现了公私合营。② 党的十一届六中全会通过的《关于建国以来党的若干历史问题的决议》指出:"在过渡时期中,我们党创造性地开辟了一条适合中国特点的社会主义改造的道路。"

2. 单一公有制时期（1956~1978年）

1956年底,我国基本完成了所有制方面的社会主义改造,把资本主义工商业改造成了社会主义国有经济,把城乡个体小商品经济改造成了集体经济,建立起单一公有制为基础的社会主义基本经济制度。中国共产党于1956年9月15日至27日召开了第八次全国代表大会。大会正确分析了我国社会主义改造基本完成以后国内阶级关系的变化和主要矛盾的变化,确定党在今后的主要任务是集中力量发展社会主义生产力,为在我国开始的全面建设社会主义确立了正确的方向。然而由于社会主义革命和建设发展过快,外加国际国内斗争的影响,"三大改造"后我国基本经济制度经过了复杂曲折的调整过程。由于当时教条式地理解马克思主义经典作家关于社会主义公有制相关论述,又加上受到苏联模式影响,党和政府制定政策时严重脱离了我国生产力发展的实际与国情,这样,在"三大改造"巨大成功带来国民经济快速发展的情况下,出现了急于求成的"左"的思想。"浮夸风""共产风"再加上三年困难时期,给国民经济带来重大损失。

由于当年对"什么是社会主义以及如何建设社会主义"缺乏正确认识,这一时期我国把各种非公有制经济看成是社会主义的异己物和不稳定因素,超越生产力水平及其发展的客观规律,盲目追求"一大二公"的所有制形

---

① 毛泽东:《毛泽东著作选读》（下）,人民出版社1986年版,第705页。
② 中国国家统计局:《关于1956年度国民经济计划执行结果的公报》,1957年8月1日。

式，大搞"穷过渡"和所有制形式的"升级竞赛"，完全排斥非公有制经济的存在。连农户搞的一些少量的家庭副业也被当作滋生资本主义的温床，不断地加以挞伐。邓小平在总结这段历史时指出："1957年下半年开始，我们就犯了'左'的错误。总的说来，就是对外封闭，对内以阶级斗争为纲，忽视发展生产力，制定的政策超越了社会主义的初级阶段。"① 邓小平同志还说："1957年后，'左'的思想开始抬头，逐渐占了上风。"② 1962年，我国对国民经济发展计划进行了调整，使国民经济逐步得到恢复，但是党的指导思想和路线、方针、政策并未从'左'的错误中转变到正确的轨道上来。1963年开始的"社教运动"和不久后掀起的"文化大革命"风暴，把我国的经济搞到了破产边缘。"搞了社会主义三十多年，截至1979年，工人的月工资平均只有四五十元，农村大多数地区仍处于贫困状态，这叫什么社会主义优越性？"③ 据统计，1975年我国所有制结构如下：工业总产值中，国家所有制占81.1%，集体所有制占18.9%；在社会商品零售额中，国家所有制占56.8%，集体所有制占43.0%，个体所有制占0.2%，非公有制经济基本消失。④ 从所有制上讲，是很纯了，但是我们的国家和人民，也是很穷了。

从总体上说，这一时期形成了公有制一统天下的局面。据统计，1978年底，我国 GNP 中全民所有制经济和集体经济分别占55%和43%；在全国工业总产值中，国营企业和集体企业分别占77.6%和22.4%，公有制经济占99%，非公有制经济只占1%。⑤

综上可见，改革开放前我国基本经济制度建构调整的历史过程是艰难曲折的，虽然有失误与挫折，但从新中国成立的第一天起，结合我国实际，走出了一条基于国情的中国特色之路。重要的是，我国改革开放前的30年中，虽然发生过"左"的错误，但经济增长速度仍高于世界平均水平，达到6.1%，工业年均增长为11.2%，⑥ 社会主义建设事业取得了辉煌业绩。

（二）单一公有制基本经济制度建构的理论基础和历史评价

单一公有制基本经济制度建构的主要理论基础，是对《共产党宣言》

---

① 《邓小平文选》第三卷，人民出版社1993年版，第269页。
② 《邓小平文选》第三卷，人民出版社1993年版，第115页。
③ 《邓小平文选》第三卷，人民出版社1993年版，第10~11页。
④ 宗寒：《中国所有制结构探析》，红旗出版社1996年版，第37~38页。
⑤⑥ 国家统计局：《中国统计年鉴（1997）》，中国统计出版社1997年版。

中消灭私有制的肤浅理解形成的"一大二公"观点。彻底消灭私有制作为人类发展自然历史过程中一个长期的历史阶段，需要以保障财富生产基本达到各取所需程度的发达生产力为物质技术基础。现在回头看，可以肯定，当时致力于把小农经济、手工业和民族资本全部改造成为公有经济是错误的，但若不建立社会主义公有制并使之居于主体地位也是错误的。正确的做法，应该是在通过"三大改造"建构基本经济制度并进而使之不断巩固完善中，充分估量当时的生产力状况，紧紧围绕人民当家做主的政治要求和共同富裕的经济目标，在广大农村巩固并不断发展完善农村合作经济组织的同时，允许一部分小农经济和小手工业以及个体商业自由发展；在城镇巩固并不断发展完善公有经济和公私合营经济的同时，允许部分私有经济和个体经济自由发展。

尽管教条式地理解马克思主义导致了很多问题，但我国在进行"三大改造"中也并没有全盘照搬苏联模式，而是走出了一条中国特色社会主义公有化道路，这也标志着中国模式建构的起步。

一是农村集体化没有照搬苏联建立集体农庄的公有化模式，而是吸取其一步到位急于求成的教训，创新了马克思主义农村集体化理论，走出了一条循序渐进的中国特色社会主义农村集体化道路。如立足国家工业化大规模经济建设需要，正确地制定实施了"先合作化，后机械化"的战略；立足广大农民摆脱贫穷、实现共同富裕的强烈愿望，准确把握了农村集体化的历史意义；立足人民当家做主，坚持自愿互利、反对强迫命令的原则，在引导、说服、教育农民走社会主义集体化道路过程中，走出了一条"三步走"道路；立足党对农村集体化的领导下，发挥了思想政治工作优势，把合作化运动与农民人文技能素养培育有机结合。因而可以说，"三大改造"中的农村集体化，极大地创新了马克思主义农村集体化理论，走出了一条充分调动了广大农民走社会主义道路的积极性，创造了中国空前的农村发展奇迹的农村集体化道路。其不可低估的重大现实意义和深远历史意义，除在于标志着中国特色农村集体化道路的成功外，还在于对当前乃至今后发展农村合作经济来说，也是一笔极为宝贵的经验财富。

二是我国民族资本的赎买之路创新了马克思主义赎买理论，前无古人地走出了一条从流通领域到生产领域、从物的改造到人的改造有机结合的中国特色社会主义民族资本改造道路。如通过限制和改造政策，委托加工、计划订货、统购包销、委托经销代销、单个企业公私合营、全行业公私合营等形式，创造性地探索了一系列由低级到高级的国家资本主义形式；再如帮助民族资本家转变为社会主义经济的管理者和劳动者，实现了物的改造与人的改造的有机结合；又如采取两面夹击战略恰当处理了与农村集体化之间的关系，以及恰当处理"三大改造"与经济发展之间的关系等，都是对马克思主义赎买理论以及实践的伟大创新。

单一公有制基本经济制度走过了20多年十分曲折艰难的建构、巩固之路。尽管其中存在着急于求成、急于求纯的问题，如公有化的要求过高、过快，脱离生产力的水平等，但有一点是必须肯定的，那就是单一公有制基本经济制度的建构理论和实践创新，标志着中国特色社会主义道路即中国模式探索的起步。而且在中国共产党的坚强领导下，人民翻身解放政治上站起来迸发的巨大革命热情和奋斗精神，很大程度地弥补了上述不足。即便仅就这一历史过程在西方封锁下打造的独立的工业体系和国民经济体系而言，也具有划时代意义。更何况，还有更具社会历史意义的中国特色社会主义政治上层建筑和社会意识形态的相应建构发展。因此，胡锦涛同志说："我们党紧紧依靠人民完成了社会主义革命，确立了社会主义基本制度。我们创造性地实现由新民主主义到社会主义的转变，使占世界人口四分之一的东方大国进入社会主义社会，实现了中国历史上最广泛最深刻的社会变革。我们建立起独立的比较完整的工业体系和国民经济体系，积累了在中国这样一个社会生产力水平十分落后的东方大国进行社会主义建设的重要经验。"[①]

作为中国模式基本经济制度建构的起步形态，单一公有制基本经济制度在经济上第一次让人民当家做主，而且初步奠定了中华民族复兴崛起的经济基础，有着不可磨灭的历史功绩。所以说，改革开放前我国基本经济制度的曲折探索、建构过程具有十分重要的历史地位和历史意义。若没有改革开放前基本经济制度奠定的公有制经济基础，就不可能有社会主义初级阶段基本经济制度。由此可以预见，未来某个时期总结中华民族复兴崛起乃至世界共产主义运动历史时，完全应该做出这样的结论：单一公有制基本经济制度初步奠定了中华民族复兴崛起的经济基础，所标志的中国模式的萌芽起步，是继新中国成立之后，20世纪中国的第二次划时代巨变，也是继苏联之后发

[①] 胡锦涛：《在庆祝中国共产党成立90周年大会上的讲话》，2011年7月1日。

生的人类历史上改变国际经济政治版图举足轻重的重大事件。

二、突破单一公有制经济制度实践探索

（一）理论突破：打破传统社会主义公有制一统天下的基本经济制度格局

1978年12月，党的十一届三中全会的召开，肯定了社员自留地、家庭副业和集市贸易是社会主义经济的"必要补充部分"，要求公有制企业在自力更生的基础上"积极发展同世界各国平等互利的经济合作"，提出了不同所有制经济可以结合，搞合作、合资的理论，基本经济制度理论有了松动。① 会议为所有制理论探索冲破教条主义和"左"的错误思想的羁绊打开了一个缺口，我们党恢复了所有制是由生产力的发展水平决定的历史唯物主义原理，为所有制改革实践和所有制结构调整奠定了坚实的理论基础。

党的十一届三中全会明确提出了把全党工作的重心转移到社会主义现代化建设上来的科学决策，并指出，为了大幅度提高生产力水平，必须"多方面地改变同生产力发展不适应的生产关系和上层建筑"，明确了"社员自留地、家庭副业和集市贸易是社会主义经济的必要补充部分，任何人不得乱加干涉"。② 这表明我们党开始认识到传统的单一公有制模式对生产力发展和劳动者积极性的束缚，为其后所有制理论探索和改革实践的进一步深化打下了基础。

党的十一届三中全会后，我国进入了改革开放新时期，也标志着对我国基本经济制度的重新审视与探索。1979年邓小平指出："外资是资本主义经济，在中国占有它的地位。但是外资所占的份额也是有限的，改变不了中国社会主义制度。"③ 1980年邓小平又指出："吸收外国资金、技术，甚至包括外国在中国建厂，可以作为我们发展社会主义社会生产力的补充。"④

1981年十一届六中全会决议指出，社会主义生产关系必须适应于生产力的状况，才有利于生产力的发展。国营经济与集体经济是我国经济的基本形式，一定范围的劳动者个体经济是公有制经济的必要补充，在党的文献

---

①② 《中国共产党第十一届中央委员会第三次全体会议公报》，人民出版社1978年版。
③ 《邓小平文选》第二卷，人民出版社1994年版，第235~236页。
④ 《邓小平文选》第二卷，人民出版社1994年版，第351页。

中，第一次从生产力与生产关系的角度来说明所有制结构，提出了非公有制经济是公有制经济补充的思想。

1982年9月，党的十二大召开。十二大报告指出了坚持国营经济的主导地位和发展多种经济形式的问题，比较全面地阐明了党的所有制理论。第一，明确论述了多种经济形式并存的必要性，提出在很长时期内需要多种经济形式同时并存，只有多种经济的合理配置和发展，才能繁荣城乡经济，方便人民生活。报告明确肯定生产资料公有制是我国经济的基本制度，决不允许破坏，强调社会主义国营经济在整个国民经济中居于主导地位。巩固和发展国营经济，是保障劳动群众集体所有制经济沿着社会主义方向前进，并且保障个体经济为社会主义服务的决定性条件。同时又正确认识到，由于我国生产力发展水平总的来说还比较低，又很不平衡，在很长时期内需要多种经济形式同时并存。第二，对集体经济做了正确的定位。报告明确指出在农村，劳动人民集体所有制的合作经济是主要经济形式。城镇手工业、工业、建筑业、运输业、商业和服务业，现在都不应当也不可能由国营经济包办，有相当部分应当由集体经济举办。第三，明确提出在农村和城市，都要鼓励劳动者个体经济在国家规定的范围内和工商行政管理下适当发展，作为公有制经济的必要的、有益的补充。第四，充分肯定了多种经济形式并存的重要意义和作用，认为只有多种经济形式合理配置和发展，才能繁荣城乡经济，方便人民生活。十二大报告的理论开启了基本经济制度理论探索之门。

1982年《宪法》规定："中华人民共和国的社会主义经济制度基础是生产资料社会主义公有制，即全民所有制和劳动群众集体所有制。""在法律规定范围内的城乡劳动者个体经济，是社会主义公有制经济的补充。国家保护个体经济的合法的权利和利益。""国家通过行政管理，指导、帮助和监督个体经济。"[①] 这是中国首次以宪法形式确立了个体经济和外资企业的法律地位。

1984年，党的十二届三中全会通过的《中共中央关于经济体制改革的决定》，明确非公有制经济在发展生产、改善生活、扩大就业等方面，具有公有制经济"不可替代的作用"，不同所有制经济广泛发展"灵活多样的合作经营和经济联合"，实现"共同发展"；提出了"可以租给或承包给集体

[①] 《中华人民共和国宪法》，中国法制出版社2004年版。

或个人经营";"实行国家、集体、个人一起上的方针,坚持发展多种经济形式和多种经营方式"等小型全民所有制企业发展理论,在所有制理论探索上取得了重大进展,是改革开放初期我们党对社会主义所有制理论认识的新阶段,也为基本经济制度的形成提供了理论依据和政策基础。[①] 这一文件在所有制理论探索上的突破主要有:第一,对当时关于发展多种经济形式的种种质疑进行了坚决的驳斥,明确提出了坚持多种经济形式和多种经营方式共同发展"决不是退回到建国初期那种社会主义公有制尚未在城乡占绝对优势的新民主主义经济,决不会动摇而只会有利于巩固和发展我国的社会主义经济制度"。第二,首次提出"三资"企业也是社会主义经济必要的有益的补充。这就拓展了非公有制经济的形式,把"三资"企业纳入为社会主义经济发展服务的范畴,使经济形式进一步多样化。第三,首次突破了不同所有制形式之间的界线,提出生产资料所有权与经营权可以适当分离,鼓励全民、集体、个体经济相互之间灵活多样的合作经营和经济联合,并且首次提出有些小型全民所有制企业还可以租给或包给集体或劳动者个人。

1985年8月,邓小平在接见外宾时指出:"公有制包括全民所有制和集体所有制,现在占整个经济的百分之九十以上。同时,发展一点个体经济,吸收外国的资金和技术,欢迎中外合资合作,甚至欢迎外国独资到中国办工厂,这些都是对社会主义经济的补充。一个三资企业办起来,工人可以拿到工资,国家可以得到税收,合资合作的企业收入还有一部分归社会主义所有。"[②] 这里邓小平肯定了要坚持公有制的主体地位,同时要发展个体经济,特别强调要允许外资企业的存在和发展。

1987年,党的十三大第一次明确提出:社会主义初级阶段的所有制结构应以公有制为主体。对于城乡合作经济、个体经济和私营经济,都要继续鼓励它们发展。公有制经济本身也有多种形式。除了大力发展全民所有制、集体所有制的同时,还应发展全民所有制和集体所有制联合建立的公有制企业,以及各地区、部门、企业相互参股等形式的公有制企业;"国家控股和部门、地区、企业间参股以及个人入股"的股份制形式是"社会主义企业财产的一种组织形式";企业之间通过联合投资、相互参股等方式,可以促

[①] 中共中央文献研究室:《十二大以来重要文献选编》(中),中央文献出版社2011年版,第65~67页。

[②]《邓小平文选》第三卷,人民出版社1993年版,第138~139页。

进"各种生产要素合理的流动与重新组合",进一步夯实了基本经济制度的理论基础。允许非公有制经济存在并鼓励它们发展,是对传统所有制结构的重大突破。①

(二) 所有权与经营权分离的新尝试

1. 农村体制改革:探索土地所有权与经营权分离,推行家庭联产承包责任制

党的十一届三中全会后,首先在农村突破传统的集体所有制模式,实行家庭联产承包责任制,把土地所有权和经营权分开,启动了所有制改革的序幕。十一届四中全会通过的《中共中央关于加快农业发展若干问题的决定》规定:社员的自留地、自留畜、家庭副业和农村集市交易是社会主义经济的附属和补充,绝不允许把它们当成资本主义来批判和取缔。邓小平说:"党的十一届三中全会以后决定进行农村改革,给农民自主权,给基层自主权,这样一下子就把农民的积极性调动起来了,把基层的积极性调动起来了,面貌就改变了。"②

1978年底至1979年初,安徽、内蒙古、贵州、四川等省区贫困地区自发实行农村家庭联产承包责任制,形成了事实上的土地所有权与经营权分离。中共中央于1978年12月顺势推出《关于加快农业发展若干问题的决议(草案)》和《农村人民公社工作条例(试行草案)》,强调建立农业生产责任制,允许"包产到作业组",但仍规定"不许包产到户"。1980年9月中共中央召开座谈会,专题讨论加强农业生产责任制问题,印发了《关于进一步加强和完善农业责任制的几个问题的通知》,指出只要群众"要求包产到户","可以包产到户"。1981年1月1日,中共中央转发了《全国农村工作会议纪要》,对"包产到户"的社会主义性质做了肯定。1982年9月,党的十二大充分肯定了"包产到户"的积极作用。1983年1月,中共中央发出《关于当前农村经济若干问题》文件,肯定并推广家庭联产承包责任制的经验。1984年底,完成人民公社体制改革,恢复乡(镇)建制,全国98%以上农户实行了家庭联产承包责任制,标志着农村改革取得了历史性突

---

① 中共中央文献研究室:《十三大以来重要文献选编》(上),中央文献出版社2011年版,第28、31页。

② 《邓小平文选》第三卷,人民出版社1993年版,第103页。

破，广大农民的积极性被极大地调动起来，农业生产连年丰收。从 1979 年到 1984 年，农业产值年均递增 8.9%，人均占有粮食由 1978 年的 318.5 千克增加到 1984 年的 395.5 千克。主要农副产品产量大幅增长，农贸市场涌现，从根本上改变了农产品供给长期短缺的被动局面，也为各个领域改革奠定了物质基础和示范效应。[1]

除了肯定群众首创精神，实行家庭联产承包责任制之外，政府同时大力发展集体所有乡镇企业。1984 年 3 月 1 日，中共中央、国务院批转了农牧渔业部《关于开创社队企业新局面的报告》，同意将"社队企业"改为"乡镇企业"。在中央政策支持下，农村采用"以资代劳"和"以劳代资"方式发展乡镇企业。东部沿海地区先后出现了利用港澳台资本、技术、设备搞来料加工、来样加工、来件装配和补偿贸易的"广东模式"和利用农民自由资金或民间借贷资本发展家庭工业的个体私营经济型"温州模式"；以及与城市大工业相配套，发展以"零配件"为主的集体所有制乡镇企业的集体经济型"苏南模式"。1984 年，全国乡镇企业达到 606.52 万家，是 1983 年的两倍多，总收入为 1537.08 亿元，比 1983 年增长 65.5%。1988 年，全国乡镇企业从业人员达 8805 万人，产值达 4764 亿元，占农村社会总产值的 50.4%，首次超过了农业总产值，深刻改变了农村经济制度的结构。[2]

2. 国有企业放权让利的改革探索

1979 年，1600 多万下乡知识青年回城，1000 多万下放干部重新安排工作，社会待业人员将近 3000 万人，形成了巨大社会就业压力。为此，1980 年 8 月，中共中央转发了全国劳动就业会议《关于进一步做好城镇劳动就业工作》文件，强调"大力发展城镇集体和个体经济"。1981 年 10 月，中共中央、国务院做出《关于广开门路，搞活经济，解决城镇就业问题的若干决定》，强调"必须着重开辟在集体经济和个体经济中的就业渠道"。在国有企业一时难以吸纳如此众多的待业人员的情况下，党中央和国务院以"政治任务"，将就业、再就业分解给各个地区、部门和单位，原则上待业人员由各地区、部门、企业自行安排。采用父母提前退休、子女顶替的办法，国有企业和集体企业安排了相当一部分待业人员。通过国家机关和企事

---

[1] 《中国共产党新时期简史》，中共党史出版社 2009 年版，第 17~21 页。
[2] 国家统计局：《中国统计年鉴（1997）》，中国统计出版社 1997 年版。

业单位兴办"大集体"企业安排了一部分待业人员，并鼓励待业人员集资兴办合作企业或由个人创业。自1983年始，允许私人开办企业（当时限定雇工不得超过7人），生产市场上短缺的小商品。到1983年底，城市出现了一批个体工商户和私营企业，其中，从事个体工商业的有40万人。到1984年底，全国城镇集体所有制职工达3216万人，比1978年增加了近1200万人；城镇个体经济就业人数达339万人，比1978年增加了324万人。[①]

1978年国营工业企业产值占到工业总产值的77.6%，国企采取高度集中的计划管理体制，发展乏力、效率低下。同年10月，四川省先后在重庆钢铁公司等6家企业探索扩大企业自主权的试点，1979年4月，试点工业企业扩大到100家，另有40家商业企业开展扩大经营管理自主权试点。[②]云南、北京也相继开展扩大企业自主权的试点。1979年7月，国务院下达《关于扩大国有工业企业经营管理自主权的若干规定》等5个文件，重点把国有企业由按工资总额提取企业基金改为利润留成。1981年起，国务院扩大企业自主权，开始转向推行经济责任制，确定利润留成、盈亏包干和以税代利，自负盈亏的经济责任制基本形式。实践上，选择了"盈亏包干"经济责任制的企业达4.2万户。[③]

1983年4月，国务院批转了财政部《关于全国利改税工作会议的报告》和《关于国有企业利改税试行办法》，实行第一步利改税：把部分实现利润改为所得税。1984年9月，国务院批转财政部《关于国营企业推行利改税第二步改革的报告》，改变企业利润上缴形式，国家对国有企业实现利润分别征收所得税和调节税，为国企改革进一步引入市场机制和实现制度创新开启了探索之路。[④]

1984年，国家探索在全民所有制工业企业推行厂长（经理）负责制。1986年9月，中共中央、国务院颁布了搞活全民所有制工业企业的三个《条例》（《全民所有制工业企业厂长工作条例》《中国共产党全民所有制工业企业基层组织工作条例》和《全民所有制工业企业职工代表大会条例》），

---

① 国家统计局国民经济综合统计司：《新中国五十年统计资料汇编》，中国统计出版社2005年版。
② 《改革开放30年中国工业大事记》（1978~1980年），载于《中国工业报》2009年8月9日。
③ 章迪诚：《推行工业生产经济责任制》，载于《中国工业报》2008年9月18日。
④ 国家发展改革委经济体制与管理研究所：《改革开放三十年：从历史走向未来》，人民出版社2008年版。

把厂长（经理）负责制作为企业的一项基本经营制度。同年12月，国务院发布了《关于深化企业改革增强企业活力的若干规定》，提出全民所有制大中型企业要实行多种形式的经营承包责任制。同时国务院提出，要推行多种形式的经营承包责任制，给经营者以充分的经营自主权。从1987年开始，大中型企业普遍推行企业承包经营责任制。到1987年底，全国预算内企业的承包面达78%，大中型企业达80%。① 1988年2月，国务院又发布了《全民所有制工业企业承包经营责任制暂行条例》，进一步规范企业经营承包制。到1990年，第一轮承包到期的预算内工业企业有3.3万多户，占承包企业总数的90%。接着又开始第二轮承包。②

3. 对外开放格局的初步形成

1979年1月，中共中央、国务院决定设立蛇口工业区。同年7月，中央批转了广东、福建两省的要求，决定利用邻近港澳地区的有利条件，让其在对外开放先行一步。1980年，中央批准深圳、珠海、汕头和厦门建立经济特区，鼓励侨商、港澳地区厂商和外国厂商来特区办企业，并批准广东和福建这两个省在对外经贸活动中实行特殊政策和灵活措施。

1984年5月，我国政府在总结经济特区经验的基础上，确定开放沿海14个港口城市。这些城市由南往北分别是：北海、湛江、广州、福州、温州、宁波、连云港、上海、南通、青岛、烟台、天津、秦皇岛、大连。在这些城市中实行经济特区的某些政策和建立十几个经济技术开发区，目的在于扩大这些城市的自主权，给外商以优惠待遇，促使这些城市发展得更快一些。至此，中国东南沿海对外开放的区域已从经济特区几个"点"发展成由许多点连成的"线"了。

1985年2月之后，我国政府采取了加速沿海开放区的重要战略部署，先是将长江三角洲、珠江三角洲和闽南厦、漳、泉三角地区，继而又将辽东半岛、胶东半岛开辟为沿海经济开放区。

1987年10月，党的十三大提出，我国必须以更加勇敢的姿态进入世界经济舞台，进一步扩展同世界各国，包括发达国家和发展中国家的经济技术合作与贸易交流。随后，我国政府又采取了一些重要措施，使沿海对外开放区域继续扩大。

---

①② 张卓元：《30年国有企业改革的回顾与展望》，载于《企业文明》2008年第1期。

1988年初，我国政府将辽东半岛、胶东半岛的一些沿海市、县列为经济开放区；1988年4月，在广东、福建、海南建立改革开放综合试验区，海南建省，将土地面积相当于台湾省的海南岛列为经济特区。实行更加灵活开放的政策，例如在洋浦开发区内，可以向外商一次性出让70年的土地使用权；1988年5月，我国政府决定在智力密集的大城市中试办高新技术产业开发区，从当月批准北京市建立高新技术开发试验区至1994年底，已建立了52个国家级的高新技术产业开发区。

1989年5月，为方便台商到大陆投资，国务院还批准福建省在沿海地区设置台商投资区，使台商在这些区域内投资享受优惠待遇。

1990年9月之后，我国还在洋浦、深圳、珠海、广州、厦门、福州、张家港、宁波、上海、天津、大连等地设立了13个保税区。这些保税区与区外严格隔离，具有更高的开放度和自由度，区内实行免税制，外汇可以自由流通，实际上具有自由港或自由贸易区的性质，较之经济特区，对外商具有更大的吸引力。

三、基本经济制度的确立与社会主义市场经济体制的建立

（一）基本经济制度确立

1. 基本经济制度理论突破创新：多种经济成分共同发展

1992年10月，党的十四大在所有制和基本经济制度理论上取得了重大突破，提出在我国社会主义初级阶段，必须"以公有制包括全民所有制和集体所有制经济为主体，个体经济、私营经济、外资经济为补充，多种经济成分长期共同发展"；"国有企业、集体企业和其他企业都进入市场，通过平等竞争发挥国有企业的主导作用"；要"通过理顺产权关系，实现政企分开，落实企业自主权，使企业真正成为自主经营、自负盈亏、自我发展、自我约束的法人实体和市场竞争主体，并承担国有资产保值增值的责任"；"股份制有利于促进政企分开、转换企业经营机制和集聚社会资金，要积极试点，总结经验，抓紧制定和落实有关法规，使之有秩序的健康发展"。新

理论为我国企业向股份制发展指明了方向。①

1993年11月，党的十四届三中全会的《中共中央关于建立社会主义市场经济体制若干问题的决定》实现了所有制和基本经济制度理论的根本性突破："建立现代企业制度，是发展社会化大生产和市场经济的必然要求，是国有企业改革的方向"；"财产混合所有的经济单位越来越多，将会形成新的财产所有制结构"；"公有制的主体地位主要体现在国家和集体所有的财产在社会总资产中占优势，国有经济控制国民经济命脉及其对经济发展的主导作用等方面"；城镇集体企业"也要理顺产权关系"，区别不同情况改组为"股份合作制企业或合作企业"，有条件的可改组为"有限责任公司"，少数可组建为"股份有限公司或企业集团"；国有企业要建立"现代企业制度"，根据不同情况可改制为"独资公司""有限责任公司""上市股份有限公司"，这些理论对公有制企业改革的目标、方向和步骤、方法都做了规范，加速了基本经济制度的形成。②

2. 社会主义基本经济制度的首次确立

1997年10月，党的十五大基本经济制度理论正式提出，"公有制实现形式可以而且应当多样化，一切反映社会化大生产规律的经营方式和组织形式都可以大胆利用。要努力寻找能够极大促进生产力发展的公有制实现形式"；"建立有中国特色的社会主义经济"，就是要"坚持和完善社会主义公有制为主体、多种所有制经济共同发展的基本经济制度"；"非公有制经济是我国社会主义市场经济的重要组成部分"，"对个体、私营等非公有制经济要继续鼓励、引导，促使它们健康发展"；明确基本经济制度理论，是马克思主义社会主义经济理论的进一步发展和升华。党的十五大明确指出："公有制为主体，多种所有制共同发展，是我国社会主义初级阶段的一项基本经济制度。"社会主义初级阶段基本经济制度概念，第一次出现在了党的文献中。③

1999年，第九届全国人大第二次会议通过的《中华人民共和国宪法修

---

① 中共中央文献研究室：《十四大以来重要文献选编》（上），中央文献出版社1999年版，第2～21页。
② 《中共中央关于建立社会主义市场经济体制若干问题的决定》，人民出版社1999年版，第519～529页。
③ 中共中央文献研究室：《十五大以来重要文献选编》（上），中央文献出版社2000年版。

正案》将《宪法》第六条第二款修改为：国家在社会主义初级阶段，坚持以公有制为主体、多种所有制经济共同发展的基本经济制度。用国家根本大法的形式将这项基本经济制度固定下来，这标志着新中国基本经济制度的实践转型基本完成。①

可见，随着改革开放的深入发展，中国共产党对社会主义所有制理论的认识也在不断深化：首先是恢复了所有制由生产力发展水平决定的历史唯物主义原理，提出了我国的所有制结构是公有制为主体，非公有制经济是社会主义经济的补充；其次是非公有制经济由补充到共同发展，又大大地向前发展一步。党的十五大提出的公有制为主体、多种所有制经济共同发展，是社会主义初级阶段的基本经济制度。这一系列的所有制理论创新，丰富和发展了马克思主义的所有制理论。

（二）社会主义市场经济体制建立

1992年初，邓小平同志南方谈话，提出了"计划经济不等于社会主义，资本主义也有计划，市场经济不等于资本主义，社会主义也有市场。计划和市场都是经济手段"等一系列重要论断。对一些长期争论不休、阻碍我们前进的问题，做了清楚、透彻、精辟的总回答。以江泽民同志为核心的党中央在党的十四大明确提出："我国经济体制改革的目标是建立社会主义市场经济体制"，并强调"社会主义市场经济体制是同社会主义基本制度结合在一起的"。② 基于当时的实践和认识水平，十四大报告在所有制问题上，提出以公有制为主体，个体、私营和外资经济为补充，多种经济成分长期共同发展，不同经济成分还可以自愿实行多种形式的联合经营；在分配制度上，提出以按劳分配为主体，其他分配方式为补充，兼顾效率和公平的分配方式。可以说，这在我们党的历史上是一次真正重大理论突破，也是我国经济体制改革和中国特色社会主义道路探索中的一个非常正确的选择。也正是这一改革方向的正确选择和种种改革举措的步步实施，才使我国经济体制改革进入到了制度创新的崭新阶段，从而也有力地推动了我国经济持续多年的高速发展。

---

① 《中华人民共和国宪法》，中国法制出版社2004年版。
② 中共中央文献研究室：《十四大以来重要文献选编》（上），中央文献出版社1999年版。

1993年11月，党的十四届三中全会召开，大会通过了《中共中央关于建立社会主义市场经济体制若干问题的决定》（以下简称《决定》），勾画出社会主义市场经济体制的基本框架，认为社会主义市场经济体制的基本框架由市场主体、市场体系、宏观调控体系、收入分配制度和社会保障制度"五大支柱"构成，并制定了总体实施规划。《决定》进一步描绘了新体制的总体框架，强调市场经济是与社会主义基本经济制度结合在一起的，"必须坚持以公有制为主体、多种经济成分共同发展方针"，要"建立以按劳分配为主体，效率优先，兼顾公平的收入分配制度"；而且明确提出要建立现代企业制度，现代企业按照财产构成可以有多种组织形式，国有企业实行公司制，公司可以有不同的类型，首次提出一般小型国有企业有的可以改组为股份合作制，并对公有制的主体地位和主导作用，初步做了阐述，指出"公有制的主体地位主要体现在国家和集体所有的资产在社会总资产中占优势，国有经济控制国民经济命脉及其对经济发展的主导作用等方面"。[1] 应当说，《决定》对如何实现市场与社会主义基本经济制度的结合，在认识上进一步展开，提出了一系列新理论和新观点。

1994年12月，江泽民总书记在天津考察工作时强调："我们搞的是社会主义市场经济，'社会主义'这几个字是不能没有的，这并非多余，并非'画蛇添足'，而恰恰相反，这是'画龙点睛'。所谓'点睛'，就是点明我们市场经济的性质。"[2] 这进一步阐明了十四届三中全会所提出的"社会主义市场经济体制是同社会主义基本制度结合在一起的"论断。而这个结合，首先是要与社会主义基本经济制度相结合。

党的十五大报告指出："公有制为主体、多种所有制共同发展，是我国社会主义初级阶段的一项基本经济制度。"[3] 从基本经济制度的内涵来看，个体、私营等非公有制经济本身就是从市场中产生的，而公有制特别是国有制就存在怎样与市场经济相结合的问题。因为国有企业长期以来并不是自主经营、自负盈亏的合格市场主体，所以必须找到公有制与市场经济的结合形式。党的十五大对市场经济与社会主义基本经济制度结合在认识上的飞跃，可以说是新的里程碑，是党的又一次思想大解放。它首次明确提出了坚持和

---

[1] 中共中央文献研究室：《十四大以来重要文献选编》（上），中央文献出版社1999年版。
[2] 《江泽民文选》第二卷，人民出版社2006年版，第19~20页。
[3] 中共中央文献研究室：《十五大以来重要文献选编》（上），中央文献出版社2000年版。

完善社会主义公有制为主体，多种所有制经济共同发展的基本经济制度；首次提出公有制经济不仅包括国有经济和集体经济，还包括混合所有制经济中的国有成分和集体成分；首次提出"国有经济起主导作用，主要体现在控制力上"的崭新概念；首次把公有制实现形式与公有制本身区别开来，提出公有制实现形式可以而且应当多样化，一切符合"三个有利于"的经营方式和组织形式都可以大胆利用；首次明确提出股份制是现代企业的一种资本组织形式，资本主义可以利用，社会主义也可以利用；首次提出非公有制经济是我国社会主义市场经济的重要组成部分；首次提出将按劳分配和按生产要素分配结合起来，允许和鼓励资本、技术等生产要素参与收益分配。十五大在认识上的这些突破，对于后来我国的经济建设具有十分重要和深远的意义。

马克思曾设想社会主义社会将消灭市场经济，但国内外经济发展的现实表明：计划与市场均是资源配置的手段，资本主义国家可以使用，社会主义国家也可以使用。而且我国将长期处于社会主义初级阶段，即生产力不发达，只有充分发挥市场配置资源的基础性作用，才能不断解放和发展生产力，才能提升我国的综合国力与国际竞争力，提高全国人民的生活水平。事实上，市场经济是不同利益主体之间竞争的经济。同样，社会主义市场经济客观上要求不同的利益主体并存，即公有制经济、私有制经济以及各种混合所有制经济并存，共同发展。因此，我国市场化取向的经济体制改革，为我国基本经济制度演变创造了现实条件。

（三）基本经济理论制度的改革实践与成果

1. 农村延长土地承包期，探索产业化经营

1991年底，党的十三届三中全会通过了《中共中央关于进一步加强农业和农村工作的决定》，1992年底，中共中央、国务院采取10项保护农民积极性、保持农业稳定发展的措施；1993～1996年，中央连续四年召开了农村工作会议，颁布了《农业法》，出台了一系列惠农政策，坚持和完善农村土地经营承包责任制和统分结合的双层经营管理体制。

首先是延长农村土地承包期。农民承包土地在承包期15年到期后可再延长30年，在耕地承包期内，允许农民继续开发性生产项目的承包经营权，允许使用权依法有偿转让。随后是探索分散经营转向产业化经营。农业生产

出现"公司+农户"的产业化发展趋势,"工厂化"农业在全国各地兴起。"订单"农业生产推进农业向商品化、专业化、现代化转变。在农民自愿基础上,以转包、入股等多种形式举办家庭农场、合作农场。自此,乡镇企业发展进入新阶段。1992~1996 年,乡镇企业发展进入第二高峰期,从业人员由 10581 万人增加到 13058 万人;增加值由 4485 亿元增加到 12628 亿元;利润总额由 1079 亿元增至 4356 亿元;上缴税金由 494 亿元增至 1436 亿元。1997 年起,乡镇企业进入改组改制新阶段。一部分规模大、效益好的乡镇企业改制为有限责任公司或股份有限公司,向混合所有制方向发展。一部分规模小、资不抵债的乡镇企业破产或转让给集体或个人,变为私营企业,或改制为股份合作制。[①]

2. 以制度创新为突破推动现代企业制度试点

1992 年春,邓小平同志南方谈话后,党中央和国务院把改革的重点放在对外开放和搞活国有大中型企业,把转换企业经营机制和建立现代企业制度作为形成和完善基本经济制度的重点。1992 年 7 月 23 日,国务院颁布了《全民所有制工业企业转换经营机制条例》,中共中央、国务院随后又下发了贯彻该条例的通知。当年中央工作会议又提出了 20 条具体措施。各地制定了相应的政策,转换经营机制重点从企业领导体制、劳动人事制度和经营管理体制三项改革入手。1993 年 10 月,十四届三中全会《中共中央关于建立社会主义市场经济体制若干问题的决定》提出"建立现代企业制度是发展社会化大生产和市场经济的必然要求",国家体改委组织专家拟定了《现代企业制度试点方案》。1996 年初,国家经贸委、国家体改委选择了一批企业作为国家现代企业制度试点预选企业,拟定了《国务院确定的百户企业建立现代企业制度工作试点阶段目标要求(试行)》及配套文件。同年 11 月,国务院召开了全国百家现代企业制度试点工作会议,正式确定了 100 家企业进行试点。建立现代企业试点,着重从完善企业法人制度、确定国有资产投资主体、确定公司组织形式、建立科学规范的公司内部组织管理机构、改革劳动人事工资制度、健全企业财务会计制度、发挥党组织的政治核心作用、调整资产负债结构、建立职工社会保险制度、减轻企业办社会的负担、

[①] 国家发展改革委经济体制与管理研究所:《改革开放三十年:从历史走向未来》,人民出版社 2008 年版。

解决企业冗员问题、规范产权交易管理、发展和规范各类市场中介等 15 个方面展开。到 1996 年底，国家抓的百户国有大型试点企业，分别按多元持股的公司制、国有独资公司、纯粹控股国有独资公司、先改组后改制 4 种形式进行改制，其中 84 家成立了董事会，72 家成立了监事会。地方政府抓的 2343 户试点企业，到 1999 年上半年改制成股份有限公司的占 23%。[①] 此外，国有小型企业采取灵活方式推进改革。部分国有企业通过破产、整体出售退出市场；部分企业实施联合、承包、租赁、委托经营、托管、股份合作制等不彻底变动产权的改革形式推进改革，也有部分企业实行股份制改造。据统计，全国 1996 年在册的 41824 户国有企业，到 2000 年 6 月已有 31994 户完成改革，占 76.5%，其中改组占 12.7%、联合占 4.4%、兼并占 8.5%、租赁占 12.8%、承包经营占 8.5%、股份合作占 22%、出售占 8.9%、破产占 9.12%，其他形式如嫁接、风险抵押等占 1.4%。[②]

3. 全方位对外开放格局形成

邓小平在 1992 年南方谈话中，以深刻的政治智慧和巨大的理论勇气，冲破了传统观念束缚，解答了长期困扰人们的一些疑难问题，提出了"三个有利于"的标准，极大地促进了人们的思想解放，使我国的对外开放出现了新高潮。

1992 年 3 月，国务院决定开放黑龙江省黑河市和绥芬河市、吉林省珲春市和内蒙古自治区满洲里市 4 个沿边市。同年 6 月，中央又决定开放新疆维吾尔自治区伊宁市、博乐市、塔城市，广西壮族自治区的凭祥市、东兴市，云南省畹町市、瑞丽县、河口瑶族自治县。7 月，中央又决定开放内蒙古自治区二连浩特市。北部边境 13 个市、县的开放，形成了内陆周边地区开放新格局。沿边地区的开放，不仅能够为整个国家的对外开放创造一个良好的外部环境，而且能够促进边疆地区的经济发展，增加中华民族的凝聚力。同时，开放沿边地区能够使沿海、沿江和沿边开放齐头并进、协调发展，是我国对外开放总体战略的一部分。同年，中央又决定开放还未开放的 18 个内陆省会、自治区首府城市。这就意味着中国全方位对外开放的基本格局已经形成。这能够大大地促进内陆省区经济的繁荣和发展。中国内地已

---

① 国家发展改革委经济体制与管理研究所：《改革开放三十年：从历史走向未来》，人民出版社 2008 年版。
② 国家统计局：《中国统计年鉴（2001）》，中国统计出版社 2001 年版。

经开始或正在走向世界，中国经济已经奠定了外向型经济的基础。

随着开放地区的不断扩大，中央继续采取措施，促使中国对外开放向深层发展。到1992年底，国务院先后在主要沿海港口建立了13个保税区，在内陆省区设置了27个高新技术产业开发区，在福建省设立了3个台商投资区，在东北和内蒙古自治区设立了5个边境经济合作区。同时我国开始拓展外商投资领域。我国对外开放领域也扩展到基础设施等诸多方面，开始允许外商外资进入第三产业，进入仓储、运输、贸易、房地产等部门，金融、商业、保险等领域的开放也在积极有步骤地进行。与此同时，政府为了进一步深化外贸体制改革，取消补贴，适当增加收汇留成，改变地区差别外汇留成办法，实行全国统一的按不同大类商品的外汇留成比例，发挥外贸和工贸专业进出口中公司的主渠道的骨干作用。

到1994年，我国共有经济特区5个，沿海开放城市14个，沿海经济开放区包含260个市、县，沿长江开放城市6个，内陆省会开放城市18个，沿边境开放城市13个，国家级经济技术开放区30个，保税区13个，新技术产业开发区52个，国家旅游度假区11个。[①] 从1997年开始，中央制定一系列扶持政策，鼓励中国企业到海外投资，开拓国际市场。这一时期赴海外投资的主要是国有企业（以国有独资企业居多），投资重点是非洲国家。中国的对外开放由单向开放（引进外资）转向双向开放（引进外资与输出资本相结合）的新历史时期。

全方位对外开放格局的形成，对深化经济体制改革，建立社会主义市场经济体制起了巨大的推动作用。如今，对外经济、技术合作与交流继续扩大，对外贸易和利用外资大幅度增长。我国的社会生产力、综合国力和人民生活水平又上了一个新台阶。

4. 基本经济制度结构变化

随着基本经济制度理论创新突破，改革的成果也初见成效。从以下两方面可以看出：

第一，基本经济制度发生了重大变化。以公有制为主体、多种所有制经济共同发展的基本经济制度已经形成，并向更加深广的层面拓展。市场在资

---

① 王炳林：《我国对外开放格局的形成与邓小平的创造性贡献》，载于《中国特色社会主义研究》1999年第1期。

源配置中的基础作用增强，多种所有制经济的市场主体地位已经确立，政府为多种所有制平等竞争创建了必要的竞争环境和法律框架。社会主义市场经济的框架已基本建立，政府调控、市场调节的现代市场经济体制已初步建立。

第二，所有制结构进一步调整。2001年1120多家大中型国有控股或参股企业中，发行A股的有1048家，发行B股的有112家，并上市交易。到香港发行H股的国有控股参股企业人数由1995年的11260多万人下降到2001年的7640万人，在城镇职工总数中所占的比重已由59%下降为31.9%。国有经济在GDP中的贡献率进一步下降，由20世纪90年代初的50%多下降为90年代末的40%左右。乡镇企业的就业人数由1992年的10625万人上升为2001年的13086万人，在GDP中的贡献率基本保持在30%的水平。到20世纪末，全国私营企业发展到150.89万户，个体工商户3160.06万户。非公经济就业的人数由1988年的2305万人增加到2001年的8263万人。非公经营注册资本金1.35万亿元，年均增速超过20%，年均增加600万个就业岗位。非公经济对全国GDP的贡献率上升到30%。[1] 所有制改革加快了经济的发展。公有制经济在全国社会固定资产投资的比例由1992年的79%下降为2001年的60%，非公有制经济固定资产投资比例已由21%上升为40%。GDP也由1992年的2.18万亿元上升到2001年的10.96万亿元，年均增长8.9%。[2]

（四）基本经济制度确立的历史定位与重大意义

我国的基本经济制度符合生产关系一定要适应生产力发展的本质，这是一项充满生机和活力的经济制度。确立这一制度，是由我国社会主义性质和初级阶段的基本国情决定的。在我国，一切符合"三个有利于"的所有制形式都可以而且应该用来为社会主义服务。

把非公有制经济纳入中华人民共和国基本经济制度范畴，意义重大。中国特色社会主义基本经济制度在改革开放后发展的20年中，实现了公有制经济与非公有制经济的辩证统一发展。把非公有制经济由公有制经济的补

---

[1] 国家发展改革委经济体制与管理研究所：《改革开放三十年：从历史走向未来》，人民出版社2008年版。
[2] 国家统计局：《中国统计年鉴（2016）》，中国统计出版社2016年版。

充，提升为社会主义市场经济的重要组成部分，进入基本经济制度范畴，使非公有制经济由社会主义制度外到制度内，在理论上，是对马克思主义政治经济学和科学社会主义的创新和发展，构成中国特色社会主义理论体系的重要内容；在实践上，实现了由传统计划经济体制单一公有制的基本经济制度，向市场经济体制多种所有制基本经济制度的嬗变升华。

不可否认，历史地看，公有制为主体、多种所有制经济共同发展的基本经济制度，还有一些资本主义的影子。因为允许资本主义生产方式在社会主义制度框架内合法存在，也就允许人的异化——人力产权异化的合法存在。其实，中国特色社会主义制度框架内的资本主义生产关系的性质，是一种打上社会主义烙印的、依附于并服务于社会主义的资本主义。这种国家资本主义，应该仅仅是人类发展否定之否定规律第二次否定暂时难以彻底的表现，是社会主义脱胎于旧社会的一种烙印，必然随着社会主义制度的完善成熟而逐渐消失，具有暂时性和非本质性。即其合法性历史地位仅仅与社会主义最初历史阶段相联系。所以，那种认为代表资本主义生产关系的资本超越了资本主义社会制度，而具有跨越多个社会制度的观点不够深刻，也不准确。

实践证明，以公有制为主体、多种所有制经济共同发展的基本经济制度适应我国社会主义初级阶段的基本国情，促进了我国经济发展和社会进步。

四、基本经济制度理论在社会主义市场经济体制深化中不断完善

（一）基本经济制度的理论不断成熟

2002年11月，党的十六大明确提出要根据解放和发展生产力的要求，坚持和完善公有制为主体、多种所有制经济共同发展的基本经济制度。提出了两个"毫不动摇"和一个"统一"：必须毫不动摇地巩固和发展公有制经济，必须毫不动摇地鼓励、支持和引导非公有制经济发展；坚持公有制为主体，促进非公有制经济发展，统一于社会主义现代化建设的进程中，不能把两者对立起来。此外，十六大报告中还提出"要深化国有企业改革，进一步探索公有制特别是国有制的多种有效实现形式，大力推进企业体制、技术和管理创新。除少数必须由国家独资经营的企业外，积极推进股份制，发展

混合所有制经济";"推进垄断行业改革,积极引入竞争机制。通过市场和政策引导,发展具有国际竞争力的大公司大企业集团";"充分发挥个体、私营等非公有制经济在促进经济增长、扩大就业和活跃市场等方面的重要作用。放宽国内民间资本的市场准入区域";"逐步推进服务领域开放";"实施'走出去'战略是对外开放新阶段的重大举措。鼓励和支持有比较优势的各种所有制企业对外投资"等,这些理论突破促进基本经济制度的完善。①

2003 年 10 月,党的十六届三中全会讨论通过了《中共中央关于完善社会主义市场经济体制若干问题的决定》,总结 20 多年来改革开放的经验,从理论与实践的结合上对所有制问题又做出了重大突破和创新:一要积极推行公有制的多种有效实现形式,大力发展国有资本、集体资本和非公有制资本等参股的混合所有制经济,实现投资主体多元化,使股份制成为公有制的主要实现形式。以明晰产权为重点深化集体企业改革,发展多种形式的集体经济。二要大力发展和积极引导非公有制经济。三要建立健全归属清晰、权责明确、保护严格、流转顺畅的现代产权制度。②

2007 年 10 月,党的十七大报告重申并强调指出,要"坚持和完善公有制为主体、多种所有制经济共同发展的基本经济制度,毫不动摇地巩固和发展公有制经济,毫不动摇地鼓励、支持、引导非公有制经济发展"。同时要"坚持平等保护物权,形成各种所有制经济平等竞争、相互促进新格局",坚持法律上的"平等"保护和经济上的"平等"竞争,这"两个平等"是十七大在所有制理论上的亮点。坚持平等保护物权,有助于完善我国平等竞争、优胜劣汰的市场环境,有助于完善现代产权制度和现代企业制度。③ 此外,报告还提出,"深化国有企业公司制股份制改革,健全现代企业制度,优化国有经济布局,增强国有经济活力、控制力、影响力";"深化垄断行业改革,引入竞争机制,加强政府监管和社会监督";"以现代产权制度为基础,发展混合所有制经济";"推进金融体制改革,发展各类金融市场,形成多种所有制和多种经营形式、结构合理、功能完善、高效安全的现代金

---

① 中共中央文献研究室:《十六大以来重要文献选编》(上),中央文献出版社 2008 年版,第 16~23 页。
② 中共中央文献研究室:《十六大以来重要文献选编》(上),中央文献出版社 2008 年版,第 464~482 页。
③ 魏礼群:《中国经济体制改革 30 年回顾与展望》,人民出版社 2008 年版,第 35~42 页。

融体系"等多方面内容。①

党的十七大明确公有制经济与非公有制经济同为市场主体，一样拥有在市场上公平竞争的平等地位，这是为二者通过市场实现平等竞争、优胜劣汰而形成相互促进关系所做的历史定位，进一步拓宽了党的十六大提出的二者"统一于社会主义现代化建设的进程中"的"统一"路径，实践意义重大。而且，非公有制经济的这一市场主体的地位定位，对于非公有制经济来说是历史性的。即便1956年以前，非公有制经济也没有取得如此合法地位。而"坚持平等保护物权，形成各种所有制经济平等竞争、相互促进新格局"的形成过程，其意义是多重的。

2008年12月18日，胡锦涛《在纪念党的十一届三中全会召开30周年大会上的讲话》中再次重申了两个"毫不动摇"，并指出："我们党带领人民干的是社会主义事业，必须坚持党的领导、保证人民当家作主，必须坚持公有制为主体、按劳分配为主体……我们毫不动摇地巩固和发展公有制经济、发挥国有经济主导作用，积极推行公有制多种有效实现形式，增强国有经济活力、控制力、影响力，同时又毫不动摇地鼓励、支持、引导非公有制经济发展，形成各种所有制经济平等竞争、相互促进新格局。"②

2012年，党的十八大进一步明确"要毫不动摇巩固和发展公有制经济，推行公有制多种实现形式，深化国有企业改革，完善各类国有资产管理体制"，"毫不动摇地鼓励、支持、引导非公有制经济发展，保证各种所有制经济依法平等使用生产要素、公平参与市场竞争、同等受到法律保护"。党的十八届三中全会则明确指出"坚持和完善基本经济制度""完善产权保护制度""积极发展混合所有制经济"，指出"国有资本、集体资本、非公有资本等交叉持股、相互融合的混合所有制经济，是基本经济制度的重要实现形式"，"允许更多国有经济和其他所有制经济发展成为混合所有制经济。国有资本投资项目允许非国有资本参股。允许混合所有制经济实行企业员工持股，形成资本所有者和劳动者利益共同体"③。

---

① 《十七大报告学习辅导百问》，学习出版社、党建读物出版社2007年版，第2~39页。
② 胡锦涛：《在纪念党的十一届三中全会召开30周年大会上的讲话》，载于《求是》2009年第1期。
③ 《党的十八届三中全会〈决定〉学习辅导百问》，学习出版社、党建读物出版社2013年版，第5页。

上述这些完善我国基本经济制度的举措,对我国经济进一步更好更快发展以及和谐社会的建设都将产生重大影响。首先,可以为进一步完善社会主义市场经济体制打下更加坚实的市场主体体系基础。其次,非公有制经济地位的提升产生的"鲶鱼效应"将给公有制经济发展带来更大的外在压力,这有利于公有制经济体制、机制的进一步完善、创新。

(二) 基本经济制度在社会主义市场经济体制中完善

1. 以公有制为主体,建立混合经济和市场经济的新实践

一是以公有制为主体、多种所有制经济共同发展的基本经济制度日趋完善。期间国家毫不动摇地巩固和发展公有制经济,毫不动摇地鼓励、支持、引导非公有制经济的发展,坚持平等保护物权,形成了各种所有制经济平等竞争、相互促进的基本经济制度新格局,保障了我国经济进入持续发展的新阶段。

二是大力发展混合所有制。混合所有制经济——有限责任公司和股份有限公司成为完善中国特色社会主义基本经济制度的目标模式。2003年有中央企业196家,经过几年的改制改造,到2010年,对80~100家国有中央企业进行调整和重组,使其中的30~50家成为具有国际竞争力的大企业、大集团——跨国公司。国有及国有控股企业未来由经营产品为主转向经营品牌和资本为主,由实体经济转向虚拟经济,投资主体由一元化(国家)转向多元化(社会),由间接融资转向直接融资,产品生产向中小企业扩散,服务实行外包,企业集团总部重点抓高端技术研究开发和专利的申请、保护——经营知识产权。据第三次全国经济普查主要数据公报,截至2013年末,全国共有从事第二产业和第三产业的企业用人单位820.8万个,比2008年增加324.9万个,增长65.5%,其中国有企业11.3万个,占1.4%;私营企业560.4万个,占68.3%;港澳台商投资企业9.7万个,占1.2%;外商投资企业10.6万个,占1.3%。2008~2013年,混合经济、民营经济快速发展,2013年末私营企业户数比2008年增加了55.8%,有限责任公司、股份有限公司等四类混合所有制企业数也在增加。国有企业户数尽管减少,但它的活力、控制力、影响力也在不断增高。[1]

---

[1] 《第三次全国经济普查主要数据公报》(第一号)、(第二号)、(第三号)。

基本经济制度的形成，极大地解放了社会生产力，成为中国特色社会主义制度的重要支柱和社会主义市场经济的根基以及推动我国经济社会持续发展的重要动力源。

2. 社会主义市场经济体制建设中的新思想

党的十八大以来，习近平总书记围绕社会主义市场经济理论和现实问题发表了一系列重要讲话，阐述了关于完善社会主义初级阶段基本经济制度的思想对于当代中国基本经济制度建设和发展具有重大意义。

习近平指出："坚持和完善公有制为主体、多种所有制经济共同发展的基本经济制度，关系巩固和发展中国特色社会主义制度的重要支柱。"[1] 对于全面深化改革期的经济发展来说，坚持公有制的主体地位和作用尤为必要。通过巩固公有制经济主体地位坚持改革性质，通过完善公有制实现形式深化改革，两者都体现了公有主体型产权制度对于我国经济发展的重要意义。这一发展思想，有利于消除改革过程中"国有企业私有化、土地私有化、金融自由化"的新自由主义干扰和负面影响。

习近平关于完善社会主义基本经济制度的思想，总体思路主要有两条：一是强调坚持两个"毫不动摇"；二是必须深化改革。前者体现了"战略定力"，后者则需要"问题意识"，都具有极为重要的现实针对性。两个"毫不动摇"最初是在党的十六大提出的，但是，随着社会经济发展，现阶段坚持两个"毫不动摇"也碰到了一些严峻挑战。对此，习近平明确提出，"国有企业不仅不能削弱，还要加强"；[2] 强调"把国有企业做强做优做大，不断增强国有经济活力、控制力、影响力、抗风险能力"；[3] "国有企业是壮大国家综合实力、保障人民共同利益的重要力量，必须理直气壮做强做优做大，不断增强活力、影响力、抗风险能力"；[4] 强调"公有制主体地位不能动摇，国有经济主导作用不能动摇，这是保证我国各族人民共享发展成果的制度性保证，也是巩固党的执政地位、坚持我国社会主义制度的

---

[1] 习近平：《关于〈中共中央关于全面深化改革若干重大问题的决定〉的说明》，载于《人民日报》2013 年 11 月 16 日。

[2] 缪毅容、谈燕：《"三年多没去上海了，看到大家，很亲切"——习近平总书记参加上海代表团审议侧记》，载于《解放日报》2014 年 3 月 6 日。

[3] 《习近平主持召开中央全面深化改革领导小组第十三次会议》，载于《人民日报》2015 年 6 月 6 日。

[4] 《习近平对国有企业改革作出重要指示 强调理直气壮做强做优做大国有企业 尽快在国企改革重要领域和关键环节取得新成效》，载于《人民日报》2016 年 7 月 5 日。

重要保证"①。

积极发展混合所有制,是党的十八届三中全会的一个重要部署,是习近平经济思想的重要内容。"混合所有制经济"是党的十五大第一次提出的概念,后来又经过党的十五届四中全会和党的十七大的重要发展。以习近平同志为核心的党中央则将积极发展混合所有制思想推向一个新高度,在混合所有制经济的定位上,提出了两个根本性论断:一是首次肯定它是我国基本经济制度的重要实现形式;二是提出它成为新形势下坚持公有制主体地位,增强国有经济活力、控制力、影响力的有效途径和必然选择。两大论断为坚持公有制主体地位前提下,各种所有制经济平等竞争合作、共同获得发展机会,奠定了强有力的思想认识基础。在参股经济成分的地位与作用上,强调发展公有资本控股为主,也鼓励发展非公有资本控股的混合所有制企业。其中,习近平特别提到要吸取过去国企改革的经验和教训,不能在一片改革声浪中把国有资产变成牟取暴利的机会。这将确保混合所有制真正成为公有主体型基本经济制度的重要实现形式。

3. 市场经济下处理好市场与政府的关系

习近平在2013年"两会"的讲话中强调"两个更":更加尊重市场规律,更好发挥政府作用。在党的十八届三中全会上,他更进一步强调要使市场在资源配置中起决定性作用和更好发挥政府作用,同时指出:"我国实行的是社会主义市场经济体制,我们仍然要坚持发挥我国社会主义制度的优越性、发挥党和政府的积极作用。市场在资源配置中起决定性作用,并不是起全部作用。"②

党的十八届三中全会提出了"市场决定"和更好发挥政府作用。从总体上它是强调市场与政府的双重调节,只不过市场与政府的作用和职能是不同的。一是在宏微观的不同层次上,中国特色社会主义"市场决定性作用论"强调国家的宏观调控和微观规制共同矫正某些"市场决定性作用"。二是在"市场决定"的资源范围上,强调市场对一般资源的短期配置与政府对稀有资源和基础设施等特殊资源的直接配置与不少一般资源的长期配置相

---

① 习近平:《立足我国国情和我国发展实践 发展当代中国马克思主义政治经济学》,新华社2015年11月24日。
② 习近平:《关于〈中共中央关于全面深化改革若干重大问题的决定〉的说明》,载于《人民日报》2013年11月16日。

结合。三是在教育、文化、医疗卫生等非物质资源配置中，政府的主导性作用应与市场的重要作用相结合。

怎样实现"市场决定"和更好发挥政府作用呢？根据习近平的相关论述和党的十八届三中全会的决定，主要的路径有两条：构建完善的市场体系和完善政府职能。习近平曾明确指出，"建设统一开放、竞争有序的市场体系，是使市场在资源配置中起决定性作用的基础"，"必须加快形成企业自主经营、公平竞争，消费者自由选择、自主消费，商品和要素自由流动、平等交换的现代市场体系，着力清除市场壁垒，提高资源配置效率和公平性"[①]。可见，应将构建完善的市场体系放在基础性地位。概括起来，习近平关于构建完善市场体系的思想主要包括：第一，完善要素市场体系。第二，建立公平开放透明的市场规则。第三，完善主要由市场决定价格的机制。

在2014年5月的中央政治局第十五次集体学习会上，习近平强调："在市场作用和政府作用的问题上，要讲辩证法、两点论，'看不见的手'和'看得见的手'都要用好"，"既不能用市场在资源配置中的决定性作用取代甚至否定政府作用，也不能用更好发挥政府作用取代甚至否定使市场在资源配置中起决定性作用"[②]。片面强调简政放权亦不对。它应是一个健全宏观调控体系、全面正确履行政府职能、优化政府组织结构的系统工程，核心是建设民主高效的法治政府和为人民服务型政府，要以人民为中心，体现人民主体性。

简言之，今后需要将市场决定性作用和更好发挥政府作用看作一个有机整体。既要用市场调节的优良功能去抑制"国家调节失灵"，又要用国家调节的优良功能来纠正"市场调节失灵"，从而形成高功能市场与高功能政府、高效市场与高效政府的"双高"或"双强"格局。显然，由于我国社会主义市场经济是建立在公有制为主体、国有制为主导、多种所有制共同发展的基础之上的，整个国家从法律、经济、行政和伦理等多方面的调节力度和广度，必然略大于资本主义市场经济下的调节能力，从而可以显示出中国特色社会主义市场经济的优势和高绩效。

[①] 《中共中央关于全面深化改革若干重大问题的决定》，载于《人民日报》2013年11月16日。
[②] 习近平：《正确发挥市场作用和政府作用　推动经济社会持续健康发展》，载于《人民日报》2014年5月28日。

（三）社会主义市场经济下完善基本经济制度理论的重要意义

党的十八届三中全会通过的《中共中央关于全面深化改革若干重大问题的决定》（以下简称《决定》）指出，公有制为主体、多种所有制经济共同发展的基本经济制度，是中国特色社会主义制度的重要支柱，也是社会主义市场经济体制的根基。公有制经济和非公有制经济都是社会主义市场经济的重要组成部分，都是我国经济社会发展的重要基础。这是我们党总结改革开放 30 多年特别是近 20 年来发展社会主义市场经济经验做出的重要论述，是对我国基本经济制度认识的深化。《决定》还从积极发展混合所有制经济、推动国有企业完善现代企业制度、支持非公有制经济健康发展等方面，对完善基本经济制度做出了全面部署。认真学习和深入贯彻党的十八届三中全会的决策部署，对于完善社会主义市场经济体制，不断发展社会生产力，具有十分重要的意义。

从党的十四大到十八届三中全会，我国社会主义经济理论在实践中与时俱进地发展，基本经济制度在社会主义市场经济框架下日趋完善。在这个探索过程中，我们获得了两个重要的理论成果。一是市场在资源配置中起决定性作用和更好发挥政府作用；二是混合所有制经济是基本经济制度的重要实现形式。前者从理论上解决了什么是社会主义市场经济本质内涵，后者解决了基本经济制度从宏观到微观的具体落实，使我国社会主义经济的特征越来越清晰。

实践证明，坚持完善社会主义基本经济制度对于我国社会主义现代化建设具有重要的意义。一是基本经济制度的确立和完善是社会主义市场经济体制改革的基础。我国社会主义市场经济体制的建立和发展同基本经济制度的确立和完善有着密切的关系。成熟的社会主义市场经济体制应该建立在合理的所有制结构的基础之上。基本经济制度的完善会促进市场经济体制改革进一步深化。二是基本经济制度对我国收入分配制度的改革有着重要的促进作用。分配方式是由生产方式决定的，有什么样的生产方式，就有什么样的分配方式。同样，分配方式的合理化将会促进生产方式的完善。基本经济制度的完善将会促进收入分配制度的不断改革。三是基本经济制度的完善是我国政治体制改革的重要推动力。由于改革触及同生产力迅速发展不相适应的生产关系和上层建筑，所以改革不仅要突破传统的经济制度，还要冲破其他各种旧的僵化体制，实现国家政治制度、人们思想观念及社会行为方式的深刻变革。因此，基本经济制度的变化，需要政治体制的改革去适应这一变化，否则基本经济制度的变革就会有反复甚至停滞。基本经济制度的建立和发展要求进行政治体制改革，政治体制改革的成功才能巩固和完善基本经济制度。

基本经济制度在我国社会主义制度体系中居于重要的位置，必然对我国社会主义制度体系的成熟和完善起着重要的作用。只有不断完善基本经济制度，才会进一步推动中国特色社会主义制度体系的建设和发展，最终形成适合我国社会主义初级阶段特点的、成熟完备的中国特色社会主义制度体系。

五、我国基本经济制度探索过程的启示

新中国成立 60 多年来，我国基本经济制度也一直在不断地演变，在我们党和人民不断地探索与努力下，我国经济建设取得了举世瞩目的辉煌业绩。尤其是改革开放后近 40 年的实践表明：我国社会主义初级阶段基本经济制度在快速发展生产力、扩大就业、增加社会财富、繁荣经济、提高人民物质文化生活水平等方面发挥了巨大作用。这些年来，我国的 GDP 在不断增加，从 1978 年的 3678 亿元增加到 2016 年的 744127 亿元，增长了 202 倍，年均增长率达到 9.6%。我国人均 GDP 从 1978 年的 385 元增加到 2015 年的 50251 元，增长了 131 倍，年均增长率达到 8.7%。尽管期间内经济增长出现过短暂的波动，但是总体上保持稳定、高速增长的态势。从全球范围来看，根据联合国统计司、世界银行以及国际货币基金组织的统计数据，1978 年我国 GDP 总量占全球的 2.3%，人均 GDP 为 155 美元，仅为世界平均水平的 7%；2015 年我国 GDP 总量占全球 15.5%，人均 GDP 为 7990 美元，已达到世界平均水平的 79%。我国经济在这 30 多年里取得了令世界瞩目的成就，我国经济的高速增长在中外历史上都是绝无仅有的。[1]

此外，改革开放这些年来我国居民生活水平有了极大的改善，城乡居民收入也有了大幅的提高。据国家统计局数据，1978~2015 年，中国城镇居民人均可支配收入由 343.4 元增长到 31194.8 元，农村居民人均可支配收入

---

[1] 国家统计局：《中国统计年鉴（2016）》，中国统计出版社 2016 年版。

由 133.6 元增长到 11421.7 元；二者分别翻了 90.8 倍和 85.5 倍。[①] 党的十八大首次提出全面建成小康社会的目标，要实现到 2020 年国内生产总值和城乡居民人均收入比 2010 年翻一番。只要我国经济保持目前的速度平稳增长，这个目标的实现指日可待。

从我国基本经济制度探索的历程来看，我们必须始终坚持以下两点，方能保证我国经济建设不断健康向前发展。

一是必须坚持公有制的主体地位。把以公有制为主体作为我国社会主义初级阶段基本经济制度的首要内容，并非人们的主观臆断，而是我国现阶段经济政治状况的真实反映与要求，具有客观必然性。建立公有制的目的在于解放和发展社会生产力，不断改善人民物质文化生活，实现共同富裕。公有制主体地位是由社会主义本质所规定并由《宪法》固化了的法律原则，不能动摇也不会动摇。所有制是一种经济制度，生产资料所有制性质决定社会性质。公有制作为一种生产资料所有制、作为一种经济制度，决定着社会主义社会的性质。在我国，国有经济是公有制经济的重要组成部分，国有企业是国有经济的重要组成部分。我国国有企业是公有制经济，但不是公有制经济的全部；国有企业数量和资产份额的变化可能会使社会主义市场经济的结构发生一些变化，但不会影响公有制的主体地位。公有制的主体地位是《宪法》赋予的。我国《宪法》明确规定："中华人民共和国的社会主义经济制度的基础是生产资料的社会主义公有制，即全民所有制和劳动群众集体所有制。"[②] 经济基础决定上层建筑，公有制的主体地位一旦消失，即社会主义公有制被资本主义私有制所替代，那么经济基础变了，上层建筑也必然要改变。苏联、东欧等原社会主义国家，实行了私有化的改革，在此过程中共产党被解散，失去了其执政地位，这一深刻教训值得我们吸取。所以，共产党人确认公有制是党的执政基础，在这方面，不能犯颠覆性错误，否则会给党的事业和人民的利益带来无法估量的损害。中国特色社会主义的上层建筑，不可能建立在私有经济为主体的经济基础上，更不可能建立在外资居主体地位的经济基础上。而强调公有制经济与非公有制经济的平等关系，是指公有企业与非公有企业共同作为市场主体，在市场中的平等关系，而不是指

[①] 国家统计局：《中国统计年鉴（2016）》，中国统计出版社 2016 年版。
[②] 《中华人民共和国宪法》，中国法制出版社 2004 年版。

它们在社会主义基本经济制度中平起平坐,这是一个大是大非问题。

新中国成立以来,经过60多年的经济建设,我国已经建立了一大批以机械化、自动化生产为基础的现代工业,拥有先进的技术装备,掌握着国民经济的命脉,与社会化大生产紧密地结合在一起,是我国社会生产力的主体与发展方向。这就充分说明以公有制为主体,不仅是社会生产力发展的结果,也是生产力进一步发展的要求。毫无疑问,新中国成立多年来的巨大成就,就是在公有制为主体的经济制度下取得的。习近平同志指出:"公有制主体地位不能动摇,国有经济主导作用不能动摇,这是保证我国各族人民共享发展成果的制度性保证,也是巩固党的执政地位、坚持我国社会主义制度的重要保证。"[1] 这"两个不能动摇",深刻阐明了我国必须坚持公有制主体地位和国有经济主导作用。

二是必须毫不动摇鼓励、支持、引导非公有制经济发展。党的十八届三中全会强调指出,公有制经济和非公有制经济都是我国经济社会发展的重要基础。多种所有制经济的共同发展,有利于发挥市场机制的基础性调节作用,调动各个经济主体的积极性和创造性,保证市场经济的活力和效率,因此,任何否定非公有制经济的观点和做法都是错误的。公有制经济和非公有制经济是相辅相成、相得益彰而不是相互排斥、相互抵消的关系。两者都是市场经济的重要组成部分。非公有制经济的存在和发展本身就扩大着社会主义市场经济。私营经济和个体工商业经济是天然的一种市场经济,它们是在市场中形成、拼搏和发展起来的。它们的存在和发展本身就扩大着市场经济的成分,包括市场主体、客体、市场经济关系和运行机制,拓展了市场经济活动领域。非公有制经济的存在和发展加快了社会主义市场经济体制的建立。非公有制经济促进了市场竞争和市场竞争环境的形成,促进了市场体系的发育。非公有制经济提供了大量的商品和服务,它们的生产经营又需要大量的劳动力、资金、技术,从而促进了一般商品市场和劳动力、资本、技术、房地产等要素市场的形成。非公有制经济促进了市场规则和中介机构的形成与发展,促进了人们思想观念的变化,使人们更快地树立商品、市场、效益、效率、利润等一系列市场观念。此外,非公有制经济的存在和发展,

---

[1] 习近平:《立足我国国情和我国发展实践 发展当代中国马克思主义政治经济学》,新华社2015年11月24日。

加快了国有企业和其他公有制企业的改革。非公有制经济成了公有制经济的强劲对手，迫使它们非得加快改革不可，非公有制经济灵活的市场经营机制成了公有制企业改革、借鉴的现成参照系。非公有制经济的存在和发展为一部分公有制企业的联合、兼并、重组、嫁接、租赁提供现成的对象和有效的途径。非公有制经济的存在和发展，增强了国民经济市场化改革的物质基础，特别是它提供了大量的就业岗位，有利于社会的稳定，从而间接地支持了公有制经济的改革。

非公有制经济的发展就是社会主义市场经济的发展，在这方面，马克思主义经典作家已给我们提供了理论基础。马克思、恩格斯都强调新的社会制度必须废除私有制，但他们都认定私有制是不可能在革命胜利后立即废除的。在马克思、恩格斯看来，社会主义社会，特别是社会主义的初级阶段，马上消灭私有制是不可行的，多种所有制经济必然长期存在。所以，当前私有经济的存在有其必然性，这符合生产关系一定要适应生产力的性质的马克思主义基本原理。

我们应当继续坚持和完善基本经济制度，毫不动摇地巩固和发展公有制经济，毫不动摇地鼓励、支持和引导非公有制经济发展。不搞单一公有制，也不搞私有化，尊重我国社会主义初级阶段的基本国情，从而能够继续解放和发展社会生产力，激发各方面的活力和动力、提升效率、发挥优势，实现各种经济成分的相互促进，共同发展。我们坚信，中国经济未来发展的空间足够大，完全能够容纳各种所有制经济的健康成长，不存在谁进谁退、此消彼长的问题，而各种所有制经济的共同发展、共同繁荣，必将开创社会财富充分涌流的崭新局面，将我国社会主义经济建设伟大事业推向更高的境界。

第四章 社会主义基本经济制度与市场经济

改革开放近 40 年来，我国在坚持社会主义基本经济制度的同时，实现了由传统计划经济体制向市场经济的转型，同时，又在社会主义市场经济发展中不断深化对社会主义基本经济制度的认识，创造性地提出社会主义初级阶段基本经济制度的新范畴。习近平同志指出："社会主义基本经济制度和市场经济有机结合、公有制经济和非公有制经济共同发展，是我们党推动解放和发展社会生产力的伟大创举。"[①] 我国经济体制改革的理论探索始于 1978 年党的十一届三中全会。在此之后的 14 年间，我国的社会主义经济理论先后经历了"变革生产关系""计划经济为主，市场调节为辅""有计划的商品经济""国家调节市场，市场引导企业"等形态，至 1992 年党的十四大正式提出建立社会主义市场经济体制。在这期间，我国的经济理论研究，一方面随着改革开放的进程不断加深对计划与市场在资源配置方面作用的认识；另一方面也努力将计划与市场的问题从社会基本经济制度范畴的争论中摆脱出来。在社会主义市场经济探索了 5 年之后，1997 年，党的十五大首次提出：公有制为主体、多种所有制共同发展，是我国社会主义初级阶段的一项基本经济制度，从而夯实了我国社会主义市场经济体制的根基。

在社会主义基本经济制度条件下发展社会主义市场经济，我国经济社会空前发展，人民生活水平显著提高。如习近平同志所说："我国经济发展获得巨大成功的一个关键因素，就是我们既发挥了市场经济的长处，又发挥社

---

① 习近平：《深刻认识做好新形势下统战工作的重大意义》，引自《十八大以来重要文献汇编》，中央文献出版社 2016 年版，第 559 页。

会主义制度的优越性。"① 当前在新的历史起点上，我国开启了使市场在资源配置中起决定性作用和更好发挥政府作用的全面深化改革的新阶段。回顾过去，面向未来，把社会主义基本经济制度与市场经济有机结合起来，使二者相互促进、协调作用，既是我们以往经济发展取得巨大成就的基本经验，也是谋划未来经济发展必须坚持的方向。

一、经济体制向市场经济的转型

马克思的经济理论批判地继承了空想社会主义的思想，从社会化大生产的发展趋势出发，科学地论证了未来的共产主义社会既有必要也有可能消灭资本主义所有制所造成的生产无政府状态和社会的两极分化，进而消除商品、市场和货币关系，实行有计划的生产和分配，使社会产品能够按照各个劳动者的等量劳动来直接交换，而不必借助于货币，通过市场的商品流通来实现。马克思在《资本论》第一卷中认为未来的共产主义社会将是实行全民所有制、计划经济和按劳分配的"自由人联合体"；在《哥达纲领批判》中认为共产主义社会的第一阶段将是无商品、无市场、无货币的"三无"社会。

马克思关于未来理想社会的设想，在 20 世纪中叶曾被运用于我国的经济建设。从经济发展史的角度来看，马克思的设想之所以在这个时候在我国得到实施与推广，并不是因为当时我国的经济发展水平已经达到了马克思所设想的社会化大生产的程度，也不是因为我国已经实现了较为充分的社会分化，而是因为我国在主观与客观上都存在着希望通过高度集中化的方式尽快实现国家工业化，以追赶西方发达工业国的迫切需求。

我国高度集中的计划经济体制在理论上是针对市场的盲目性、自发性和滞后性，其现实基础是被战争严重破坏的国民经济，其目标是建立以公有制为基础的社会主义，其主要方式是靠行政命令的办法。这种体制认为计划可以克服资本主义市场的不足，能够集中力量尽快地恢复经济，建立社会主义制度的物质基础。在当时的历史条件下，这个体制对于社会主义制度的巩

---

① 习近平：《在十八届中央政治局第二十八次集体学习时的讲话》，引自《习近平关于社会主义经济建设论述摘编》，中央文献出版社 2017 年版，第 14 页。

固、国民经济的恢复和社会主义工业化建设起到了重要作用。但是在我国现代化建设的过程中，它却没有随着生产力的发展而得到调整，片面强调社会主义只能实行计划经济，致使经济体制逐渐僵化，缺少内在活力和效率，产生了严重的弊端，束缚了生产力的进一步发展。

作为一种高度集中的计划管理的经济体制，它缺乏必要的弹性和灵活性，整个经济的运行主要依靠行政命令的推动，缺少内在的激励机制和经济活力，难以持久地促进经济的持续健康增长。在代表先进生产力的科技加速创新和国际经济关系日趋复杂的时代，它尤其难以适应以凸显人的因素和科学技术为核心的经济发展趋势。体制的僵化阻碍了生产力的进一步发展，同时也制约了社会主义制度优越性的发挥。反观同时代的西方发达国家，它们却在不同程度上借鉴和吸收了社会主义计划经济的成功经验，对经济活动进行了广泛的干预，限制和减少了市场调节经济的自发性、盲目性、投机性和破坏性，建立起了较为全面的社会保障体系，在注重引导经济发展方向的同时又利用市场经济的竞争机制促进科技和经济的增长。这实在是一段令人印象深刻的历史。

我们必须承认，在经济相对落后的由小农经济占主体的国家里建设社会主义面临着巨大的现实困难。因此，社会主义经济基础的不发达决定了社会主义代替资本主义是一个漫长的历史过程，社会主义国家只有大力发展生产力，才能更好地逐步实现社会主义制度的优越性。而世界经济发展的实践证明，市场经济是发展社会生产力的一条有效途径，发展社会主义的市场经济有利于社会主义目标的实现。社会主义的革命可以跨越资本主义的"卡夫丁峡谷"，但是在社会主义建设和发展的过程中却难以跨越商品经济和市场经济的阶段。社会主义的本质是解放和发展生产力，其最终目标是要实现共同富裕。这就要求社会主义国家在确立社会主义基本制度后要大力发展，创造出比资本主义国家更高的生产力。

市场经济是商品经济的高级形式和成熟阶段，是随着生产力的日益社会化、国际化发展起来的一种资源有效配置的基本方式。市场经济的活力就在于用市场这只"看不见的手"有效地沟通和联结社会的生产与需求，引导资源从效益低的部门向效益高的部门转移，从而实现资源的优化配置和取得经济效益的最大化。社会主义初级阶段的历史定位和经济比较落后的国情决定了我国要解放和发展生产力，就要确立与生产力水平相适应的生产关系。

于是，建立市场经济体制就成为我们发展生产力、确立与之相应的生产关系的不可推卸的历史使命。我国只有在社会主义制度下发展市场经济，才能在当代条件下使生产力的发展具有体制的保证。从这个意义上说，我国实行由计划经济向市场经济的转型就是社会历史发展的必然。

对于计划与市场在资源配置领域作用的清晰认识使我们重新看到了进一步发展社会生产力的希望，但是把市场经济看作资本主义制度属性的传统观点却让我们对"市场"充满疑虑、裹足不前。在此，唯有洞悉"市场"的真面目，才能使我们消除疑虑，继续前行。

二、市场经济不等于资本主义

市场是商品交换关系的总和，市场经济是这样一种经济形式：生产者把他们的产品当作商品，从而当作价值来对待，而且通过这种物的形式，把他们的私人劳动当作等同的人类劳动来互相发生关系。具体来说，市场经济包括以下六个方面内容：（1）生产的目的是为了市场交换；（2）生产者之间是独立、平等的关系，交换双方是各自产品的所有者，只能靠出让自己的产品，才能占有别人的产品；（3）生产者处在社会分工体系中，但他们彼此之间的联系通过市场进行，他们的劳动不能直接成为社会劳动，必须通过市场上的物与物的交换，把私人劳动转化为社会劳动；（4）产品交换是在等量的基础上进行的，等量劳动交换等量劳动（这里的劳动包括生产产品时花费的活劳动和过去的物化劳动）；（5）分配关系由交换方式决定，等价交换决定了按生产者劳动所形成的价值进行分配，这是市场经济的基本利益关系；（6）市场在实现这种基本利益关系的过程中，起着在同一部门的不同生产者之间和不同部门之间配置资源的作用，生产者生产什么、生产多少都由市场上产品价格的波动和盈利水平来调节。

从市场经济的规定性来看，它本身是一种生产关系，表现为一种特定的利益关系。这种利益关系的特殊性具体表现为：决定交换者利益的价值量不是由个人的自然劳动时间决定，而是由社会必要劳动时间决定。在这一决定机制背后发挥作用的是商品生产者之间以及生产者和消费者之间普遍存在的相互竞争。

市场经济尽管是一定的经济关系，但它并不是一项独立存在的经济制度。实际上,市场经济一般只是不同社会经济制度下存在的一种共同现象的理论抽象。因为商品生产和商品流通是极不相同的生产方式都具有的现象,尽管它们在范围和作用方面各不相同,因此,只知道这些生产方式所共有的抽象的商品流通范畴,还是根本不可能了解这些生产方式的不同特征,也不可能对这些生产方式做出判断。据此,可以这样认为:(1)商品流通、市场经济一般只是不同生产方式的一种共有现象在理论上的抽象,它并不是一个可以脱离任何形态的社会基本经济制度而存在的客观实体;(2)市场经济作为不同于具体制度的一种共有现象,它不属于社会基本制度的范畴;(3)它在一定的特殊经济制度下是作为一种经济运行机制存在的,它首先为该经济制度的利益关系的实现服务,其次是作为一种资源配置方式推动资源的优化配置,以使它所服务的经济制度的再生产过程得以正常进行,保证社会经济的统治阶级获得特定的经济利益。

实际上,市场的交换行为无不是由携带商品进入市场的市场主体进行的。市场的性质也正是与进行市场交换的主体的性质有关:参与市场交换的市场主体是小私有者,这样的市场经济就是小私有制商品经济;若市场主体是资本主义私有制企业,那么毫无疑问就是资本主义市场经济;如果市场主体是社会主义的公有制企业,则是社会主义市场经济。

由此可见,一般市场经济这个理论抽象,除了表示一种特殊的资源配置和产品流通方式外,它本身没有决定制度性质的那些规定性,因而不能成为一项独立存在的经济制度,用它不能解释任何一种特定的生产方式。马克思在谈到资本主义与市场经济的关系时就曾明确指出:"这种等价物的交换是存在的,不过,它仅仅是建立在不通过交换却又在交换假象的掩盖下来占有他人劳动这一基础上的生产的表层而已。这种交换制度是以资本为基础的。而且,如果把它作为独立的制度,那么,这只是一种假象,不过这是必然的假象。"[①]

所以,虽然市场经济不能脱离一定的社会基本经济制度而独立存在,但它本身并不属于社会基本经济制度的范畴,只是不同社会经济形态共有的运行机制的理论抽象。

1993~2002年这10年是我国建立社会主义市场经济体制的阶段。1992

[①] 《马克思恩格斯全集》第25卷,人民出版社2006年版,第696页。

年党的十四大正式把"建立社会主义市场经济体制"作为我国经济体制改革的最终方向；随后，1993年党的十四届三中全会正式做出了《中共中央关于建立社会主义市场经济体制若干问题的决定》，把党的十四大提出的建立社会主义市场经济体制的目标和原则具体化、系统化，为新的经济体制勾画了基本框架，对有关的重大问题做出了明确的原则性规定，把我国社会主义市场经济的理论研究和具体实践都向前推进了一步，我国的市场化改革将继续向前走。在这一阶段，我国"社会主义基本经济制度与市场经济"理论面临的第二层次的重大问题是：（1）市场经济与社会主义基本经济制度是什么关系；（2）市场经济与社会主义基本经济制度之间有何矛盾；（3）二者之间的矛盾如何解决。

明晰了市场经济并不属于资本主义基本经济制度的范畴为我们在社会主义条件下搞市场经济、进行市场化改革扫清了理论和认识上的障碍。但要将"社会主义市场经济理论"继续向前推进，对社会主义基本经济制度与市场经济之间的关系就要有更为深入的理解。

三、坚持社会主义基本经济制度

社会主义基本经济制度是指在所有制结构上以公有制为主体，多种所有制经济共同发展；在分配制度上以按劳分配为主体，多种分配方式并存。在我国进行经济市场化改革、使市场在资源配置领域进一步发挥作用的进程中，坚持社会主义基本经济制度有重要的地位和作用，它是我国社会主义性质在经济领域的根本体现，对于我国国民经济的良好运行有着举足轻重的作用。

我们为什么要坚持社会主义基本经济制度呢？这是因为社会主义基本经济制度符合社会发展规律，能为生产力的发展开辟广阔的前景。马克思的科学社会主义理论从分析资本主义社会现实存在的矛盾出发，认为生产力的发展决定了资本主义制度的灭亡和社会主义制度的诞生。随着资本主义的发展，生产的社会化客观上要求由社会占有生产资料和调节整个国民经济，而资本主义私人占有妨碍这一要求的实现，从而构成了资本主义的基本矛盾。为了解决这一矛盾，需要用生产资料公有制取代私有制，并在此基础上消灭人剥削人的现象，克服两极分化，实现共同富裕，这是历史发展的客观必然趋势。然而要想剥夺剥夺者必然会遭到资产阶级的反抗，只有在无产阶级政党领导下推翻资产阶级政权，建立无产阶级专政，并在经济上建立公有制、实行按劳分配原则才能做到。"以公有制为主体，多种所有制经济共同发展"的社会主义基本经济制度适合生产力的性质、符合生产力发展的要求，能够容许生产力以资本主义所没有的速度迅速发展，从而逐步满足人民不断增长的物质文化需要。正是因为这样，共产党人过去为建立社会主义制度而浴血奋斗，今后也要坚持不懈地为巩固和维护社会主义基本经济制度而斗争。

从经济关系是促进还是阻碍生产力发展的角度看，作为基本生产关系的社会基本经济制度所起的作用是第一位的，运行机制的作用则是第二位的。采用市场经济的资本主义国家，除了少数条件和机遇特别有利的国家和地区外，绝大多数经济发展速度并不快，而且还不断遭受衰退和经济危机的袭扰。深受发达资本主义国家掠夺之害的发展中资本主义国家尤其如此。这是因为资本主义私有制、资本家雇佣和剥削工人的关系、资本主义企业追逐利润的目的，是与生产力的社会性质相矛盾、不符合社会发展规律的。资本主义市场经济的建立并不能解决生产社会化与私人资本主义占有之间的矛盾，不能消除资本主义生产关系束缚生产力发展的状况。从根本上讲，只有建立社会主义基本经济制度才能超越资本主义经济制度造成的狭隘界限，为生产力的发展开辟广阔的前景和空间。

社会主义基本经济制度对我国国民经济的良好、健康运行有重要作用。社会主义基本经济制度的一个重要方面就是公有制的主体地位和以国有经济为主导。国有经济是社会主义制度的经济基础，坚持社会主义基本经济制度集中表现在运用国有经济的物质力量领导经济沿着有利于社会主义生产力发展的方向前进。改革开放以来，我国国有经济获得了长足的发展。多年来，国有企业对国民经济的发展、人民生活水平的提高和综合国力的增强发挥了重要作用，有相当一批国有企业在改革中发展壮大。国有企业一直是国家财政收入的主要来源，在承担旧体制遗留下来的各种社会历史负担的同时，为整体改革的推进和其他经济成分的发展做出了巨大的贡献。如果在建立市场经济体制的同时，像有些国家的实际操作和国内有些人主张的那样削弱和放弃国有经济，而不是紧紧抓住机会促进国有企业的改革和发展，不仅整个国民经济会陷入混乱，所有制结构方面的改革也不可能顺利进行，其他所有制经济也将陷入困境。

　　社会主义经济制度的重要优越性在于，它不是把价值增殖作为生产的目的，而是只把它作为手段，目的是满足全体社会成员的物质文化需要。我国由国有企业主导的经济就是按照社会主义这一特有规律作为的。国有经济依靠掌握的国家经济命脉和重要生产部门，为全社会生产的发展和人民生活水平的提高服务。国有企业能做到从大局出发，按国民经济的长远利益行事。一些部门长期忍受着不合理的价格体系的压力，背负社会历史包袱，承担着沉重的改革成本，为一些非国有经济的发展提供条件，这就从根本上保证了经济的协调发展、所有制结构改革的顺利进行、社会各项事业的全面发展和社会的和谐稳定。国有经济的这些作用也在一定程度上限制了市场和价值规律自发作用导致的两极分化和贫富差距，这就促进了人民生活水平普遍地得到改善和提高，这是资本主义社会所不可能做到的。

　　在市场经济条件下，社会主义基本经济制度的优势还表现在国家利用宏观调控克服由市场经济的自发性带来的弊端，促进国民经济协调发展。在此，国有经济的主导作用为优化产业结构提供最有利的条件。市场自身的盲目性会引致经济结构方面的问题：市场主体追逐利润最大化，资金首先集中到那些需要投资少、周转快的领域，这有利于大部分工业消费品生产的增长，但却导致一些基础产业和基础设施发展的落后，尤其是农业和与之相联系的水利建设遭到削弱，一些基础工业、重要原材料工业的发展缓慢。这就造成生产发展上的一系列"瓶颈"，影响国民经济的发展。这要求我们要加强这些部门的发展，解除"瓶颈"的制约。

　　经济结构大规模的调整，必须要有统一的产业规划和政策，要整体协调，它所涉及的资产重组和优化资本结构是一个全国性的大问题。这需要国家层面的总体考虑和规划，并要有有力的手段组织实施。靠部门、地方分散进行，在市场机制自发性支配和局部利益驱动下必然会造成重复建设，不利于整体经济格局的形成。我国的社会主义公有制，特别是发挥主导作用的国有经济，使我们有可能制定国民经济结构调整的总体规划和各项政策、统一审定重点行业国有经济结构调整方案、统一协调各地区各部门国有经济结构调整的目标，并有步骤、分阶段地具体实施。没有公有制为主体、国有经济为主导的社会主义基本经济制度，这一切都是难以想象的。

　　在我国建立社会主义市场经济体制，既要充分发挥市场在资源配置领域的重要作用，又要以社会主义基本经济制度保证我国经济发展的社会主义方向，二者缺一不可、相辅相成。一方面，我国市场经济的发展仰赖基本经济制度创造的整体经济环境；另一方面，我国市场经济的进一步发展又会促进基本经济制度的不断完善。市场经济是一种经济运行机制，社会主义基本经济制度是生产关系的核心，二者统一于我国发展社会生产力的根本目标，这就是它们之间的关系。随着我国经济社会的不断发展、经济实践的不断深入，二者相伴相生。

明确市场经济与社会主义基本经济制度之间的关系，为我们提供了建立社会主义市场经济理论的基础，也增强了我们把二者结合起来的信心。但是，市场经济并不是伴随着社会主义经济制度的诞生而自然内生出来的，我国在社会主义条件下搞市场经济的道路选择并没有任何现成的经验可供借鉴。这自然就会产生出一个关键性的问题——社会主义基本经济制度与市场经济之间到底有无矛盾？有何矛盾？

四、社会主义基本经济制度与市场经济的矛盾

市场经济是一种内含一定经济利益关系的经济运行机制，它不是一个单纯的手段或工具，它与社会主义基本经济制度的结合不是一种机械的简单相加，而是一个十分复杂的过程。理解我国社会主义的所有制形式和由它决定的本质利益关系，是理解社会主义基本经济制度与市场经济结合的根本前提。这种结合实质上是市场经济体现的一般利益关系与社会主义基本经济制度体现的本质利益关系之间如何结合的问题。因此，为了理解它们之间的结合，首先要揭示二者之间的矛盾，然后再寻找这一矛盾的解决途径。这一矛盾解决了，也就能弄清楚它们之间是怎样有机地结合起来的。也只有当两种利益关系真正结合起来，市场经济才能对资源配置发挥应有的作用，才能真正成为社会主义经济的资源配置方式。

社会主义基本经济制度的基础是生产资料公有制，在各种经济成分中发挥主导作用的是全民所有制（国有制）。在基本经济制度与市场经济结合的问题上，难点也在于国有制。所以，我们将聚焦于市场经济与国有经济的兼容与结合问题。

社会主义全民所有制的特点，按其本意来说，是生产资料属于全社会所

有，人们在生产资料的占有上是完全平等的。它具体表现在任何个人或小集团都不允许利用对公有的生产资料的支配和使用获取特殊经济利益。在这里每个人只能凭借他提供给社会的劳动领取报酬，等量劳动领取等量报酬。这是一种等量劳动互换关系，一种形式的一定量劳动换取另一种形式的同量劳动，这种互换就成为社会主义制度下的人们之间最本质的利益关系。等量劳动交换决定了分配关系是按劳分配、多劳多得、少劳少得、不劳不得。按劳分配是生产资料公有制的实现形式，只有在社会主义公有制里才可能产生这种分配关系。这种分配关系也从根本上排除了人们在生产资料占有上的不平等。

市场经济中的等价交换与按劳分配之间是怎样一种关系？二者之间是否存在矛盾，若有矛盾又是如何解决的？矛盾的解决过程也就是二者的结合过程。如果矛盾在制度内部不能得到解决，那么结果只能是，或者公有制和按劳分配排斥市场经济，或者市场交换关系否定公有制和按劳分配。

我们先来考察一下等价交换与等量劳动交换或按劳分配之间的矛盾。

等价交换是市场经济的基本规律。价值是一般人类劳动的凝结，在这个意义上等价交换也是一种等量劳动交换。乍看起来，市场经济的利益关系与社会主义公有制的本质利益关系是一致的，都是等量劳动交换等量劳动。但事实并非如此。市场经济中的等价交换与公有制下的等量劳动交换的同一性只是一种表象，从实际内容上看，二者有本质的区别。问题的关键在于二者中的"劳动"在内涵或规定性上是根本不同的。

决定价值量的是社会必要劳动时间，它包含两方面因素：物质生产条件和人的劳动。生产条件优劣不同，同样的劳动就会有不同的劳动生产率。在生产同种商品的生产者中，具有较高劳动生产率的劳动在市场经济的条件下就会被承认为是高级劳动，相同的时间可以形成更多的价值。但按劳分配中的劳动则不同，这里作为计量个人收入的"劳动"排除了物质生产条件的差别，只是指劳动者本身的劳动付出。这是由生产资料公有制决定的。既然企业占用和支配的生产资料都是全民共同所有的财产，任何个人和团体都不能因使用那一部分生产资料而获取特殊的经济利益，那么，如果把物质生产条件的优劣加入到个人收入分配的决定因素中去（像市场等价交换关系那样），就等于承认了人们在生产资料的占有上存在着实际的差别和不平等，因而等于是对公有制的否定。

上述分析表明，市场经济交换原则与社会主义本质利益关系是存在矛盾的，如果要使二者结合，就必须寻找具体途径使前者适应后者的要求。那么，它们之间的矛盾是如何解决并实现二者的有机结合呢？科学地回答这个问题是理解市场经济能否与社会主义基本经济制度结合的关键。

在资本主义制度下，市场经济与资本主义本质利益关系的矛盾是通过改变市场交换原则解决的，即把按价值交换转换为按生产价格交换，形成平均利润率。这样，在市场交换过程中矛盾就得到了解决，使市场经济与资本主义制度结合起来，并成为资本主义经济的运行机制。

在社会主义制度条件下，市场经济原则与社会主义制度之间矛盾的解决就不是那么简单了，它不可能通过交换原则的改变在交换过程中来实现。这是由以下原因造成的：等价交换中的"劳动"与等量劳动交换中的"劳动"在内涵上有一个重大的区别——前者中的"劳动"是指商品中所包含的全部劳动耗费，因此，交换原则的改变，影响的只是剩余价值在不同资本家之间的分配，从总量上说，总价值和总生产价格在量上是完全一致的；公有制下的等量劳动交换中的"劳动"它不是指在生产商品上所花费的全部劳动，在实行按劳分配之前，先要扣除消耗掉的生产资料价值部分，除此之外还要扣除生产积累和社会消费部分，只是在做了这些扣除之后，剩下的部分才在劳动者之间贯彻等量劳动交换原则，实行按劳分配。这就决定了等价交换关系不可能通过市场交换转换为等量劳动互换关系。

那么，这一矛盾是如何解决的呢？它是通过把这一转换分为两个独立的过程解决的。这两个过程在时间上是分开的，在性质上也是不同的。

第一个过程，使企业成为相对独立的商品生产和经营实体，具有法人财产权，生产面向市场，自主经营、自负盈亏，在企业之间建立严格的等价交换（等生产价格交换）体系。这是市场经济条件下计量商品生产和劳动花费的唯一可行方式。严格的计算既是生产正常进行所必需的，也是贯彻等量劳动交换原则所必需的。从企业的角度来说，通过交换使耗费得到补偿才能继续进行再生产，只有不断节约耗费才能获得更大的盈利，进而实行扩大再生产。为了推动企业不断提高劳动生产率，增进效益，就必须对企业的生产和经营状况进行经常的考核和检验，需要有一种经常起作用的外在压力，督促企业不断提高自己的劳动水平和管理水平、更新技术。实现这一要求的唯一可能的形式，就是通过市场上的商品交换，通过企业之间的竞争，迫使企业生产适销对路的产品并尽可能盈利，使资源得到最有效的配置。这正是把市场经济体制作为改革的目标，使市场在资源配置上发挥更大作用的原因。通过市场交换，各个企业大体获得平均利润，效率更高、经营更好的企业可获得超额利润，这对企业会有极大的激励作用，增强它们的活力和竞争力。

但是在社会主义制度下，过程不应就此结束。正如前面分析的，这种市场交换的结果与按劳分配原则的要求是相矛盾的，因此，还必须有第二个过程作为补充。矛盾也是在第二个过程中得到解决的。

第二个过程就是国家通过某种方式把企业由于生产条件优越，从而在市场交换中多获得的那部分超额价值部分地提取出来，不参与企业内部职工个人收入的分配，而是在全社会范围内加以分配和使用。通过国家的这一调节行为，实际上就把商品等价交换关系转换为等量劳动交换关系，进而在全社会范围内贯彻了按劳分配原则，这一过程显然已不属于市场交换。至于国家通过什么样的具体办法把这部分超额价值收归全社会统一支配，这属于具体方法问题，经济实践将会给出最好的办法。

通过上述两个过程，矛盾得到了解决——市场交换原则与公有制和按劳分配原则实现了对接。由此，市场经济成为了社会主义经济体系的有机组成部分，成为了社会主义经济的运行机制，为优化资源配置服务。

从市场经济与社会主义基本经济制度的结合中我们可以看到：在社会主义制度下，市场经济本身与它在资本主义制度下有着重大的区别。若仅从上述的第一个过程看，两种社会制度下的市场经济的共同点更多。也正因为这一点，资本主义市场经济的许多成功经验值得我们学习和借鉴，它们有利于促进我国社会主义生产力的发展。但是，第二个过程则是社会主义制度下市场经济独具的特点，即它不再成为决定市场主体个人收入分配的因素了，决定个人实际收入的按劳分配原则借助于国家的调节得到了实现。正因为有了这种变化，我们把它称为"社会主义市场经济"，以与资本主义市场经济相区别。

如前所述，要使市场经济与社会主义基本经济制度相结合，就必须使企业面向市场，成为自主经营、自负盈亏的市场主体。民营、外资企业等其他非公有制经济成分天生与市场相联系，使它们成为市场主体并不困难，难点在于如何让公有制经济，尤其是长期受指令性计划管理的国有企业成为市场主体，这也正是社会主义基本经济制度与市场经济相结合的关键所在。

五、建立现代企业制度与公司制改革

理顺国有企业产权关系、建立适应市场经济要求的现代企业制度，是建立社会主义市场经济体制的基础，也是使基本经济制度和市场经济相结合的中心环节。

由于企业是各种生产要素组合而成的经济实体，所以包括劳动力、资本、技术在内的要素市场和整个市场体系，既是建立现代企业制度的前提条件，又是现代企业经济运行的必然结果。企业自主经营需要有一个市场环境，而形成市场环境是一系列体制配套改革的结果。如果不改革有关体制，形成市场环境，把企业推向市场只能是一种愿望，不可能成为现实。概括地说，要形成商品市场，必须改革计划体制、流通体制、价格管理体制。在按指令性计划安排生产、通过统配调拨实现流通、由政府决定产品价格的条件下，就没有商品进入市场，价格也不能成为反映供求状况、调节供求关系的信号，企业就只能依靠政府的指挥调度进行生产经营，而无法进入市场。进一步说，企业自主经营只有商品市场是不够的，还必须有要素市场，主要是资本市场、劳动力市场和技术市场。这又必须改革投资体制、金融体制、劳动人事体制和社会保障体制。这几方面体制改革的不到位是制约企业自主经营和进一步面向市场的重要原因。

企业自负盈亏，必须要有具体的实现形式，需要理论上的突破。无论负盈还是负亏，都是对企业财产权主体的要求。企业要实现自负盈亏，就必须使企业成为其财产权的主体。而国有企业其财产属全民所有，企业怎样才能拥有财产权主体呢？这就是我们要解决的国有企业自负盈亏的实现形式问题，也是需要解决的产权理论问题。

对于企业产权制度改革，最初有三种提法：一是法人财产支配权；二是法人所有权；三是法人财产权。

关于企业法人财产支配权。按照《企业法》和《全民所有制工业企业转换经营机制条例》（以下简称《企业转换经营机制条例》）的规定，企业对国家授予的财产享有占有、使用和依法处分的权利。但在研讨中，许多人认为这个概念表述不清：虽然《民法通则》已明确经营权是一种独立的民事财产权利，但是人们仍然把它看作是一种行政管理权限，即不触及产权关系的企业活动权。在计划经济体制下,企业是政府的附属物,给企业放权实际上是行政管理权的下放,企业作为商品生产者实际上并不具有独立的财产。因此,企业难以做到对国有资产保值增值和自负盈亏。

关于企业法人所有权。赞成这一概念的人认为,法人所有权是现代市场经济的产物,以法人所有权即股东权这一权利结构处理企业与其出资人的法律关系,是现代各国民法、商法的通例。商品交换是商品所有者彼此让渡自己的商品,因此是一种商品所有权或产权的交换,在这里,人们彼此只是作为商品的代表即商品所有者而存在。要使国有企业成为真正的商品生产者、经营者和市场主体,必须对自身的商品、自身的财产具有独立的所有权。企业享有法人所有权,作为独立的民事主体,独立从事法律行为,承担法律责任,可以摆脱出资人对企业生产经营活动的直接干预。法人所有权只是一种法律形式,它不会改变企业的所有制性质,决定所有制性质的是实际控制公司的股东的性质。

关于企业法人财产权。所谓企业法人财产权是企业对国家授予其经营管理的财产依法享有的独立支配权。法人财产权是经营权与法人制度的结合。经营权一旦与法人制度相结合,就构成法人财产权。企业经营权是相对于国家所有权而言的,重点规定的是企业和国家之间的财产权利义务关系。法人财产权是相对于企业其他民事权利而言的,重点规定的是企业作为独立法人与企业财产之间的权利义务关系。企业法人财产权既与《企业法》《企业转换经营机制条例》所规定的经营权相衔接,又充实了经营权的内容。

那么,法人财产权与企业经营权有什么不同?一是《企业转换经营机制条例》所规定的经营权是指"企业对国家授予其经营管理的财产享有占有、使用和依法处分的权利",不包括收益权,而"企业法人财产权"包括了收益权的有关内容。随着经济的发展和改革的深化,竞争性企业投资将由国家为主体逐步向企业为主体转变。企业以现金、实物、无形资产或购买股票、债券等有价证券方式进行投资,应分得利润或股利,享有收益权。二是《企业转换经营机制条例》只规定了"企业以国家授予其经营管理的财产承担民事责任",而没有明确规定国家对企业是否承担连带责任。企业法人财产权概念明确后,国家对企业债务不承担连带责任。企业法人财产权的提法,有利于正确理解和进一步落实企业经营权,有利于理顺产权关系、保障国家所有权,实现国有资产的保值增值。因此,在党的十四届三中全会正式做出的《中共中央关于建立社会主义市场经济体制若干问题的决定》（以下简称《决定》）中采用了"企业法人财产权"的提法，并沿用至今。

《决定》指出："建立现代企业制度，是发展社会化大生产和市场经济的必然要求，是我国国有企业改革的方向。"那么，什么是现代企业制度？其基本特征是什么？根据国际经验和我国的实际情况，现代企业有以下五个基本特征：（1）要有明晰的产权关系，企业拥有法人财产权，这样才能使企业成为享有民事权利、承担民事责任的法人实体；（2）要使企业以其全部法人财产自主经营、自负盈亏、照章纳税，对出资者承担资产保值增值的责任；（3）出资者按投入的资本承担有限责任；（4）企业按照市场需求组织生产经营，在市场竞争中优胜劣汰，政府不直接干预企业的经营活动；（5）要建立科学的企业组织结构和管理制度，使所有者、经营者和职工之间形成互相激励和约束的机制。

《决定》指出："国有大中型企业是国民经济的支柱，推行现代企业制度，对于提高经营管理水平和竞争能力，更好地发挥主导作用有重要意义"，"国有企业实行公司制，是建立现代企业制度的有益探索"。公司制是现代市场经济体制下企业制度的主要法律形式。公司法人的基本特征是：（1）具有独立的法人地位，具有与自然人相同的民事行为能力，可以以自己的名义起诉和应诉；（2）自负盈亏，由股东出资形成的公司法人财产独立承担民事责任；（3）完整纳税的独立经济实体；（4）采用规范的成本会计和财务会计制度。

市场经济活动主体的风险和竞争特性，决定了作为市场竞争主体的企业应该具备两个基本条件。

第一，企业根据市场需要来决定自身的行为取向，自主决策企业生产要素的组合及经营运行。只有自主经营的企业，才有理由要求其承担市场活动的后果，也才能够促使其面向市场，按照市场需求的变化制定经营战略、调整产品结构、灵活组织生产，以有效发挥市场机制对企业微观活动的调节作用。

第二，企业能够独立承担市场活动的后果，也就是企业要在法律上成为财产权主体，具有独立的财产权利和财产责任。在激烈的市场竞争中，企业同时面临着机遇和风险，抓住机遇就能发展，但同时也要承担风险，这就相应出现了企业参与市场竞争的两种结果：（1）企业在竞争中获胜，获得竞争利益，企业要有占有自主经营得到的收益的权利，这是企业参与竞争的内在动因，它是企业财产所有权主体才能有的权利；（2）企业在竞争中失败，造成企业亏损、欠下债务，这就要求企业以其自身财产弥补亏损或清偿债务，这是市场竞争铁的法则，它又是财产权主体才能够承担的责任和具备的能力。因此，市场竞争主体的风险和竞争特性，要求企业必须能够自主经营并具备独立承担市场活动后果的财产能力，即市场经济从本质上要求企业成为自主经营、自负盈亏的独立法人实体，成为企业财产权的主体。

对国有企业实行公司制改革，可以脱离原来全民所有制企业的法律框架，其好处是：

第一，企业自负盈亏，走出国有企业改革面临的怪圈。国有企业按公司体制改造，即国家代表全民作为股东以其出资额对企业承担有限责任，并委托董事进行经营；企业则在法人财产权的基础上自负盈亏。企业最大的约束就是自负盈亏，企业自负盈亏可以防止企业滥用所有权和国有资产流失。

第二，促进理顺产权关系。实行公司体制改造势必要求理顺政府对企业的产权关系，明确政府的所有者机构，并派出股权代表参加企业的董事会。

第三，为政企分开、企业自主经营创造了条件。只有政资分开、资企合一，政企才能真正分开。公司体制改造要求政资分开、资企合一，这就使政企分开有了前提。同时，所有权与经营权的分离在企业内部由明确、稳定的制度规范和组织结构予以保证，为消除政府对企业的不适当行政干预、保障企业自主经营提供了可靠的组织与制度条件。

第四，企业自负盈亏后，才可能真正面向市场。全民所有制企业由于实质上是国家统负盈亏，并且盈亏责任不落实，因此，企业更多地面向政府而不面向市场，政府想推也不一定推得动。企业自负盈亏后，面向市场就会成为企业求生存、图发展的内在要求。

第五，企业经营者、职工的盈亏责任制将得到更好落实，促进企业效率和效益的提高。由于所有者进入企业，产权约束更为严格，也更容易界定经营者、职工的盈亏责任，形成有效的激励和约束机制。另外，还有增加企业经营灵活性，促进各类企业公平竞争等作用。

公司体制在实践中可以有不同的形式，具备条件的国有大中型企业，单一投资主体的可改组为独资公司，多个投资主体的可依法改组为有限责任公司或股份有限公司。股份制能比较好地规范国家与企业的关系，是适应市场经济发展的有效形式，必须创造条件，使之积极稳妥地规范化健康发展。有条件的股份有限公司还可以上市，利用资本市场扩大融资渠道，进一步向更高平台发展。

2003～2012年是我国社会主义市场经济的完善阶段，党的十六届三中全会审议通过的《中共中央关于完善社会主义市场经济体制若干问题的决定》为我国这一阶段的经济体制改革确定了主要任务——完善公有制为主体、多种所有制经济共同发展的基本经济制度；建立有利于逐步改变城乡二元经济结构的体制；形成促进区域经济协调发展的机制，建设统一开放竞争有序的现代市场体系；完善宏观调控体系、行政管理体制和经济法律制度；健全就业、收入分配和社会保障制度，建立促进经济社会可持续发展的机制。在这一阶段，以具体问题为导向的经济体制改革要求社会主义基本经济制度和市场经济体制两方面的发展和完善要齐头并进、不可偏废。这使我们对二者之间相互关系的认识由笼统、宏观的状态走向深入和微观。

六、社会主义基本经济制度与市场经济的互动关系

我们知道，市场经济作为一种经济运行机制是为实现基本经济制度的利益关系服务的，同时我国的所有制结构也在市场经济的发展中不断调整。新的历史条件和经济实践使我们进一步认识到：一方面，社会主义基本经济制度对我国现代市场体系的发展具有决定作用；另一方面，社会主义基本经济制度的存在与发展也必须适合现代市场体系的更高要求。

（一）社会主义基本经济制度对现代市场体系的发展具有决定作用

生产资料的所有制结构或社会的产权结构是一个社会经济关系和制度体系的基础，市场体系是一个社会经济关系和交换体系的表现和运动形式。因此，社会主义基本经济制度对我国市场体系的发展有重大决定作用，这表现在：社会主义基本经济制度决定了市场体系运行的微观基础、体系结构、行为方式。

1. 所有制关系决定现代市场体系运行的微观基础

社会生产以一定的生产力为实际内容，生产力要素的结合方式，即生产资料与劳动力的结合方式，表现为一定的生产关系。从静态的生产力要素存

在看，要素的归属是所有制问题；从动态的生产力运动、再生产过程看，生产要素的流动和配置正是由它的所有者决定和支配的，同样有一个所有制问题。从社会生产的分工关系看，互相依存的分工协作彼此之间也有所有制关系。这些所有制关系的存在，表明了各个不同经济主体之间的利益边界的存在，而相互交往利益的协调，正是通过市场机制来实现的。市场的不完备信息要求政府出面协调产业政策，用"有形之手"补充"无形之手"，指导资源的配置。所以政府的政策协调是解决市场缺陷、指导资源利用的有力手段。在私有制基础上，各经济主体从自身利益出发，按自己的利益目标行事，使市场表现为分散的、自发的状态。资本主义经济运行就是它的典型形式。社会主义经济中，市场关系仍然存在，但它的所有制基础不同于资本主义，公有制基础使市场体系运行可以纳入宏观的有计划轨道，从而保证市场体系运行的效率。

2. 所有制结构决定现代市场体系结构

由于经济体制自身的构造特点，所有制关系的具体规定性与经济运行的体制模式有着内在的联系。只有通过所有制的改革，才能使产权市场和经营权市场逐步形成，从而保证市场体系的完整性。否则，国家所有制的一元独占，阻碍了再生产运动中生产要素的流动和重组的实现，市场体系的运行就不可能顺畅。通过对国家所有制的改革，理顺公有制的财产关系，提高企业的预算约束硬度，从企业对国家各级行政机构的依赖，或从对政府和市场的"双重依赖"转变为自我承担经营风险的市场导向，将会使企业作为市场主体的地位得以确立，从而改变现代市场体系主体的结构。由于明确了市场活动的真正主体，促进市场的成长发育也就有了实际的承担者和推进者。

3. 所有制结构决定现代市场体系运行方式

首先，对所有制结构的改革有助于提高现代市场体系的"透明度"。市场体系的透明性建立在市场的完整性和公开性的基础上。通过对现有的国家所有制的改革，经济运行的微观基础发生变化，生产要素的市场化处置有助于价格体系的完整性和合理性得到加强，从而提高市场体系的"透明度"。其次，对所有制结构的改革，有助于现代市场体系的运行保持一定的稳定性。通过对国家所有制的改革，使生产要素的商品化、市场化充分实现，各种要素市场整体配套，发挥协同作用。同时，市场的透明程度提高，使市场对经济活动的评价的客观公正性、公开性逐步确立。在此基础上，市场体系的运行就可形成稳定的秩序和规则，市场竞争主体秩序、交易秩序、法制秩序和道德秩序充分协调各种利益冲突、重构和引导各种利益关系。一方面，需要根据市场经济体制建设的要求打破市场分割和行政垄断，让市场竞争机制充分发挥作用；另一方面，需要规范政府职能，完善市场运行规则，构建各层级市场的反垄断与监管体系。通过所有制改革，使社会主义公有制财产关系进一步明晰化，将有助于明确责任，提高市场体系的运行效率。

（二）社会主义基本经济制度的存在与发展必须适合现代市场体系的要求

在现代市场经济的运行环境中，市场体系反过来又会决定社会主义基本经济制度的体制形式和运行方式，这表现在社会主义基本经济制度的存在与发展必须适合市场经济的要求上。

1. 现代市场体系决定社会主义基本经济制度的体制形式

公有制是社会主义经济制度的基础，要坚持社会主义就必须坚持以公有制为主体。因此，所有制结构改革必须继续坚持公有制的主体地位和国有经济的主导作用，同时加大国有经济调整和改革的力度，增强国有经济的活力，调整国有经济的结构，完善国有资产的监管制度，进一步提高国有经济的整体实力和核心竞争力，更好地发挥公有制经济在稳定宏观经济、调整经济结构、推动自主创新和实现社会和谐等方面的主导作用。同时，要通过体制机制的创新，进一步破除制约非公有制经济发展的体制障碍，大力发展非公有制经济。

2. 现代市场体系决定社会主义基本经济制度的运行方式

（1）大力发展混合所有制经济，进一步调整国有经济布局。股份制是公有制的主要实现形式，发展混合所有制经济是深化国有经济改革的重点。国有经济调整和国有企业重组的主要目标是：加快形成一批拥有自主知识产权和国际知名品牌、国际竞争力较强的优势企业；加快国有大中型企业公司制、股份制改革，健全现代企业制度，有条件上市的要上市；结合企业改制，健全公司权力机构、决策机构、监督机构和经营管理者之间的制衡机制，使国有企业治理机制达到一个新水平。在一般竞争性领域，加快推进非公有制企业参与国有企业国有资产重组的工作，两者优势互补、协调发展、相互促进，有利于盘活国有资产，有利于安置下岗职工、维护社会稳定，有利于增加国家税收、促进生产力发展。

(2) 引入非公有资本，推进垄断行业改革。垄断行业改革，必须加快政府职能转变的步伐，实行政企分开、政资分开；尽快建立新的监管体系，实现政府从直接控制到基于规则的监管的转变；尽快制定和完善相关法律法规，将垄断行业改革纳入法制化轨道等。打破垄断的关键在于引入竞争机制，形成公平竞争的格局。打破垄断、引入竞争首先要解决市场准入的限制，大力吸引社会资本包括外资的进入。放开投资领域限制，吸引社会资本进入才能真正地打破垄断。改革进入攻坚阶段，必须推进以"突破垄断性行业传统格局"为重点的国有经济结构战略调整，研究制定在电力、电信、铁路、民航、石油等垄断行业和领域允许非公有资本平等进入的实施细则，引进外资和民间资本，加快多种形式的产权制度改革，在保持自然垄断环节国有资本控股的前提下，逐步将大多数国有独资公司改造成股份有限公司，有条件的企业要尽快整体上市。对于"自然垄断"之外的其他垄断领域，比如电力行业的发电部分、民航铁路电信的营运部分，非公有资本可以独资、控股、合资合作、项目融资等方式进入。对于一些过去限制或禁止进入的重要领域，比如公用事业、矿产资源的探矿和采矿权、教育卫生领域、金融服务领域、国防科技工业领域等，非公有资本也可以根据行业情况适当进入。

从2013年党的十八届三中全会至今，为我国"使市场在资源配置中起决定性作用和更好发挥政府作用"的全面深化改革的新阶段。在我国市场化改革的这一阶段，"重新界定市场经济中的基本关系"和"丰富社会主义基本经济制度的微观内涵"是我国"社会主义基本经济制度与市场经济"理论的重要发展。

七、对市场与政府关系问题的理论再思考

长期以来，我们把社会主义市场经济中的基本关系定位于计划与市场之间的关系，把如何处理好二者的关系作为经济体制改革的核心。尽管当时在理论上突破了把计划和市场作为划分社会主义与资本主义的标志，但是在实践上仍然把计划与社会主义不自觉地联系在一起。从而把大量的精力都花在对计划与市场关系问题的研究上，使社会主义市场经济理论的研究限于传统理论思维的误区，以致长期徘徊。党的十八届三中全会的《决定》提出深

化经济体制改革的重点是使市场在资源配置中起决定性作用和更好发挥政府作用。这就彻底放弃了把处理计划和市场的关系作为经济体制改革重点的思维方式,从现代市场经济的基本特征出发,重新思考经济发展中两种基本力量之间的关系。

传统市场经济理论注重的只是市场这只"看不见的手"的力量,而把政府干预看作是与市场经济相悖的。但是,实践的发展使传统观点越来越失去了市场,市场经济的顺利运行越来越离不开政府的作用。无论是以自由放任为特点的资本主义市场经济,还是以计划调控为特点的社会主义市场经济,都不例外地在市场经济的运行中,把政府作用作为一个不可缺少的重要因素。因为更好发挥政府作用这一点与社会主义或资本主义制度没有关系,政府作为行使国家权力的机构,对经济运行的作用是客观的,体现政府作用的市场经济才是现代市场经济。政府作用可以是好的作用,也可以是坏的作用,怎样从体制上保证政府更好地发挥作用,这是世界各国在市场经济发展中需要解决的共同难题。我国市场经济发展的时间虽然不算长,但在这不长的时间里,从现代市场经济运行的特征出发,把更好发挥政府作用作为经济体制改革的重点,为深化经济体制改革提供了符合现代经济发展和具有世界意义的新思路。

把市场在资源配置中起决定性作用和更好发挥政府作用作为深化经济体制改革的方向,提示我们对原来关于社会主义市场经济理论的认识进行反思。究竟什么是社会主义市场经济的特征,怎样使社会主义和市场经济实现真正的结合,才能做到既不使这种结合影响社会主义的特征,也不与市场经济的规律相冲突。在党的十四大提出社会主义市场经济理论时,对社会主义市场经济的特征是这样表述的:"社会主义市场经济体制是同社会主义基本制度结合在一起的。在所有制结构上,以公有制包括全民所有制和集体所有制经济为主体,个体经济、私营经济、外资经济为补充,多种经济成分长期共同发展,不同经济成分还可以自愿实行多种形式的联合经营。国有企业、集体企业和其他企业都进入市场,通过平等竞争发挥国有企业的主导作用。在分配制度上,以按劳分配为主体,其他分配方式为补充,兼顾效率与公平。运用包括市场在内的各种调节手段,既鼓励先进,促进效率,合理拉开收入差距,又防止两极分化,逐步实现共同富裕。在宏观调控上,我们社会主义国家能够把人民的当前利益与长远利益、局部利益与整体利益结合起来，更好地发挥计划和市场两种手段的长处。"这是党的文件中关于社会主义市场特征的完整表述。从今天的认识来看需要对社会主义市场经济特征重新做出更符合事实的界定。

真正意义上的计划与市场经济的性质是不相容的，它只能在同一经济主体之间具有行政上下级关系时才具有可行性。在不同的经济主体之间，不可能通过计划来沟通相互的联系，计划只能是计划经济的特征。如果把处理计划和市场的关系作为经济体制改革的重点，那么实际上也就是说，由此建立的经济体制既具有计划经济的特征，又具有市场经济的特征，这样建立起来的经济体系不可能是真正的市场经济体制，也不符合市场经济的一般规律。

把政府和市场的关系作为社会主义市场经济体制改革的核心问题，这一做法符合现代经济发展的基本趋势。从世界范围看，现代经济发展呈现两大显著特征：一是经济发展高度市场化。这一特征由经济全球化发展趋势决定。经济全球化就是各国经济发展越来越与世界市场相联系，越来越为世界市场而生产，越来越受到世界市场支配，或者说，市场将在资源配置中起决定性作用。市场在资源配置中的决定性作用已经从一国范围扩展到全球范围。经济发展高度市场化客观上要求更加尊重市场规律。社会主义市场经济是现代市场经济，健全社会主义市场经济体制必须强化市场在资源配置中的决定性作用。二是生产力发展高度社会化。这一特征同样是由现代经济发展性质决定的。生产力发展高度社会化的趋势，需要由政府和社会来解决的问题也一定越来越多，或者说，市场并不能解决经济发展中的一切问题。在使市场对资源配置起决定性作用的同时，需要更好发挥政府作用，市场作用和政府作用是并行不悖的，二者不是此消彼长的关系。生产力发展高度社会化是生产力发展规律的表现，经济发展高度市场化是经济发展规律的表现。把处理好政府和市场的关系作为经济体制改革的核心问题，反映了对现代市场经济规律的深刻把握和对现代经济发展特征的深刻理解，体现了对社会主义市场经济理论和体制的认识不断发展。

社会主义基本经济制度与市场经济的结合不应只停留在宏观层次上，它必须要找到实践中与之相应的微观基础，并在实践中不断向前发展。混合所有制正是适应了这一新要求而诞生并不断得到发展的实现形式。

八、用混合所有制构造社会主义基本经济制度的微观基础

以公有制为主体、多种所有制经济共同发展的社会主义基本经济制度，为中国特色社会主义制度奠定了重要基础。从此，我国的所有制结构朝着这一目标迅速发展。在坚持公有制主体地位的前提下，多种所有制经济得到了极大发展，社会主义基本经济制度所显示的混合经济特征，在宏观领域得到了充分的体现。但是，混合经济这一特征在微观领域的体现却没有在宏观领域那么充分，即由多种所有制经济相互参股而构成的混合所有制经济主体，还没有成为微观经济主体。无论是公有制参股非公有制经济，还是非公有制参股公有制经济都还存在着体制上、政策上的障碍，这就出现了公有制为主体、多种所有制经济共同发展这一混合经济的特征，在宏观和微观并没有同时得到充分的体现。

党的十八届三中全会的《决定》提出混合所有制经济是基本经济制度的重要实现形式。这就使混合经济这一特征不仅在宏观上，而且在微观制度上也得到体现。基本经济制度所具有的混合经济特征，也只有在微观经济领域真正得到落实，公有制为主体、多种所有制经济共同发展这一基本经济制度在宏观经济领域才具有扎实的基础，才能使混合经济这一特征在宏观和微观上得到高度统一。

把混合所有制经济作为基本经济制度的重要实现形式，可以使微观经济领域也更好地体现基本经济制度的要求。公有制为主体这一基本经济制度的要求在微观领域着重体现在混合所有制经济中国有经济的控制力上。这种控制力就要落实在国民经济的重要领域和关键行业，国有经济在企业中掌握控制权，以保证对企业的控制力，充分体现公有制经济的性质。社会主义基本经济制度最重要的体现是公有资本，只要在整个社会坚持公有制的主体地位，在企业中坚持公有资本的控制权，就能够在宏观和微观中更好地体现社会主义经济性质，不会因为在企业中有其他所有制经济的参与就会影响企业的公有性质。

社会主义基本经济制度所体现的社会主义性质，不在于社会中是否存在其他所有制经济成分，也不在于企业中是否存在非公有制经济成分，而是在社会中是否公有制占主体地位，在企业中是否国有经济掌握控制力。社会主

义基本经济制度的要求在微观领域具体是通过公司制度来实现的。在微观领域发展混合所有制经济，是与市场经济条件下建立现代企业制度的要求一致的。现代企业制度的典型形式是公司制，公司制的基本特征是产权多元化。即公司企业的资本是由多种不同资本构成的。因此，公司本身就是混合所有制经济的载体，各种不同所有制经济通过资本市场，形成企业资本的来源，这些资本可以在资本市场上进行交易，可以与实际生产过程相分离。使企业能够从社会范围得到所需要的资本，实现资本来源的社会化，各种所有制经济的资本投入到生产领域，有利于经济发展。同时，公司制度又为混合所有制经济发展提供了制度保障。发展混合所有制经济与公司制度二者在本质上是同一件事情的不同表述。这样，发展混合所有制经济这一体现中国特色社会主义经济特征的事业就具有了两大制度保证，在宏观领域是基本经济制度，在微观领域是现代公司制度。

微观经济主体由单一所有制发展为混合所有制，就意味着由多种所有制经济共同构成一个经济主体或企业，这在企业中就必然会形成不同所有制经济之间的相互关系。在现代企业制度中，这种关系由规范的公司制度来规范，凡是公司企业都要按照公司法的要求来运行。在公司企业中，不同所有制经济的资本都以股份的形式成为股东，并按照股份的多少行使相应的权利和承担责任。公司企业的这一治理结构决定了在理论上某一个股东在公司股份中占有绝对多数的股份，就能够掌握公司的控制权。但在实际上，由于企业资本的高度分散，某一资本只要掌握公司股份的相对多数就能够取得公司控制权。公司企业的这一制度使不同股份由于在公司股份中所占份额不同，从而在企业中的地位和权力也会有很大不同。在国有资本、集体资本、非公有资本等交叉持股、相互融合的混合所有制经济中，如果是国有资本占控股地位，那么，国有资本就可以利用这一控股地位，实际控制企业的全部资本，这有利于放大国有资本功能，更好体现基本经济制度的要求。它具体体现在以下两个方面。

首先，混合所有制经济能更好地体现公有制经济的主体地位和国有经济的控制力。在混合所有制的公司企业中，国有资本投资项目如果有非国有资本参股，那么，公司企业的整体实力就会因为非国有资本的参股而增强。资本结构的这一变化不会改变公司企业国有资本的控股地位，在公司企业中，占控股地位的资本起着主导作用，非国有资本处于参股地位，它们更多的是依附于国有资本来共同发挥作用,这实际上是放大了国有资本的功能。非国有资本参股,目的也在于能够更好地实现保值增值,它们也关心企业的竞争力,也会为搞好企业做出自己的贡献。这就有利于提高企业的竞争力,有利于实现国有资本的保值增值。所以,在微观领域发展混合所有制经济,让非国有资本参股国有资本投资的企业,实际上是在实现各种资本共同发展的基础上放大了国有资本的功能。

其次,发展混合所有制经济有利于各种所有制资本相互促进、共同发展。发展混合所有制企业使微观领域的经济主体有多种所有制资本参与,无论是哪一种所有制资本占控股地位,都要按照公司法的要求处理好企业中各种资本之间的关系。既要考虑到各种资本的权力,也要处理好各自的利益关系,使企业具有凝聚力,以吸引更多的社会资本。占控股地位的资本要为其他资本的利益考虑,其他资本的利益也与占控股地位资本的利益联系在一起。各种资本在企业内部融合的结果,对外就形成一个实力得到有效增强的整体,从而能够显著提高企业的竞争力。从现代经济发展的趋势看,资本规模的增大是实现企业发展的重要内容之一,是否能够从社会上筹集到企业发展所需要的资本,很大程度上决定了企业发展目标是否能够实现。企业发展从社会上通过吸收各种资本来增大自身的规模是重要的途径。现代股份制企业成为企业制度的典型形式充分说明了这一点。混合所有制经济的发展,为各种所有制经济相互促进、共同发展提供了广阔的平台。

在混合经济成为中国经济基本特征的条件下,要更好地体现公有制经济的主体地位和国有经济的主导作用,应该有更宽阔的思路和视野。混合所有制经济作为基本经济制度的重要实现形式,意味着在微观领域,当混合所有制经济成为企业的主流形式后,国有经济的独资企业将是个别现象,这时,发挥国有经济的主导作用,就不能仅仅局限于国有经济本身,而是更多地要通过国有资本对其他所有制资本的控股作用来放大国有资本的功能,提高控制力。按照现代企业制度运行的规律,公司企业中大资本通过控股形式实现对更多中小资本的控制,实现其自身的发展是现代经济发展的一般趋势。在一个大公司中,它的资本数量是巨大的,但实际控制公司的大股东的资本数量则远低于公司所拥有的资本数量,这就是大资本的优势。所以,国有经济的主导作用主要体现在控制力。用较少的资本控制更多数量的资本是现代经济的发展一般规律,在发展混合所有制经济的条件下,国有资本利用控制力来放大自己的功能,就能够在更高的层次上发挥对国民经济的主导作用。当然,其他所有制经济的资本也可以利用这一点来实现自身功能的放大。总之,要改变简单地以国有资本的数量为标准来判断主导作用和控制力的观念,而是以现代经济发展的观念从国民经济运行的整体能力上来认识国有经济的主导作用和控制力。

党的十八届三中全会《决定》指出:"允许混合所有制经济实行企业员工持股,形成资本所有者和劳动者利益共同体。"这是对发展混合所有制经济的又一重要思想。发展混合所有制经济,允许企业员工持股,对企业又会发生怎样的变化,这需要从理论上说明,在传统的马克思主义理论中并没有对此进行分析。现在所说的混合所有制经济的情况与马克思分析的情况并不相同,具体情况不同就应该做出不同的分析。

需要强调的是,形成资本所有者和劳动者利益共同体的前提是实行企业员工持股。这是因为,在混合所有制经济中,允许实行企业员工持股,是指本企业的员工持股,即劳动者和资本所有者在企业内部得到统一,是资本所有者统一在劳动者身上,这时的劳动者同时具有了资本所有者的身份。在这样的情况下,劳动者得到的利益就和资本所有者得到的利益具有一定程度上的一致性。在企业利益中,一部分是劳动者的利益,一部分是资本所有者的利益,原来劳动者只能得到劳动者的利益,而不能得到资本所有者的利益,现在劳动者同时也是资本所有者,既可以得到劳动者的利益,也可以得到资本所有者的利益。从这一意义上说,企业员工持股形成了企业中资本所有者和劳动者的利益共同体。其实,只要发展混合所有制经济,只要允许企业员工持股,客观上就会在一定程度上形成劳动者和资本所有者利益共同体。因而这是对已经存在的客观实际在理论上的反映和确认。

但是,如果个人在股票市场上去购买上市公司的股票,就不能形成企业中资本所有者和劳动者利益共同体,因为这时的劳动者与资本所有者并不统一在劳动者身上。个人购买公司企业的股票,只是作为投资者成为企业的股东之一,与社会上其他的投资者没有什么区别,他并不能成为这一企业的劳动者。而且,作为投资者持股,可以随时把股票买入或卖出,这种个人持股不具有稳定性,当然也就难以形成企业的利益共同体。在社会上公开发行股票的上市公司,它的功能主要是广泛筹集资金,并不是形成资本所有者和劳动者利益共同体。而企业员工持股的混合所有制经济企业,其功能主要是形成资本所有者和劳动者利益共同体，其集资功能不是首要的。这样的混合所有制经济一般以中小企业为主，在较小的范围内实行企业员工持股，更有利于形成资本所有者和劳动者利益共同体。

我国的改革开放至今已近40年，在这近40年中，市场化改革始终是我国经济体制改革的主线。在市场化改革不断深入发展的同时，我国的社会主义基本经济制度也经历了从确立到发展再到不断完善的过程。可以说，没有不断推进的市场化改革就没有我国经济社会不断发展的生产力；没有不断完善的社会主义基本经济制度就没有我国越走越宽的社会主义道路。它们在理论和实践中相辅相成、相互促进，共同推动我国社会主义经济事业的繁荣和发展。

第五章 毫不动摇巩固和发展公有制经济

从社会主义初级阶段基本经济制度内涵看，具有决定意义的是坚持公有制的主体地位和国有经济的主导作用。国有经济的主导作用是由公有制的主体地位赋予的，体现了社会主义基本经济制度的根本性质。国有经济的主导作用是与社会主义初级阶段的基本经济制度和中国的特殊发展现实相联系的。这不仅是现阶段中国的国情，也是生产关系一定要适应生产力性质规律的客观要求，是马克思主义所有制理论中国化的实践结论。党的十八届三中全会《决定》强调，必须毫不动摇巩固和发展公有制经济，坚持公有制主体地位，发挥国有经济主导作用，不断增强国有经济活力、控制力、影响力。

在中国社会主义市场经济中，国有企业是公有制经济的重要组成部分和实现形式，是加强国有经济对国家重要行业和关键领域的控制力、发挥国有经济的主导作用的手段。中国发展社会主义国有经济，不只是为了"弥补市场失灵"，也不是简单地为了解决"外部性问题"，而是建立和发展社会主义制度，发展社会主义社会生产力和社会全面进步的客观需要，是中国社会主义制度的生产关系基础和最重要的物质基础和政治基础。改革开放以来的实践证明，国有经济的壮大，显著增强了我国的经济实力和国际竞争力，其主导作用和影响力充分显现。

一、国有经济的作用和地位

（一）国有经济是社会主义经济制度的经济基础

生产力决定生产关系，经济基础决定上层建筑。中国共产党作为我国的执政党，选择的社会主义是马克思主义科学社会主义，而马克思主义科学社会主义的经济核心与基础是公有制。资本主义制度所具有的根本矛盾即生产的社会化与生产资料私人占有制之间的矛盾，导致了两极分化和经济危机的周期性爆发。在《共产党宣言》一文中有一句经典式的话语："共产党人可以把自己的理论概括为一句话：消灭私有制。"这就要求我们国家在社会主义初级阶段要坚持公有制为主体、多种所有制经济共同发展的基本经济制度，坚持按劳分配为主体、多种分配方式并存的分配制度。生产社会化要求发挥国有经济的主导作用，对整个社会生产和经济发展进行有计划的合理调控，以推动生产力更快的发展。国有经济是实现这种宏观调控的制度基础。

苏联作为第一个社会主义国家，建立了公有制经济制度，其被后来其他社会主义国家效仿。我国在新中国成立初期模仿"苏联模式"，建立了以国有制为主体的社会主义经济制度，相应实行计划经济体制。在新中国成立初期，这种体制曾使一个贫困积弱的中国，得以最大限度地集中全国的资源，顺利地实现"一五"计划并奠定了社会主义工业化的初步基础。社会主义公有制特别是国有制，在当时极大地调动了城乡居民的劳动积极性，热火朝天的社会主义劳动竞赛、大批涌现的劳动模范与先进工作者，也正是出现在这个时期。

但是需要指出，高度集权的计划经济体制使得国有经济过度发展，使得在新中国成立初期的30年内我国经济发展遇到了很多问题，这说明过度单一的公有制并不能很好地适应我国生产力的发展要求。由此，在1978年党的十一届三中全会上，对以往的政治以及经济错误展开矫正，拉起了改革的大旗。我国由此开始建立以公有制为主体、多种所有制共同发展的社会主义经济制度。

而受制于我国从一个半封建半殖民的国家迅速发展为社会主义国家的历史事实，生产力发展需要一个与之相适应的社会主义市场经济体制，但这是以公有制主体地位和国有经济主导作用为前提的，邓小平在1985年的中国共产党全国代表会议上指出："改革是社会主义制度的自我完善"，"在改革中坚持社会主义方向，这是一个很重要的问题。……社会主义有两个非常重要的方面：一是以公有制为主体；二是不搞两极分化。公有制包括全民所有制和集体所有制。"他反复强调："在改革中，我们始终坚持两条根本原则：一是以社会主义公有制经济为主体；一是共同富裕"，"总之，一个公有制占主体，一个共同富裕，这是我们所必须坚持的社会主义的根本原则"。社会主义市场关键在于社会主义，在于公有制的主体地位，公有制经济与非公有制经济的辩证发展相互促进、相互补充，非公有制经济展现出极强的生命力使得自己可以迅速发展，而公有制经济通过在市场上的竞争而不断完善与发展自己，这就形成了符合我国生产力发展要求的社会主义经济制度。

国有经济是社会经济稳定的坚实基础，是人民群众安居乐业的重要保证，更是中国共产党执政的主要经济支柱，是社会主义航向的稳定器。以国有经济为主导是构建社会主义和谐社会的经济基础。在国有经济内部，生产资料的所有权归国家占有而不是任何个人占有，这样就从根本上消除了资本与劳动的阶级对立和对抗性的社会矛盾，维护社会的公平正义，实现社会整体利益与局部利益、长远利益与当前利益、公共利益与个人利益的有机结合，为构建社会主义和谐社会奠定经济基础。

（二）国有经济在国民经济中起主导作用

国民经济体系是由各行各业、各种经济成分互相联系形成的共同体，其中必有一种经济成分占支配地位，起主导作用。《中共中央关于国有企业改革和发展若干重大问题的决定》指出："国有经济是我国国民经济的支柱，发展社会主义社会的生产力，实现国家的工业化和现代化，始终要依靠和发挥国有企业的重要作用。"

首先，国有经济实力雄厚，是先进生产力的代表。在中国500强中，国有企业占据了大多数位置，并且在世界500强中，上榜的中国企业也大多数是国有企业，这充分说明了国有经济掌控着国民经济发展的命脉，在国民经济发展中起主导性作用。国有企业一般规模比较大，技术设备先进，薪资待遇比一般企业要高。国有企业追求的不是利润最大化，它的目标是社会福利的最大化，是为国民经济发展服务的。

其次，国有经济作为创新的主体，引领科技发展。创新是一个国家发展的灵魂，我国从党的十七大就提出要"走中国特色自主创新道路"，核心是要坚持自主创新、重点跨越、支撑发展、引领未来。而国有企业是自主创新排头兵，载人航天、绕月探测、深海钻井平台、深潜探测等一大批具有自主知识产权和国际先进水平的成果，成为我国科技创新的典范，历年国家科技进步特等奖及绝大部分的国家技术发明一等奖均由中央企业获得。国企的研发投入在数量和强度上都要高于私营企业和集体企业，大量的科研投入也为国有企业带来了丰厚的科研成果，使得国企成为科技创新的主导力量，为我国的经济发展方式转型提供了科技动力支持。

再次，以国有经济主导是社会主义政治制度的重要条件，人民当家做主是社会主义民主政治的本质和核心。而这样一种民主制度只有在社会的财富特别是生产资料占有相对公平的基础上才能产生。如果生产资料特别是关系国民经济命脉的战略性资源和生产资料被私有化了，被少数私人和私有利益集团的垄断占有了，那么就不可能形成社会主义民主政治，而只能形成垄断资本占主导的资产阶级民主政治。

最后，国有企业是国际竞争的"主力军"，也在"走出去"战略中发挥主导作用，起到领军作用。世界经济发展离不开中国，中国经济发展也离不开世界。但是在全球化的浪潮中，中国需要保持自己的竞争力，才能保障国家经济运行的平稳。中国国有企业是"国家队"，代表中国的经济实力，必须做大做强，才能参与国际市场竞争。改革开放以来，中国国有企业数量不断减少，但是整体素质和竞争力不断增强，并且其投资方向逐步从单一的能源、资源开采领域走向多元。这种"走出去"战略，不仅为中国发展提供了能源和资源，还带动中国技术、劳力、设备等走入国际市场，为国内经济发展方式转变提供了源源不断的动力。

在社会主义市场经济中，国有经济的作用不像是在资本主义制度下一样，主要从事私有企业不愿意经营的部门，补充私人企业和市场机制的不足，而是为了实现国民经济长期动态的平衡，巩固和完善社会主义基本制度，在社会主义市场经济中，国有经济的主导作用是由公有制的主体地位赋予的，体现了社会主义基本经济制度的根本性质，国有经济的主导作用是与社会主义初级阶段的基本经济制度和中国的特殊发展阶段相联系的。

二、国有企业改革的简单历程

自1978年以来，我国的国有企业改革可以说一直围绕着所有权和经营权展开。回顾这近40年的历程，我们可以把国有企业改革划分为以下几个阶段：

（一）放权让利阶段（1978~1984年）

"文化大革命"结束后，全国经济发展逐步复苏，开始走上正轨。在农村改革进行的同时，城市也进行了经济体制的改革，其中最重要的是国有企业的改革。以四川的重庆钢管厂等6家企业为先导，后来在全国全面展开国有企业扩大自主权的改革。这一时期的改革主要目的是扩大国有企业的经营自主权，提高企业的利润留存，开征固定的资产税、提高折旧率及改进折旧率的使用方法，实行流动资金全额信贷等措施。

在1981年底和1982年底，国务院通过的《关于实行工业企业经济责任制若干问题的意见》和《关于当前完善工业企业经济责任制问题的通知》中提出了要加强国有工业企业内部经济责任制的管理，以提高经济效益。1983年4月，国务院开始实施利改税政策，希望通过将利润分成转变为税收的形式固定下来，以增强国有企业的经济自主权，增强其经营的主动性和积极性。

可以说，1978～1984年既是国民经济整顿、恢复和发展的转折时期，也是我国经济体制改革的初步探索时期。这一时期的国有企业改革还是在原有的计划框架内的改革，是不改变企业所有制形式、隶属关系和财政体制的企业经营管理权的改革。

(二) 权力分离阶段 (1984～1992年)

1984年7月，国务院批转了《关于当前城市商业体制改革若干问题的报告》，报告中提出，对于小型国营零售商业、饮食服务业可以转变为集体经营或个人租赁经营的模式；对于大中型的国营零售商业和饮食服务业，有计划、有步骤地实行企业内部经营承包制。

在1984年12月召开的党的十二届三中全会上，通过了《中共中央关于经济体制改革的决定》（以下简称《决定》）。《决定》中提出了，社会主义经济是以公有制为基础的有计划的商品经济这一观点，同时也提出了国有企业改革的目标是实现政企分开，向市场主体转变。1984～1986年，北京、上海、广东、四川、辽宁等地的部分集体和国有中小企业纷纷开始股份制试点，设立股份有限公司。如广东宝安县联合投资公司、北京天桥百货公司、上海飞乐音响股份有限公司等，其中北京天桥百货、上海飞乐音响、上海延中实业等公司还公开发行了股票。

从1987年起，在政府的主导下，国有工业企业开始陆续实行承包制。到1992年经历了两轮承包，绝大部分国有大中型企业都实现了不同程度上的承包制。在这一时期，虽然我国也开始了股份制改革的初步探索和试点，但是国有企业改革的主要模式仍然是承包制，这一时期的改变和实施也是在不改变国有企业所有权的基础上，进一步下放企业经营管理权的改革。

（三）企业现代化阶段（1992～2003年）

随着我国国有企业改革的逐步推进，关于改革姓"社"姓"资"的问题成为了20世纪90年代初经济理论领域的热点。在党中央逐步完善和推动国有企业改革承包经营责任制的基础上，股份制改革的试点也进行了起来。在1992年10月召开的党的十四大会议上，党中央正式提出了：中国经济体制改革的目标是建立社会主义市场经济体制，这为我国的国有企业改革指明了方向。1992年国家体改委等多个部门制定并陆续公布了《股份制企业试点办法》等几个规范股份制改革的文件，加强了对试点工作的规范和指导。党的十四大提出了具体的国有企业改革发展目标，国有企业理论性改革得到深化，改革方式得到创新。截至1992年底，全国股份制试点企业已经达到了3700多家，国有企业股份制和现代企业制度化的改革是我国国有企业改革进程中的重要节点和转折。股份制的推行，说明了政府开始从所有制的角度破解国有企业改革的难题。

现代企业制度的试点改革主要从企业的产权关系入手，从产权关系的管理与调整实行国有企业的试点改革，从公有制的形式转变为多种所有制，建立点线面辐射区域，并逐步向全国扩散。股份制改革从1993年以后得到迅速发展，上市公司数量快速增加。同年，国务院于年底建立了现代企业制度试点工作协调会议制度。1993年后，国务院首批100家国有企业进行了试点改革，当年就成功批复了94家，并进入相应的实施阶段。1997年，根据改革的需要和综合配套的要求，国家对国有企业改革的方式进行了重大改进：第一，强调重点突破与整体推进相结合；第二，强调改革必须与国有经济的战略调整相结合；第三，强调改革必须与综合配套相结合。

1998年，国家推进建立了国有企业下岗职工基本生活保障和再就业制度，改革了职工养老保险制度、医疗保障制度、住房制度以配合国有企业改革的开展。到2000年12月，我国就基本实现了党中央确定的国有企业改革的基本目标，国有及国有控股工业企业的利润大幅度提高，大部分国有大中型企业摆脱亏损的状况。2001年，国家有关部门开展了规范建立现代企制度工作，帮助国家重点企业完成公司制的改造。这要求改制企业要依法设立股东大会、董事会、监事会和高级管理层，初步形成了公司法人治理的结构。2002年，国有资本进一步向重点行业、大型重点企业聚集，在关系国家经济命脉的重要行业和关键领域，诸如电信、军工、冶金、电力、石油化工等行业，国有资本迅速发展，在一定程度上促进了国有经济的结构调整和布局的优化。在诸如电子、机械等竞争性行业的领域，非公有制经济异军突起，国有经济的比重有明显的下降，所有制结构出现了一定的积极变化。

（四）股份制改革阶段（2003～2013年）

2003年，党的十六届三中全会通过了《中共中央关于完善社会主义市场经济体制若干问题的决定》，强调要建立"归属清晰、权责明确、保护严格、流转顺畅"的现代企业产权制度。中央指出要使股份制成为公有制的主要实现形式，并提出改革五大方向：一是加大股份制改革力度；二是推进股权分置改革；三是建立董事会；四是主辅分离，辅业改制；五是继续实施政策性破产。

实际上在2002年时，就有相当一批国有企业通过规范上市、中外合资和相互参股这些措施，进行了公司制度的改革，实现了向股份制的转变，初步实现了投资主体多元化的格局。到了2006年，我国首次公开发行（IPO）实现了全流通，并恢复了资金申购制度，中国工商银行、中国国航、中国建设银行、中国神华、中国石油等大盘股成功登陆A股市场。

但是随着企业产权改革的逐步深化，国有企业的产权也出现了多种形式，比如试行经理人股票期权等。在改革的过程中，由于经验的不足，加上实践具体措施存在着不配套的现象，我国国有资产出现大量流失，引发了2004年关于国有资本改革的大讨论，政府也开始反思国有企业改革中出现的问题，需要新的国有资产管理体制，要把管资产和管人、管事结合起来。2003年3月，国务院国有资产监管委员会正式成立，同年4月各级国有资产管理机构陆续建立，国有资产管理的新体制基本确立起来。各级政府的监管机构全部按照出资份额依法平等地行使出资人的职责。

在此基础之上，国有企业公司治理结构也得到不断完善。2004年初，中央决定选拔部分央企建立独资公司作为试点迅速展开改革，从此公司董事会得到快速发展并不断完善，使企业发展逐步进入正常的现代化发展轨道。

同时，在股东大会和董事会之外，监事会的设立也发挥了重要的作用。第九届全国人大第十三次会议对《公司法》进行了修改，根据相关规定，股东大会、董事会、监事会和经理层构成了中国股份制公司的治理结构，是企业在发展中内部各部门相互监督管理、相互制衡的制度保障。

（五）混改阶段（2013年至今）

2013年11月，党的十八届三中全会提出要进一步推动国有企业完善现代企业制度，国有企业在发展方面和改革工作方面大体与市场发展相结合，我们在改革的同时要求国有企业在改革中应该与国际国内经济市场相融合，规范国有企业经营模式，不断提高国有企业的市场综合竞争能力。

2014年2月，中国石油化工股份有限公司在垄断性国有企业中"打响第一枪"引入社会和民营资本参股，实现混合所有制经营。2014年7月1日，国家开发投资公司、中粮集团、中国医药集团总公司等6家央企入选首批国资"四项改革"试点。

2015年8月24日，中共中央、国务院印发了《关于深化国有企业改革的指导意见》，这是新时期指导和推进中国国企改革的纲领性文件，共分8章30条，从改革的总体要求到分类推进国有企业改革、完善现代企业制度和国有资产管理体制、发展混合所有制经济、强化监督防止国有资产流失、加强和改进党对国有企业的领导、为国有企业改革创造良好环境条件等方面，全面提出了新时期国有企业改革的目标任务和重大举措。

三、国有企业发展的现状与问题

（一）中国国有企业基本情况

1. 国有企业数量与规模

社会主义基本经济制度存在着质和量两方面的规定性。从质的规定性来看，它是社会主义的，必须以公有制为主体。公有制为主体决定了我国的基本经济制度是社会主义的。而从量的规定性来说，公有制的主体地位必须要有一定的量加以落实，加以保证，加以体现。因此，在社会主义市场经济中，国有经济的主导作用不是一个简单、抽象的比重问题。公有制的主体地位和国有经济的主导作用,主要体现在国有经济控制国家经济命脉的重要行业和关键领域,体现在国有经济对整个国民经济发展起主导作用。当然,国有经济应该依靠自己的竞争力来保持必要的比重。

截至 2015 年底,在工业领域,我国规模以上企业 383148 家,其中国有企业 3234 家,集体企业 2637 家,国有联营企业 18 家,国有与集体联营企业 29 家,国有独资公司 3179 家。

在分行业领域,《中国统计年鉴(2016)》数据显示,在建筑行业,企业一共 80911 家,其中国有企业 3603 家,从业人数为 417.57 万人;集体企业 3318 家,从业人数达 169.04 万人。批发和零售行业,全国企业一共 91819 家,国有企业 2368 家,从业人数为 382133 人;集体企业 648 家,从业人数达 39417 人;国有联营企业 4 家,从业人数为 423 人;国有与集体联营企业 6 家,从业人数为 972 人;国有独资企业 1295 家,从业人数达 161890 人。住宿、餐饮和旅游行业,全国一共有 18937 家企业,其中国有企业 1914 家,从业人数为 243635 人;集体企业 367 家,从业人数为 27831 人;国有联营企业 11 家,从业人数为 1983 人;国有与集体联营企业 3 家,从业人数达 424 人;国有独资公司 325 家,从业人数达 59682 人。我国社会主义市场经济的建立使得国有企业数量在各行各业中的比重都有不同程度的下降,特别是近年来实行供给侧改革,为了更好地对国有企业进行改革,挖掘生产力潜能,大批的国有企业进行整合重组,使得数量又进一步下降。如图 5-1 所示,规模以上内资企业中,在数量庞大的民营企业面前,各种形式的国有企业所占比重都比较小。

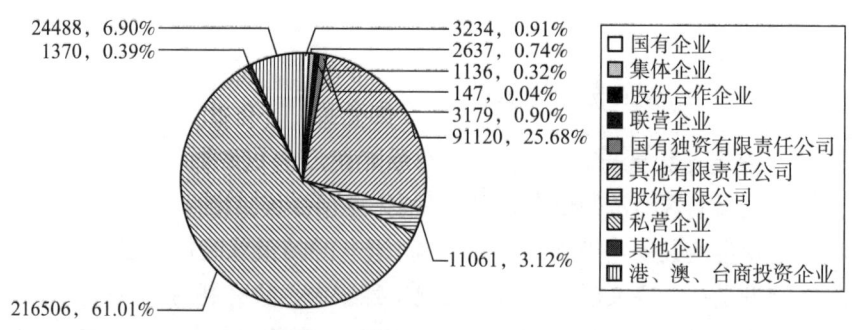

图 5-1 2015 年规模以上国有工业企业在内资工业企业中所占比重

资料来源:《中国统计年鉴(2016)》,中国统计出版社 2016 年版。

但是在规模上，国有工业企业无论是按资产还是按主营业务收入或是按利润总额计算的平均规模都是最大的。2015年，全国规模以上工业企业按资产总额、主营业务收入和利润计算的平均规模分别为2.39亿元、2.61亿元和0.15亿元。而国有企业按这三个指标计算的平均规模分别为22.11亿元、13.97亿元和0.65亿元；国有联营企业的平均规模分别为2.94亿元、2.50亿元和-0.06亿元；国有与集体联营企业的平均规模为2.10亿元、1.14亿元和-0.03亿元；国有独资公司的平均规模分别为26.87亿元、14.66亿元和0.40亿元。如图5-2、表5-1所示，就是在平均规模比较大的股份有限公司中，国有控股的股份有限公司不管是资产还是营业收入的整体规模都十分突出。

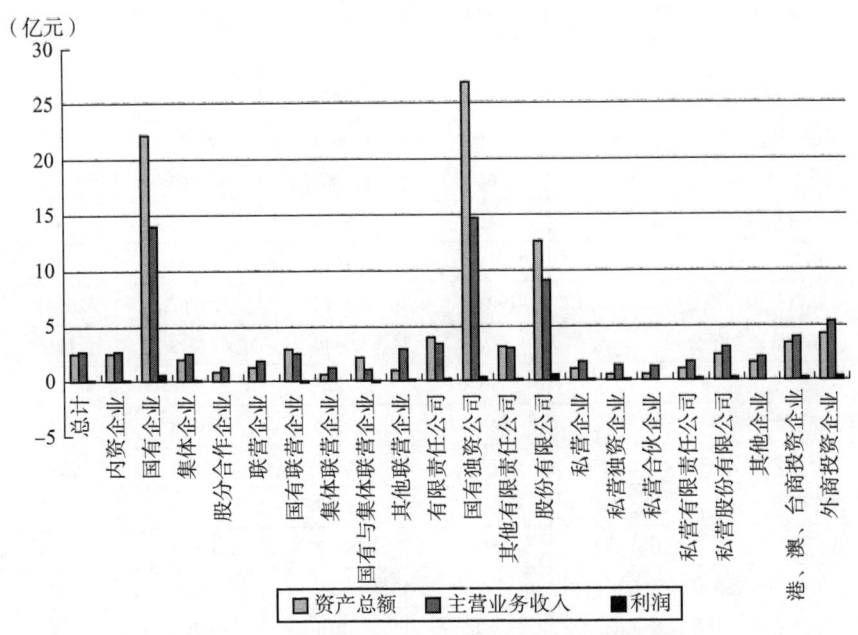

图5-2　2015年规模以上工业企业平均规模比较

资料来源：《中国统计年鉴（2016）》，中国统计出版社2016年版。

表5-1　　　　　　　　2015年规模以上工业企业平均规模　　　　　　　　单位：亿元

项目	企业单位数（个）	资产总计	主营业务收入	利润总额
内资企业	330390	822095	864155	50281
国有企业	3234	71515	45202	2108

续表

项目	企业单位数（个）	资产总计	主营业务收入	利润总额
集体企业	2637	5093	6727	509
股份合作企业	1136	940	1499	109
联营企业	147	190	272	11
国有联营企业	18	53	45	−1
集体联营企业	57	34	69	4
国有与集体联营企业	29	61	33	−1
其他联营企业	43	42	125	8
有限责任公司	94299	374095	321610	16712
国有独资公司	3179	85437	46618	1285
其他有限责任公司	91120	288658	274992	15427
股份有限公司	11061	139031	99631	6448
私营企业	216506	229006	386395	24250
私营独资企业	14671	8497	20812	1540
私营合伙企业	2501	1548	3273	231
私营有限责任公司	190410	198077	335262	20563
私营股份有限公司	8924	20884	27048	1916
其他企业	1370	2225	2821	134
港、澳、台商投资企业	24488	83244	96926	5948
合资经营企业（港或澳、台资）	7436	31112	31870	2198
合作经营企业（港或澳、台资）	625	1716	2269	190
港、澳、台商独资经营企业	15854	45707	58644	3223
港、澳、台商投资股份有限公司	487	4429	3820	327
其他港、澳、台商投资企业	86	279	324	11
外商投资企业	28270	118059	148772	9957
中外合资经营企业	9958	56275	69030	5445
中外合作经营企业	630	2346	2504	184
外资企业	17024	52851	71947	3996
外商投资股份有限公司	465	6070	4686	317
其他外商投资企业	193	517	605	15

资料来源：根据《中国统计年鉴（2016）》有关数据计算。《中国统计年鉴（2016）》，中国统计出版社2016年版。

从《财富》杂志世界企业500强的企业名单来看，也从一个侧面反映了中国国有企业越来越大、越来越强的发展过程。2003~2015年，进入世界企业500强的中国大陆企业越来越多，其中多数为国有及国有控股企业。2003年，进入世界企业500强的中国企业仅11家，全部为国有企业，到了2012年，进入世界企业500强的中国国有企业达到了63家。2015年，进入世界企业500强的中国国有企业更是达到了88家。

2. 国有企业的行业分布

从国有控股企业资产和主营业务收入的行业分布结构看，国有及国有控股企业主要分布在煤炭开采和洗选业，石油和天然气开采业，农副食品加工业，食品制造业，酒、饮料和精制茶制造业，纺织业，纺织服装、服饰业，石油加工和炼焦及核燃料加工业，化学原料及化学制品制造业，医药制造业，橡胶和塑料制品业，非金属矿物制品业，黑色金属冶炼及压延加工业，有色金属冶炼及压延加工业，金属制品业，通用设备制造业，专用设备制造业，汽车制造业，铁路、船舶、航空航天和其他交通运输设备制造业，电气机械和器材制造业，计算机、通信和其他电子设备制造业，电力、热力生产和供应业等行业。

其中2015年电力、热力生产和供应业的资产与主营业务收入最大，分别为4397亿元和52617.73亿元，家具制造业资产行业资产与主营业务收入最小，分别为17亿元和97.64亿元。具体如图5-3与图5-4所示。

3. 国有企业的地区分布

国有控股企业数量从1998年的64737个较大幅度地下降到2015年的19273个，在2011年时最低为17052个，而国有及国有控股企业的资产总额则从1998年的74916.27亿元增长到2015年的397403.65亿元，国有控股企业的平均资产也从1998年的1.16亿元增长至2015年的20.62亿元，主营业务收入从1998年的33566.11亿元增长到2015年的241668.91亿元，2014年最高为262692.28亿元，平均主营业务收入也从1998年的0.52亿元增长至12.54亿元，利润总额从1998年的525.14亿元增长到2015年的11416.72亿元，2013年最高为15917.68亿元，平均利润从0.01亿元增长至0.59亿元。以上数据充分说明了我国在建设与发展社会主义市场经济的同时，对国有企业进行精简与升级促进了国有企业生存效率的提高，保持了我国经济增长的活力，如图5-5所示。

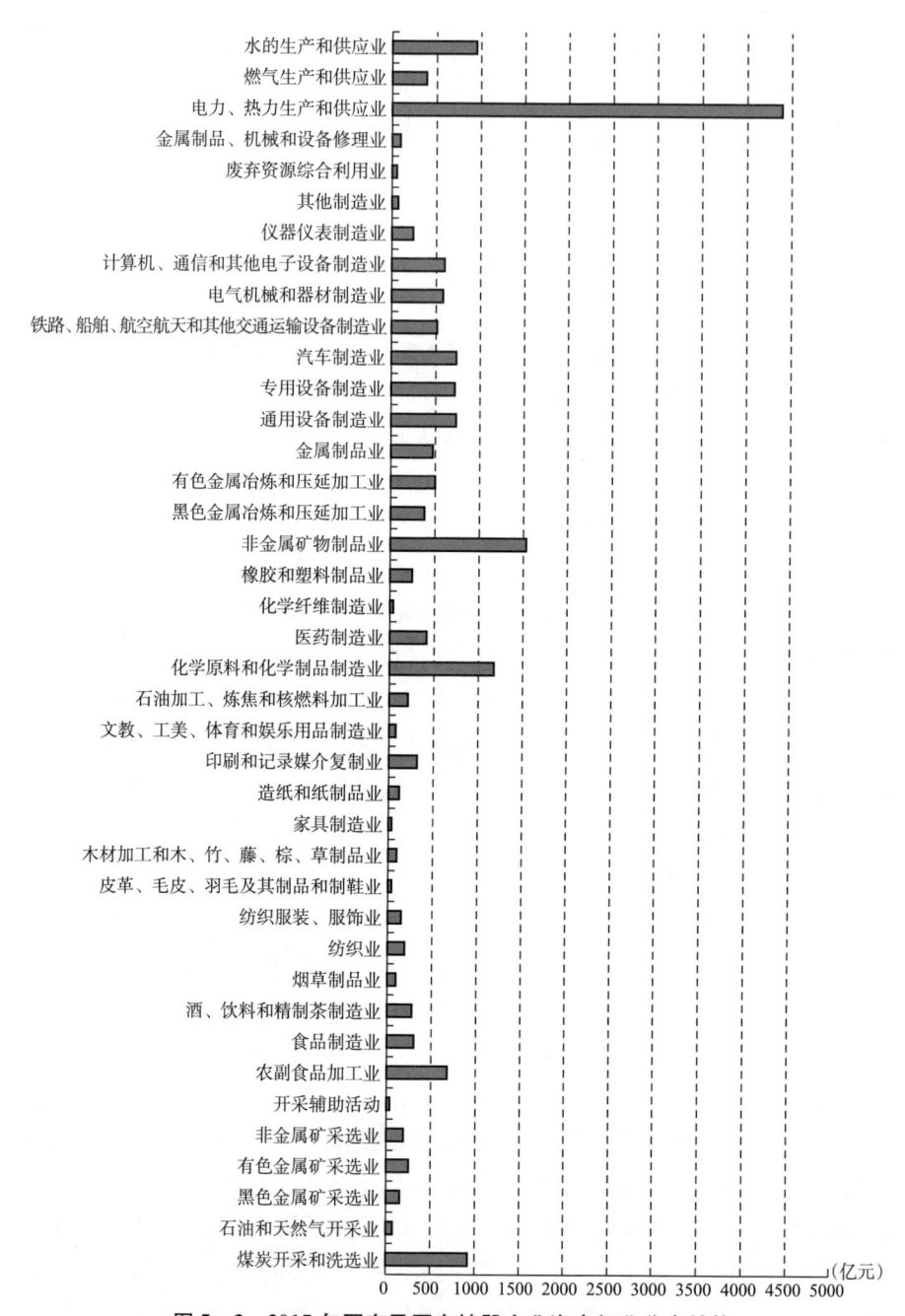

图 5-3　2015 年国有及国有控股企业资产行业分布结构

资料来源：《中国统计年鉴（2016）》，中国统计出版社 2016 年版。

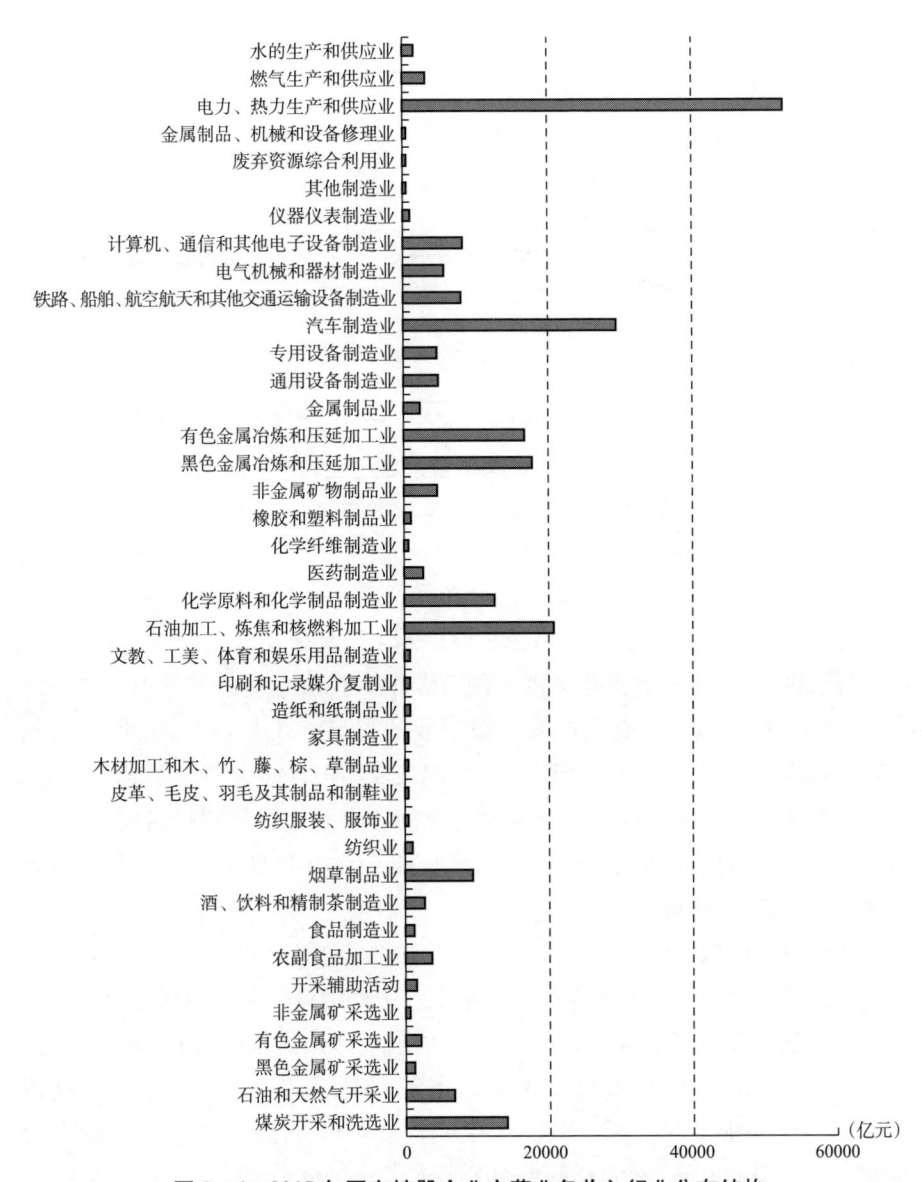

图 5-4 2015年国有控股企业主营业务收入行业分布结构

资料来源：《中国统计年鉴（2016）》，中国统计出版社2016年版。

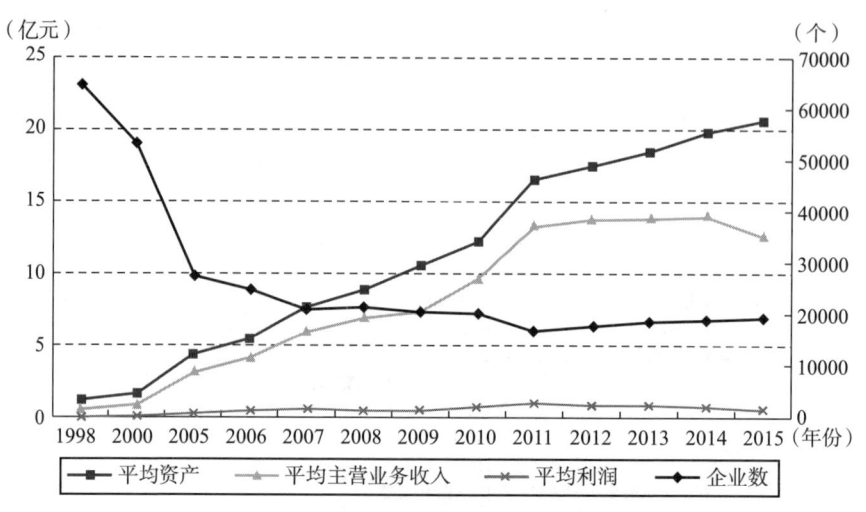

图 5-5　1998~2015 年国有控股工业企业若干主要指标

资料来源：《中国统计年鉴（2016）》，中国统计出版社 2016 年版。

从 2015 年国有控股企业数量的分布看，有 400 家以上国有及国有控股企业的省、市、自治区有 26 个；有 500 家以上国有及国有控股企业的省、市、自治区有 23 个；有 600 家以上国有及国有控股企业的省、市、自治区有 18 个；700 家以上国有及国有控股企业的省、市有 13 个，分别是四川、广东、湖南、河南、山东、江苏、上海、山西、河北、北京、新疆、湖北、陕西。有 800 家以上国有及国有控股企业的省有 6 个，分别是四川、广东、山东、江苏、河南、河北。国有及国有控股企业数量最多的是山东，达到 1258 家，如图 5-6 所示。

从企业单位数、资产、主营业务收入和利润总额这四个指标综合看，国有及国有控股企业主要分布在华北、华东、中南地区。华东地区是国有及国有控股企业分布最多的地区，2015 年，华东地区国有及国有控股工业企业资产总额为 101848.5 亿元，占全部国有及国有控股企业资产比重达 25.62%；主营业务收入为 76816.78 亿元，占全部国有及国有控股企业主营业务收入的 31.78%；利润总额为 4673.27 亿元，占全部国有及国有控股企业利润总额的 40.93%。具体数据如图 5-7 所示。

《中国统计年鉴（2016）》数据显示，在各省中，山东省无论是在国有控股企业的数量、资产，还是在主营业务收入、利润总额方面都是最大的，分

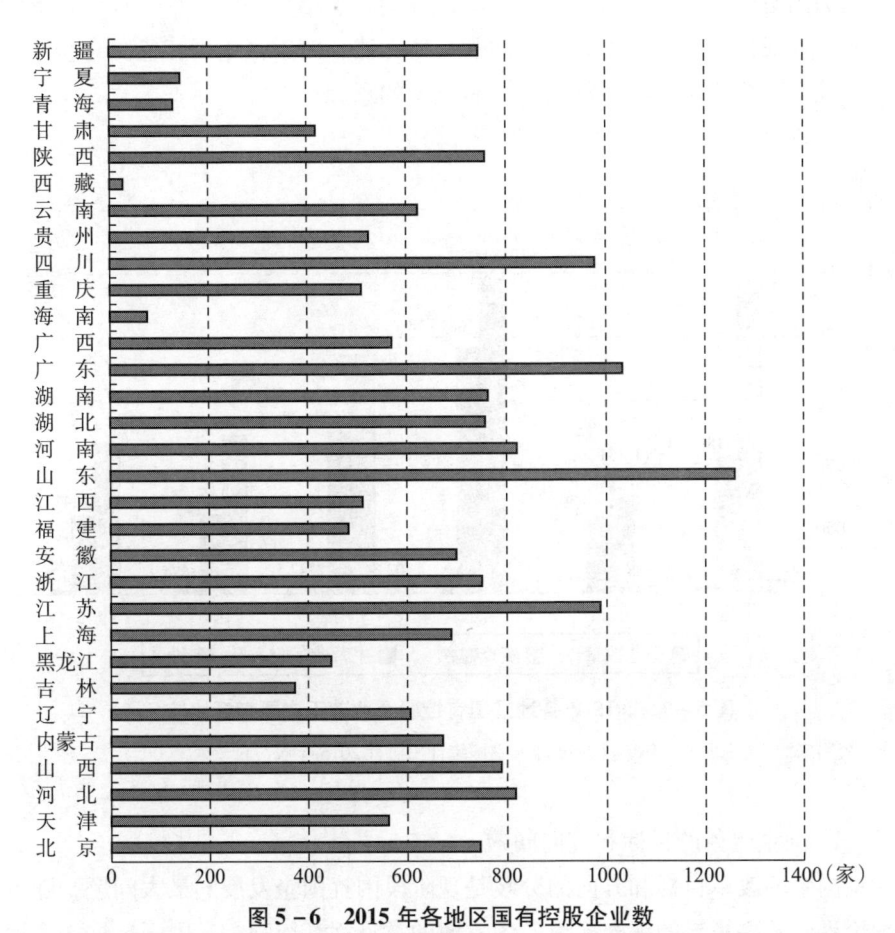

别占全国国有控股企业相应指标比重达到 6.52%、7.13%、8.19% 和 8.31%。

图 5-6 2015 年各地区国有控股企业数

资料来源:《中国统计年鉴 (2016)》,中国统计出版社 2016 年版。

(二) 国有企业改革中的主要问题

我国的国有企业改革随着改革开放的推进,已经走过了多年的历程,改革之路可以说是跌宕起伏。一方面,由于我国是社会主义国家,完全借鉴资本主义国家国有企业的改革经验是不现实的,所以改革的全过程一直是在"摸着石头过河"。另一方面,随着我们"摸索—实践—纠偏—再摸索—再实践"的渐进式改革进程,我国已经探索出一条有中国特色的国有企业改革之路。然而面对在国际市场竞争的残酷,国有企业的改革已经不能仅从我国的实际来考虑,还需要考虑到国际竞争的因素。同时各国的经济学家也对我国的国有企业改革非常关注。因此,我们在总结多年的改革过程中,继续深入研究我国国有企业的改革方向和具体做法,对丰富中国特色国有企业改革经验和社会主义市场经济理论具有重要的意义。

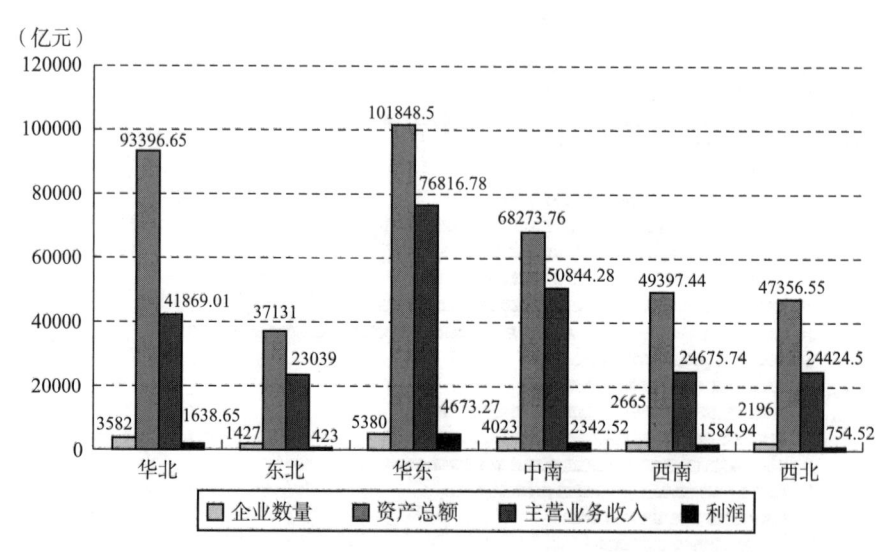

图 5-7　2015 年各地区国有控股企业若干主要指标比较

资料来源:《中国统计年鉴(2016)》,中国统计出版社 2016 年版。

1. 国企改革的目标和方向问题

国企的改革目标和方向的分歧是现阶段困扰国企发展的最大问题,随着理论界以及决策界的深入探讨,各方面的意见逐渐统一。在中国这样一个社会主义市场经济国家,国有企业仍然是推进现代化、保障人民共同利益的重要力量。基于这样一个认识,国企改革的目标还是很清楚的,就是要在坚持社会主义基本经济制度和市场经济方向的前提下来推进。

2015 年,中共中央、国务院印发《关于深化国有企业改革的指导意见》,对新形势下深化国有企业改革的根本原则、目标任务做出了全面部署,是指导和推进国有企业改革的纲领性文件,为国企改革指明了方向。

坚持和完善基本经济制度是深化国有企业改革的根本要求。公有制为主体、多种所有制经济共同发展的基本经济制度,是中国特色社会主义制度的重要支柱，是社会主义市场经济体制的根基。坚持和完善基本经济制度，必须巩固国有经济的主体地位、发挥国有经济主导作用。这种主体地位和主导作用，既体现在国有经济要有一定的数量和规模，与其他所有制经济形成合理布局；也体现在国有经济要有质量和效率，在国内国际市场有较强的竞争力；还体现在国有经济在重要行业和关键领域具有控制力。深化国有企业改革，绝不是国企从竞争性领域大规模退出，更不能把国企改垮了、改没了，而是要坚持"两个毫不动摇"，通过改革更好地发挥国有经济的主导作用，推动各种所有制经济取长补短、相互促进、共同发展。

坚持社会主义市场经济改革方向是深化国有企业改革的基本遵循。国企首先是企业。使市场在资源配置中起决定性作用和更好发挥政府作用，是改革必须坚持的原则。深化国企改革必须坚持增强活力与强化监管相结合，遵循市场经济规律和企业发展规律，实行分类改革、分类发展、分类监管、分类定责、分类考核，推动国企与市场经济深入融合，与其他所有制企业公平参与市场竞争，真正成为依法自主经营、自负盈亏、自担风险、自我发展的独立市场主体。必须深化国有资产管理体制改革，切实解决国有资产监管工作存在的越位、缺位、错位等问题，实现以管企业为主向以管资本为主转变，形成更加符合基本经济制度和社会主义市场经济发展要求的国有资产管理体制、现代企业制度、市场化经营机制。

做强做优做大国有企业是深化国有企业改革的核心目标和根本落脚点。国有企业属全民所有，是推进国家现代化、保障人民共同利益的重要力量，是中国共产党和国家事业发展的重要物质基础和政治基础。做强做优做大国有企业，对巩固和完善社会主义制度、实现国民经济持续健康发展、增强国家竞争力具有重要意义，也是检验国有企业改革成败的重要标志。深化国有企业改革，必须坚守底线，保证国有经济在重要行业和关键领域的控制力、影响力不削弱，更不能造成国有资产流失，不能在一片改革声浪中把国企改革变成一部分人牟取暴利的机会。要通过全面深化国有企业改革，推动国有企业做到经营业绩优、公司治理优、布局结构优、企业形象优，最终发展形成一批具有国际竞争力的世界一流企业。

2. 国企分类问题

近年来，国企发展进入到一种尴尬的境地。国企作为企业，同时也承担了许多特殊的使命和任务。而由于要兼顾社会效益和经济效益，国企目标多元、定位不清、考核没有针对性等问题使其受到批评与指责。

其实早在 2003 年，国务院国资委成立后，就一直有建议国企分类改革的声音发出。时任国务院国资委副主任的邵宁在"2011 中国领袖年会"上首次提出"具有公益类质的国有企业"概念。邵宁指出，国有经济结构调整将使国企向两个方向集中。这两个方向分别为公益类质的国有企业和竞争领域的国有大企业。公益型国有企业"在中央层面包括如石油石化、电网、通信服务等领域的企业，地方包括供水、供气、公共交通等方面的企业"。竞争型国有企业如宝钢、中粮、一汽、中国建材等企业。同时，邵宁强调，国资委将根据这两类企业的不同特点实施差别性的监管和引导措施。作为国资委领导关于国企分类改革最清晰的表述，这一番言论引发了极为广泛的关注，被视为国企"十二五"改革的核心议题之一。

此后几年，关于国企分类的讨论也没有间断。2015 年 12 月底国资委发布《关于国有企业功能界定与分类的指导意见》，意见提出将国有企业界定为商业类和公益类。商业类国有企业以增强国有经济活力、放大国有资本功能、实现国有资产保值增值为主要目标，公益类国有企业以保障民生、服务社会、提供公共产品和服务为主要目标，必要的产品或服务价格可以由政府调控；要积极引入市场机制，不断提高公共服务效率和能力。此外，国资委还明确表示，商业类国有企业分三种不同情况：一是主业处于充分竞争行业和领域的商业类国有企业；二是主业处于关系国家安全、国民经济命脉的重要行业和关键领域，主要承担重大专项任务的商业类国有企业；三是主业处于自然垄断行业的商业类国有企业。

但是实际上，国企分类问题是过去也是将来长期困扰国企改革的问题。国务院发展研究中心产业研究部部长赵昌文先生在"中国未来五年的增长与改革暨《北大国情报告：在朗润园读懂中国》新书发布仪式"上发表演讲指出，国有企业的复杂性，使得分类很难进行，例如，一个公司比如中石油内部，大家觉得它既有具备自然垄断特点的管网业务，也有行政垄断的上游勘探开发业务，还有市场化程度很高的炼油和下游零售业务，它的具体分类就很难断定。而我国有 15 万家国有企业，类型多样，既有公益类的，也有市场化程度很高的，这就需要在分类改革里面，一定要把所有制改革与产业重组结合起来。我们现在面临的一个主要问题是国有资产大量分布在重化工行业，而这些行业的产能过剩问题非常严重，投资收益率非常低。如果没有大的产业重组，仅仅是所有制改革，未来三五年后，不管治理机构有多么好，恐怕仍然很难改变行业平均收益下降的问题。

3. 国有资本管理体制问题

国有资产管理体制改革是一项宏观改革，涉及政府作为所有者与作为公权履行者两种不同性质职能的分解。但它却与微观改革即国有企业改革紧密相连。国有资产管理体制改革的进程与国企改革的进程始终相伴随，前者为后者创造宏观条件。国企改革的目标是建立现代企业制度，让国企成为真正的市场主体。而要实现这个目标，就要把各个政府部门的资产管理权集中起来，切断各个部门与国企之间的资产所属关系。过去的国有资产管理体制改革正是为此而进行的。从建立国资局到重新组建国资委，就是让国企脱离部门附属关系的过程，使国企一步步走向市场，成为重要的市场主体。从国企脱困到国企扩张，反映国企日益壮大，国有经济不断发展。国有资产管理体制改革解放了国企，释放了国企的活力，而通过改革确立的现行体制又开始显现出它的另一面：妨碍了平等竞争。如果说给企业松绑，促进"自由竞争"是过去改革的重心，那么当前的重心则已转变为"平等竞争"。这与国有资产管理体制改革又一次紧密地关联在一起。

但需要面对的是，我国国有资产管理体制改革到目前为止仍处于探索阶段，且各地的改革也极不平衡。1999年9月，中共中央十五届四中全会提出，建立国有资产管理、监督、营运体系和机制，要坚持"国家所有、分级管理、授权经营、分工监督"的原则，即"国务院代表国家统一行使国有资产所有权，中央和地方政府分级管理国有资产，授权大型企业、企业集团和控股公司经营国有资产"，"从体制上、机制上加强对国有企业的监督"。由于实践上尚未找到成熟的管理模式，所以"允许和鼓励地方试点，探索建立国有资产管理的具体方式"。从目前进展情况看，除了中央政府管理的国有资产，国务院有了较大动作外，地方政府管理的国有资产，主要是上海、深圳等少数地区进行了积极探索，其他大部分地区在1998年之后由于面临机构改革，总体上处于滞后的状态。

特别是伴随着我国经济进入"新常态"，国有资本管理体制问题凸显，职能定位不清晰，国有资本运营效率和回报率很低，国有经济"与民争利"，国有资产大量流失，用人机制不完善，贪腐频出等问题，显示出国企改革不到位，还远远没有形成一个与社会主义市场经济体制相适应的国有资产管理体制。但是现在越来越多地达成了共识,就是还要基于2003年形成的国有资本管理体制来推进新的国有资本管理架构,中国作为社会主义国家,拥有众多的国有企业与国有资产,这就使得国有资本管理的问题十分复杂,所以比较稳妥的改革方案就是在现有国资管理体制的基础上进一步完善。

4. 国企的公司治理结构和激励问题

公司治理有两个基本功能:一是选拔具有企业家素质的人领导企业;二是激励和监督企业领导人更好地创造价值。在私有企业中,这两个功能主要是由"股东"承担的。尽管由于信息不对称的原因,选择和监督企业领导人是一件不容易的事,但股东作为企业所有者是有积极性做好这两件事的(至少大股东如此),因为如果企业领导人不具有企业家素质或没有积极性创造价值,股东将是遭受损失的第一人。

而国有企业的"所有者"是国家,不是个人。改革开放后,通过开展国有企业改制,形成了形式上比较规范的公司治理结构,但是此种治理结构主要是参照了西方国家私有制基础之上发展出来的一整套有关企业利益相关者之间处理权利和责任的行为准则,并不能很好地与国有企业相适应,这就使得国企治理结构问题一直不能得到很好的解决,伴随着很多矛盾的发生。例如,2008年全球金融危机爆发,在公司高管超额薪酬问题凸显的背景下,我国政府多次出台国企高管限薪政策。最新的高管限薪政策是2014年11月中办印发的《关于深化中央管理企业负责人薪酬制度改革的意见》。但需要明确的是,国企经理人超额薪酬的出现恰恰是公司治理结构不合理的证据,需要通过完善公司治理结构来实现,而不是也不可能通过简单限薪来解决的。

而国有企业改革到现阶段,治理结构中的矛盾越发凸显。由于权力过度集中,管理程序不规范,并且内部人控制现象严重,使各种监督机制虚无化,还有股权多元化仍未完成,公司治理效果受到影响,以及监事会职能相对弱化,体制内监管职能明显减弱。越到基层,国有企业治理结构的分歧越大,总结起来主要表现在三个方面:第一,现代企业制度的核心就是董事会制度,而董事会怎么和党组织很好的协调,国企中到底谁是领导问题;第二,上级公司和下级公司之间的关系怎么处理;第三,员工持股和高管持股问题。新时期只有妥善解决好这些问题,国有企业治理结构才能够得到改善。

5. 地方国企问题

数量上来看，地方国企是国企的多数，加起来占 70%；从营业收入来看，央企大概占 60%，地方国企占 40%。特别是从 2013 年开始，地方国企效益下降得非常明显。在每年两万多亿元的国有企业利润里面，地方国企的比例本来就少，这两年又在不断下降。大部分地方国企举步维艰，难以为继，与这一时期放开搞活、蓬勃兴起的民营经济形成了强烈对比。

地方国企衰退有着多方面原因，最主要的是两点：第一，长时期计划经济条件下的地方国企与市场严重脱节，在市场经济的冲击下，窘态百出、无力招架；第二，思想理论界、经济界，包括相当一部分党政干部中间，存在着一种地方国企必然办不好，乃至地方没有必要办国企的观点。

在这样的背景之下，许多地方政府选择了"国退民进"的策略，一段时期内，国企改制成为时尚，地方国企几乎被卖光、改光，实体性的制造企业国企在许多地方几乎消失殆尽，造成国有资产大量流失。从目前地方国企的现状分析，在不少省份，现有的地方国企在地方经济、社会发展中占据的份额明显偏低，总量小、贡献少，其活力、控制力、影响力更是无从谈起。再从地方国企行业构成来分析，一部分是原有企业的留存，一部分则是近年来新组建的，以基础设施建设、公共服务、投融资平台为主。应当引起注意的是，目前的地方国企普遍具有两个特点：一个是已经在很大程度上注意了与市场经济的接轨与融合；另一个是总体上仍旧表现为活力不够、动力不足，改革发展既存在较大潜力，也存在明显差距。在深化国企改革的今天，非常有必要对地方国企的改革发展把脉问诊，保证地方国企在符合国情、符合市场经济规律的前提下健康持续向前发展。

四、国有企业分类与改革

国有企业改革是整个经济体制改革的中心环节，深化国有企业改革是经济体制改革的重点任务。现在，国有企业改革基本方向未变，但战略使命更重。当前和今后一个时期，要准确把握深化国有企业改革的正确方向和重大举措，着力做好深化国有企业改革这篇大文章。中共中央、国务院在 2015 年 8 月 24 日印发了《关于深化国有企业改革的指导意见》，这是新时期指导和推进中国国企改革的纲领性文件，也标志着我国国有企业改革进入新的阶段。

（一）国有企业分类改革

国有企业定位的缺失、职能的不明确一直是困扰国有企业发展的重要因素，《关于深化国有企业改革的指导意见》就指出将国有企业分为"商业"和"公益"两大类，在此基础之上，国务院国有资产监督管理委员会等部门于2015年12月7日发布了《关于国有企业功能界定与分类的指导意见》，进一步对于分类提出不同的发展要求，有针对性地推进国有企业改革。

1. 公益类国有企业改革措施

公益类国有企业是国家保证实现社会公共利益而建立的组织形态，其主要任务是弥补市场缺陷，以是否完成国家赋予的具体政策目标为主要考核指标的"公共政策"导向。虽然这类企业的数量有限，却是未来国企改革中的重点。

在《关于国有企业功能界定与分类的指导意见》（以下简称《意见》）中对公益类国有企业提出的总体要求为："以保障民生、服务社会、提供公共产品和服务为主要目标，必要的产品或服务价格可以由政府调控；要积极引入市场机制，不断提高公共服务效率和能力"。

考虑到我国经济运行特征以及社会主义国家性质，公益类国企应具备四大特征。第一，其产品关系到国民经济发展的基本条件；第二，在经营中存在着不同程度的垄断或寡头竞争；第三，定价机制由政府控制，这类企业自身没有定价权；第四，企业社会效益高于经济效益，经常承受政策性亏损。这种企业提供的产品主要是公共产品和公共服务，如公交、地铁、国防设施、公共卫生保健、义务教育等。由于公共产品和公共服务的消费具有非竞争性和非排他性这两个特性，因此比较容易出现外部性和"搭便车"的行为，私人企业相对来说不太有意愿进入这样的行业，因为获利较少。因此，公共产品和公共服务只能由公益类的国有企业来"垄断性"地提供。这类企业不以盈利为目的，其绩效的衡量标准应该是社会或者公共的绩效，即向公众提供高质量的公共产品和公共服务是对其进行评级的依据。

公益类国有企业的改革方向是"一企一制""一企一法"，具体来说，应该采取如下举措。

一是建立事业型经营管理体制。由于公益类国有企业所特有的公共性、非营利性和服务性特征，公益类国有企业原则上由政府部门直接经营管理，经营体制可以仿照事业单位设计。从公益类国有企业角度来看，无论是从其目标定位还是国企分类改革的初衷，还是两权的不完全分离特性来看，公益类国有企业政企分离本身并不是一个合理的目标。因此，在公益类国有企业的组织结构中，没有必要设立股东会和董事会，可实行经理负责制。公益类国有企业的管理体系可以分为三个层次：第一，经理由政府直接任免，并以合同形式规定其责任和约束其权力，明确任职的时间和考核评价体系。第二，高管可以由经理提名并上报政府确认审核。第三，员工招录完全市场化。但由于企业中的许多员工是在计划时期招录的，直接解除其国有身份有困难，因此在这类企业改革中可以考虑通过给予经济补偿或者签订有特定约束的服务合同来解决。

二是建立注重社会评价的考核体系。公益类国有企业经营的目标，应该紧紧围绕保障民生、服务社会、提供公共产品和服务设置，其考核既可以由管理公益产品的部门执行，也可以由服务对象选出的代表来执行。在考核体系的设计上，应该把成本控制列为核心。对于高层的考核制度，不能以利润为目标，而是以成本控制水平和公众满意度为目标，并充分注重社会评价。高管的薪酬标准要依据其相关贡献与对应的政府公务员标准同步，对于高管激励不应该来自薪酬，而是相关政治地位的提升，即高管应享受公务员的待遇与行政级别。在对总经理薪酬的考核体系中，总经理的薪酬由政府部门根据各企业管理的任务轻重和难度系数确定，不与资本保值增值挂钩。由于生产公共品存在预算软约束，为了防止由此而产生的道德风险和逆向选择，在公益类国有企业中，需要完善信息公开体制，实现公众监督与信息透明，以解决信息不对称情况下经营者隐瞒实际成本的问题。而且，在立法层次上，公益类国有企业的信息公开必须上升到相关法律层次，必须是强制性的。

三是加快完善公益类国有企业的监督法规。对于公益类国有企业，由于其特有的性质，容易导致信息不对称。在信息不完全对称的情况下，经营者可能利用其掌握信息更充分的条件，与政府在责任目标、经营成本、投资等方面进行博弈，导致服务态度和产品质量不好、资本和设施利用率低、责任目标难以实现。因此，在这类企业中，每个企业都需要有专门的法律法规来规范其行为，要用高效的治理和监督手段对这些企业的行为给予明文规范，确保企业高效率地追求社会公共利益。对于公益类国有企业而言，在政府管理的法规上，可以考虑制定专门的法规，来规制这类企业的经营。其未来的监督管理机制应当会比当前用的、面向所有国有企业的监管体系更负责、更精细。公益类国有企业在数量上占全部国有企业比重会比较小，然而，从长远来看，对于它们的监督成本或将占到整个国资管理体系运行的一半以上。尽管其监督管理的成本很高，但如此高昂的监督管理成本对于其履行服务社会公共利益的职责而言，却十分必要。

2. 商业类国有企业改革措施

行业中的竞争十分激烈，包括制造业、商业、服务业等，在这个领域内存在着大量的私人资本。目前，将国有资本运用于商业类用途，主要基于以下考虑：第一，实现政府调控经济的职能。政府为了实现经济调控的目标和发展规划，需要一些对经济发展具有战略意义的竞争性行业有国有企业分布，并保持一定的竞争力和控制力。第二，维护经济平稳增长。中国市场发育程度还不充分，私人资本的力量还不够充足，因此有必要在竞争性行业中保留一部分国有企业以维护经济稳定，避免过快退出给经济带来的负面影响。第三，加快产业结构的调整和优化。国有企业能够通过资金和技术优势迅速培育新的产业，推动国家产业结构的调整和优化。商业类国有企业以营利为目的，能够实现国有资产保值增值和政府调控目标。

《意见》就指出商业类国有企业是以"增强国有经济活力、放大国有资本功能、实现国有资产保值增值为主要目标，按照市场化要求实行商业化运作，依法独立自主开展生产经营活动，实现优胜劣汰、有序进退"。表明尽管商业类国有企业的运行方式类似于非公有制企业，但是它的最终目的依然是服务我国整体经济的发展。在此基础之上，又将"商业类"又分为"充分竞争"类（商业一类）和"关系国家安全，国民经济命脉的重要行业和关键领域，承担国家重大专项"（商业二类）。而各行业各有其技术特点，面临的问题和管理的要求有所不同。国企体制改革措施在不同行业的运作中，也需要区别对待。

对于主业处于充分竞争行业和领域的国有企业改革，可采取以下措施：

第一，国有资本可以绝对控股、相对控股，也可以参股。根据《意见》，主业处于充分竞争行业和领域的国有企业，原则上都要实行公司制和股份制改革，国有资本可以绝对控股、相对控股，也可以参股。重点考核经营业绩指标、资产保值增值和市场竞争能力。

第二，适合以集团母公司为基础逐步推进国有资本投资运营公司的组建。原集团需要按照投资运营公司的功能定位转型，弱化集团管控，强化投资运营，其与被投资企业属于投资和被投资关系而不再存有行政隶属关系。国有资本投资运营公司自身为国有资本绝对控股，建立董事会、监事会和经理层管理体制，主要领导实行党管干部和年薪制；国有资本投资运营公司投资的企业实行充分的混合所有制，从而实现国有资本的高额回报。

原集团母公司转为投资运营公司后，对所投资企业的股权比例，由绝对控股逐步调整为相对控股或参股，盘活的股本存量更大范围投向高回报领域，鼓励国有资本以多种方式入股非国有企业，参股更具有可操作性。

国有资本投资运营公司投资的企业实行充分的混合所有制，完善现代企业制度，包括股东会、董事会、监事会和经理层等法人治理结构以及完全的市场化用人机制和薪酬制度等。这样才能真正实现国有资本的保值增值、高额回报，放大国有资本功能，从而发挥国有资本的影响力，带动全社会经济充满生机和活力。

对于主业处于关系国家安全、国民经济命脉的重点行业和关键领域、主要承担重大专项任务的国有企业改革，可采取以下措施：

第一，保持国有资本控股地位。主业处于关系国家安全、国民经济命脉的重点行业和关键领域，主要承担重大专项任务的国有企业，要保持国有资本控股地位，紧紧围绕服务国家战略、落实国家产业政策和重点产业布局调整总体要求，优化国有资本重点投资方向和领域，推动国有资本向关系国家安全、国民经济命脉和国计民生的重要行业、关键领域和重点基础设施集中，向前瞻性战略性产业集中，向具有核心竞争力的优势企业集中。这类企业考核的重点是服务国家战略、保障国家安全和国民经济运行、发展前瞻性战略性产业以及特殊任务的完成情况。

第二，适合集团公司管控模式。加强集团管控、推动并购重组，形成国家核心竞争力。重点行业和关键领域的国有企业体现国家战略和大国实力，应当推进同业整合、强强联合、优势互补，避免力量分散、同业恶性竞争和资源浪费，使这类企业在国际上能够与同业抗衡，加快培育一批具有国际一流水平的跨国公司。由于这类企业的主要任务是服务国家战略，资本回报不是主要目标，更适合采用企业集团管控模式，有助于推进并购重组、做强做优做大，实现国家战略目标。

第三，健全集团公司法人治理结构。加大集团层面公司制改革力度，重点是推进董事会建设，建立健全权责对等、运转协调和有效制衡的决策执行监督机制，规范董事长和总经理的行权行为，充分发挥董事会的决策作用、监事会的监督作用、经理层的经营管理作用和党组织的政治核心作用。这类企业的领导人员实行党管干部，合理确定基本年薪、绩效年薪和任期激励收入。

（二）国有企业治理结构改革

1993年党的十四届三中全会确定了国企的"现代企业制度"改革方向。党的十八届三中全会强调，要推动国有企业完善现代企业制度，健全协调运转、有效制衡的公司法人治理结构。全面深化国有企业改革，必须在健全公司治理结构、完善现代企业制度方面下功夫，并作为一项重中之重的任务和制度创新来抓。

1. 推动国有企业混合所有制改革

自党的十五大以来，中央有关国企改革的文件中一直有"混合所有制"的提法。党的十八届三中全会文件提出，国有、集体、非公资本交叉持股，是实现基本经济制度的重要形式。同样，《关于深化国有企业改革的指导意见》的基本精神，是要通过混合所有制增强国有企业的活力，做强做优做大国有企业，放大国有资本的功能。国有资本和民营资本要双向交叉持股，扩大国有经济的影响力和控制力，而不是像有些人想象的，成为"新一轮私有化""侵吞国有资产的盛宴"。

根据新华社、人民政协网、新浪财经等多家媒体报道数据显示，截至2016年底，在公司制和股份制方面，目前中央企业各级子企业公司制改制面超过92%，省级国资委监管企业的改制面超过90%，全国国资监管系统的国有控股上市公司达到1082家。而在混改方面，央企混合所有制企业户数占比已扩大到68%，上市公司的资产、营收和利润总额在央企总盘子中占比已分别达到61.3%、62.8%和76.2%。从地方来说，目前地方已有20多个省份出台了发展混合所有制经济的相关文件，或在地方两会政府工作报告中部署了混改的任务。国家大力支持各种非公资本，特别是民营资本参与到国有企业的股权多元化改革中,将降低国有股权的比例,促进国有企业进一步完善法人治理结构和内部运行机制。

国有企业混合所有制改革,需要鼓励国有资本入股非公企业,并鼓励国有企业按"自力更生为主,争取外援为辅"的方针,在一些有条件的竞争性领域,与非国有制企业一起发展,不要硬性划分不能进入的领域。让国有经济发挥自身技术管理优势,也是当前稳增长、调结构、惠民生的迫切需要。

新时期,我国推动混合所有制改革要注意针对不同类型的国有资本采取不同的形式。对涉及国家安全的少数国有企业和国有资本投资公司、国有资本运营公司,可以采取国有独资形式。对于涉及国民经济命脉的重要行业和关键领域的国有企业,可以保持国有绝对控股。对于涉及支柱产业和高新技术产业等行业的重要国有企业,可以保持国有相对控股。对于国有资本不需要控制并可以由社会资本控股的国有企业,可采取国有参股形式或者可以全部退出。

2. 外部制度和环境的优化

有的企业公司治理不仅包括"股东—董事会—监事会—经理人员"的权力、责任及其相互制衡关系安排,还包括以竞争为基础的外部制度和环境优化。外部制度和环境主要包括市场竞争机制、资本进入和退出机制以及去行政化管理等与公司内部治理联系紧密的外部制度和环境。

对于市场竞争机制,林毅夫、蔡昉和李周认为,公司治理结构中最基本的成分是通过竞争的市场所实现的间接控制或外部治理,也就是说竞争的市场环境是实现公司有效治理的基础和前提。国有企业的发展不仅要对股权结构、治理结构和治理机制进行调整,同时也要营造一个公平竞争的市场环境,使国有资本和非公有资本在市场监管、信贷政策和产业政策等方面享有平等的权力和机会,在保护国有资本不流失的同时公正公平对待非公有资本,使非公有资本的产权得到同样的保护。

除此之外,还应建立明确的资本进入和退出机制。在国有企业分类改革的实践中,首先要明确哪些行业对非公有资本开放,哪些行业需要国有资本绝对控股和相对控股,确定非公有资本进入的范围。竞争性行业具有明显的市场化特征,是混合所有制改革的重点,可通过股权转让、并购重组和股权激励的方式实现非公有资本的进入。同样的,非公有资本可以通过股权转让、利润分配、股份回购的方式退出，让投资者在参与混合所有制中可进可退。退出机制不仅需要资本市场和外部监管制度的改革相配合，还需要混合所有制下公司治理结构中对各方权益分配及其实现进行微观制度安排。在混合所有制企业的公司治理结构中，除了保证非公有资本持有一定比例的股权外，还应保证其在经营管理中的话语权，只有这样才能使非公有资本进得来出得去。

最后，应实施企业高管的去行政化管理。在国有资本控股的公司中，董事会和监事会中具有行政职务的高管应该占到一半以上，而在国有资本参股的公司中具有行政职务的高管在董事会和监事会中的人数应相对减少。无论是国有资本控股还是国有资本参股，都应该弱化政府对企业经营管理的干预，充分发挥职业经理人的经营管理才能，使企业按照市场化的要求健康发展。目前，国有企业的高级管理者都有对应的行政级别，具有"官员"和"商人"的双重身份。在混合所有制的条件下，国有资本与非公有资本合资，国有资本具有行政级别，则双方股权与话语权的平等难以实现。所以要破除行政化，首先应破除高管身份上的不平等，取消混合所有制企业中职业经理人和部分董事、监事的行政级别，这需要从制度上进行改革，将他们从行政体制中解放出来，改变部分高管的"官员"身份，引入职业经理人制度，从职业经理人市场选聘企业高管，让国有企业的高管变成职业化的管理者。

（三）地方国有企业改革

当国企改革进入到 2017 年，诸如上海、山东、江苏、浙江、云南等 20 多个省市都对地方国有企业改革提出了自己的方案，各地的方案不乏亮点，尤其在加速重组调结构、清退落后产能、资产证券化、员工持股以及组建投资运营公司等方面提出诸多落实要求，这标志着地方国企改革进入全面加速期，一些困扰国企改革的关键"瓶颈"将被打破，推动全国国有企业改革，有必要将各地优秀的经验进行推广。

1. 推动混合所有制改革

混合所有制改革已成为各省国企改革的重点任务之一。大部分省份都采用了三种途径实现混合所有制改革：一是引进非国有资本参与国有企业改革；二是鼓励国有资本参股非公有制企业；三是支持各类社会资本通过政府和社会资本合作（PPP）模式投资或参股基础设施、公用事业、公共服务等领域项目，使投资者在平等竞争中获取合理收益。

发展混合所有制经济，既是放大国有资本功能、推进国有企业转换经营机制的有效途径，也是促进国有资本与非国有资本相互融合、共同发展的重要方式。一方面，积极发展混合所有制经济，非公有制经济可以通过交叉持股与国有企业优势互补；另一方面，国有资本投资项目允许非公有资本参股，非公有制经济将共享发展红利。

2. 试点员工持股

党的十八届三中全会《决定》提出，允许混合所有制经济实行企业员工持股、形成资本所有者和劳动者利用共同体。要稳妥推进员工持股，在程序合法、操作规范的前提下，允许企业员工采取增资扩股、出资新设或以法律、行政法规允许的其他方式持股。优先支持高新技术、转制科研院所等类型企业的经营管理层、核心技术人员和业务骨干以现金、技术、知识产权等多种方式入股。建立和完善员工持股有序进退机制，充分调动员工积极性。规范关联方行为，防止利用关联交易谋取不当利益。

员工持股改革的初衷是完善企业激励机制，增强企业活力。职工持股计划通过建立所有者与劳动者的利益共享机制，无疑在优化股权结构、完善公司治理和建立激励约束机制等方面起到重要作用。实行员工持股，主要有以下三个目的：一是建立利益共享、风险共担的长效激励约束机制，使员工利益与企业利益紧密结合。二是吸引和留住人才，充分调动员工积极性、主动性和创造性，更好地发挥人力资本的重要作用，保持核心人才队伍的稳定性。三是进一步优化国有企业股权结构，完善公司治理机制，形成有效制衡，防止内部人控制，减少决策失误。

但一直以来，因为任务复杂且涉及多方利益，对于员工持股问题的社会争议很大。当然，不是所有国企都可以实行员工持股，员工持股也不是万能灵丹妙药，更不会一吃就灵。不过，能不能、适合不适合开展员工持股，也需根据企业、行业的实际情况而定。并且，员工持股又不能搞成全员持股和平均持股。不要一味扩大范围、赶超进度，要成熟一户开展一户，防止一哄而起。

3. 调整鼓励政策

从地方国企改革思路上来看，也将会按照分类进行监管，在此基础上深化混合所有制改革。特别是竞争性国企,将进一步向民企等多种所有制资本敞开大门,比例也将进一步放宽。此外,国企对内改革也将进一步深化,包括构建更加完善的现代管理制度,继续扩大员工持股,推进企业整体上市,提高国有资产证券化率,以及稳步创新,提高国际竞争力。

据了解,截至目前,上海、广东、重庆、山东、北京、湖南、江西等多地对提高证券化率、资产整合、兼并重组等均有明确的鼓励政策。以国企改革重镇山东省为例,该省国企改革下一步工作重点是,将加快国有资本投资运营公司改建进程,推进国有企业公司治理规范运行,落实好监事会监督职权,加快推行职业经理人制度,加强人才库建设,积极稳妥推进混改试点工作,推动企业深化内部改革,完善中长期激励机制。同时,做强做大一批骨干企业,积极引进战略投资者,加快推进省属企业重组整合步伐。

(四)从"管资产"到"管资本"转变

长期以来,我国的国有资产管理体制都是围绕着"管资产"为中心来运作,为了更好地掌控国有资产,实现国有资产保值增值的目的,对国有企业的"管人"和"管事"也就不可避免。换句话说,政府只有通过"管人"和"管事",才能达到"管资产"的目的。

这种体制带来的弊端也是显而易见的。政企不分、政资不分、多头管理、出资人权利分散、无人承担最终责任等现象较为突出。国企高管既是政府官员,又要承担企业家的角色。从结果来看,国有企业在实现资产膨胀的同时,并未有效实现市场竞争力的同步提升和效益的实质改变。

在经济新常态的背景下,进一步完善国有资产管理体制,尽快从"管资产"转变为"管资本",从过去的"管资本"过粗、"管人"过死、"管事"过细的怪圈中跳出来,就显得十分紧迫。

1. 推进国有资产监管机构职能转变

由于国资委既代表本级政府行使出资人的功能,即股东职能,又通过行政权力行使对国有企业及国有控股公司的行政管理,即行政职能,形成"左手管右手"的局面,使得政企不分、职责不明,监管职能必然出现真空。需要明确,国有企业的出资人就是国有企业的股东,即国有资产监管机构应依法履行股东的职权,既不得政企不分、职责不明,也不得国家所有权代理人虚位、虚置,否则将依法追究国有资产监管机构及其工作人员的责任。

进一步转变政府国资监管职能，要坚持基本经济制度，坚持市场经济的目标方向，坚持增强活力和强化国资监管相结合，坚持党对国有企业的领导，坚持积极稳妥统筹推进，继续深入推动国资改革，持续改进国资监督体系建设。突出以管资本为主加强国资监管，加快转变国资监管机构职能，由以前的管企业经营逐步改为管资本运营，属于政府管理范围内的一定要加强管理、履职到位，对于那些不属于政府管理范围内的事务应该依法放权、不乱管全管。实现企业国有资产监管全覆盖，聚焦对国有企业权力集中、资金密集、资源富集、资产聚集等重点部门、重点岗位和重点决策环节的监督，强化各类监督力量的协同，形成全面覆盖、分工明确、协同配合、制约有力的国有资产监督体系。

明确国资监管机构的职能定位，以管资本为主加强国资监管。国资监管机构要依法落实出资人职能，科学界定监管职权的边界，建立监管权力清单和责任清单，以资本为纽带对国资进行监管。成立国资委，是政府对国有资产从行政监管到专门监管的转变，从多部门分割履行国资监管职能到由国资委统一履行监管职能的转变。

我国在指导省级政府全部组建国资委，形成中央、省、市（地）三级架构体制后，又以多种方式推动各地落实县级国有资产监管责任主体。国有资产监管的立法工作实现了三个转变，即立法思路从过去着力规范国有企业经营管理制度，转向重点建立企业国有资产出资人制度。在市场经济下，资本的流向决定了产业结构布局和各种生产要素的流动，由于我国仍处于社会主义初级阶段，需要发挥国有经济的引领和带动作用，不能任由国有资本随着市场的调节而流向利润最大化的产业，国有资本的投向不能唯利是图，而应为政府职能服务，落实政府宏观调控和公共服务职能，在保证国资收益的前提下更加关注资本的投向，注重发挥政府宏观调控和政策引导作用。

2. 完善监管法规和健全国有资产监管体系

建立和完善公司法人治理结构是国有企业建立现代企业制度的核心和必然要求。国有资产监管机制直接决定着我国国有企业公司法人治理结构。因而国有资产监管机制的改革和完善是我国国有企业公司治理结构的完善与否的前提和基础，直接关系到我国国有企业的竞争力和国计民生。在具体措施上需要注重以下几点：

第一，从立法上，加强国有资产管理。自2003年国资委成立以来，我国国有资产监督管理体系有了较快的发展，但国有资产的立法体系还不够健全。2008年颁布了《企业国有资产法》是国有资产管理体系的一大进步。针对立法体系，我国应树立正确的法律权威，确定管理主体之间、管理主体与国有企业各自的职责边界和权利范围，清晰各方相互之间的权利义务关系，健全我国国有资产监督管理体系。

第二，分级明确权责，对国有企业实行分类管理。明确政府和国资委的权责界限，将政府的公共管理职能和出资人职能分开，是建立健全法人治理结构的重要条件。国资委根据授权，按照"管资产和管人、管事"相结合的原则，对企业的国有资产进行监督，国资委不直接干预企业的日常经营，国有企业按照市场经济原则自主经营，参与竞争。

第三，政府作为股东既要履行出资的职责，以其出资额为限对公司承担责任，同时也有权依照其所持有的股份份额获得股利和其他形式的利益分配，即国有资本的收入。对于此部分收入要实行预算管理，且公开化、透明化。

第四，赋予社会对国有资产监管机构的知悉权、监督权、提议权和批评权。国有资产属于国家所有即全民所有。国务院代表国家行使国有资产所有权。因而社会公众当然有权知悉，对国有资产监管机构监管行为监督，对国有资产监管机构监管行为提出意见；当国有资产监管机构监管行为不当或不法时，提出批评，甚至控告。

3. 改革国有资本授权经营体制，改组组建国有资本投资、运营公司

设立国有资本投资运营公司，是国有资本管理体制改革的突破口，是下一步国有资本改革的切入点和落脚点，关乎新一轮国有资本管理体制改革的成败，需要从以下几方面切实把握好。

首先，依据功能定位组建不同类别的国有资本投资运营公司。国有经济的功能定位首先要与一个国家的发展阶段相适应。我国属于发展中国家，国有经济除了弥补市场失灵，还肩负着稳定经济、发展经济的功能。因此，今后相当长的一个时期，国有企业除了承担传统意义上的公共职能外，还要肩负发展经济、体现制度特色的任务，既要承担公共职能、履行特殊战略功能，又要承担经营职能、实现国有资本保值增值。结合当前国有经济的功能定位、分布现状及一些地区的改革实践，建议成立四类国有资本投资运营公司。一是公用事业类，投资运营范围主要限于关乎人民生活的供电、供水、

供气、供热、公交、地铁等公用事业企业。二是公共保障类，投资运营范围主要限于占有国家特殊资源、承担国民经济发展保障和国家安全责任的企业，如石油、电信、电网、军工、重要运输行业等。三是战略类，投资运营范围主要限于市场风险较大、民营资本尚不愿进入的战略性新兴产业。四是竞争类，投资运营范围属于充分竞争性领域。

其次，按照"改组为主、新建为辅"的原则组建国有资本投资运营公司。理论上，国有资本投资运营公司的形成途径有三种：一是将现有中央企业集团直接转为国有资本投资运营公司；二是在现有央企集团之上重新组建国有资本投资运营公司；三是将现有央企集团分类合并组建为不同功能的国有资本投资运营公司。根据我国实际情况，第三种是比较切实可行的方式，对现有中央企业集团按产业性质、业务范围、行业地域以及所承担的目标任务进行科学分类，以同行中规模较大、业内公认的企业集团作为发起人，改组建立国有资本投资公司。

再次，国有资本投资运营公司按照市场化方式经营。改组成立的国有资产投资运营公司，是代表国家对部分经营性国有资产直接行使资产收益、重大决策、选择管理者等出资人权利的特殊企业法人，以国家出资人的身份对所投资企业进行产权管理和监督，而不直接干预企业的生产经营。改组成立的投资运营公司已不再是部分经营实体企业的行政主管部门，与所出资企业是以资本为纽带的投资与被投资的关系，其面对的经营实体企业也不是原来国有企业的简单合并，而是引入民营资本、外资后，按混合所有经济进行规范治理的市场竞争主体。

最后，逐步实现国有资本投资公司向国有资本运营公司的转变。国有资本投资公司和国有资本运营公司都是国家授权经营国有资本的公司制企业，但二者经营的侧重点不同。从经营对象看，国有资本投资公司主要从事实业投资，以投资融资和项目建设为主。国有资本运营公司主要从事股权投资和财务管理，运营的对象是持有的国有资本。从经营目标看，国有资本投资公司旨在实现政府的特定目标，通过资本投资而不是行政权力保持对某些产业和企业的控制力，以社会目标为主，兼顾经济目标。国有资本运营公司旨在改善国有资本的分布结构和质量效益，强调资金的周转循环、追求资本在运动中增值。从经营方式看，国有资本投资公司是混合控股公司，通过产业资本与金融资本的融合，提高国有资本流动性和配置效率，国有资本运营公司是纯粹控股公司，不从事具体的实业投资。从功能定位看，国有资本投资公司肩负实现国家战略目标和国有资本保值增值双重功能，国有资本运营公司主要肩负国有资本营利功能，重点是推动国有资本合理流动，提高国有资本经营效率。从作用方式看，国有资本投资公司侧重于发挥政府调控作用，弥补市场失灵，国有资本运营公司侧重于发挥市场机制的作用。

结合以上国有资本投资公司和运营公司的侧重点，由央企、地方国有企业母公司改组成立的国有资本投资公司经营范围主要涉及提供公共服务、具有前瞻性战略性意义、维护生态环境、支持科技进步、保障国家安全等，承担实现国家战略目标和国有资本保值增值目标的双重任务。国有资本运营公司经营范围主要涉及一般竞争性领域，负责国有资本在竞争性领域的重组配置，主要承担国有资本营利等任务。通过改组大型企业集团成立的国有资本投资公司，短期内保留混合控股性质，以投资和项目建设为主，通过投资实业拥有股权，同时探索产业资本与金融资本融合，开展资本运作。随着我国发展阶段提升和国有经济战略性调整逐步到位，积累了一定资本运营经验的国有资本投资公司，可以参考淡马锡控股公司模式，演变为专注于国有资本配置和再配置的资本运营公司，主要业务集中于股权投资和财务管理。

第六章　毫不动摇鼓励、支持、引导非公有制经济发展

社会主义初级阶段基本经济制度，不仅要坚持公有制的主体地位和国有经济的主导作用，而且要推动非公有制经济发展，使得公有制经济与非公有制经济共同发展。改革开放的经验表明：发展非公有制经济，有利于调整和优化所有制结构，促进经济发展更加具有活力，同时也可以为公有制发展提供多种有效的实现形式；有利于促进市场竞争，推动产业结构的优化和升级，促进国民经济快速发展；有利于引进吸收先进技术与管理经验，促进国际经济合作，有利于调动人民群众和社会各方面的积极性，方便人民生活，扩大就业，维护社会稳定。

经过改革开放，我国虽然取得了伟大成就，但仍处于社会主义初级阶段的基本国情没有变，我们仍然是一个发展中大国的状况没有变。鼓励、支持、引导非公有制经济，是我国经济社会发展的内在要求，绝不是权宜之计。党的十八届三中全会《决定》对非公有制经济发展做出了创新性的论述和重要部署，为非公有制经济发展提供了前所未有的理论支持、政策支持和纲领性的肯定。近年来，中央推出了一大批扩大非公有制企业市场准入、平等发展的改革举措，陆续出台了一大批相关政策措施，形成了鼓励、支持、引导非公有制经济发展的政策体系，非公有制经济发展正面临前所未有的良好政策环境和社会氛围。非公有制经济将迎来一个良好机遇期，非公有制经济发展的政策将会释放巨大能量，将为我国社会主义经济发展做出更大的贡献，为中国特色社会主义经济建设开创新的局面。

一、新中国非公有制经济的发展历程

（一）我国民营经济的发展历程

据国家统计局城乡就业统计数据显示，新中国成立初期，我国城镇个体劳动者有900万人左右，但通过1953~1956年的社会主义改造，个体工商业经济和私营经济基本被消灭，到1978年全国个体劳动者仅剩14万人。1956~1978年间，我国的民营经济一片空白。而从1978年改革开放后，始于农村家庭联产承包责任制即"包产到户"的变革，民营经济开始复苏。改革开放初期，民营经济的主力军是农村个体工商户和乡镇集体经济发展而来的乡镇企业；20世纪80年代中后期以来，个体、私营经济逐步成为民营经济的主题。

在改革开放的总方针、总政策的指引下，我国民营经济从无到有，从少到多，从小到大，经历了不断的发展，从中我们可以看出中国民营经济起步于个体经济，成长于私营经济，根据改革开放以来我们党始终坚持解放思想、实事求是的思想路线，民营经济的地位和作用的认识过程以及由此带来的民营经济发展的实践进程，中国民营经济30多年的发展大致经历了三个阶段：第一个阶段，1978~1992年。民营经济成为社会主义经济的补充力量。第二个阶段，1992~2002年。民营经济成为市场经济的重要补充。第三个阶段，2002年至今。个体经营户以及平等经济相互促进的新格局正在形成。

党对于非公有制经济的政策经历了一个长期探索实践、深化认识的过程。1978年，党的十一届三中全会开启了改革开放历史新时期，邓小平提出要允许一部分人、一部分地区先富起来，中国改革分步骤进行，这对民营经济分阶段发展产生了重要影响。1979年2月，国家工商行政管理局召开局长会议，提出各地可以批准一些有正式户口的闲散劳动力从事修理、服务和手工业者个体劳动，但不准雇工。这是十一届三中全会以后第一个允许个体经济发展的信号。1980年8月，中共中央在关于转发全国劳动就业会议文件的通知中明确提出允许个体劳动者从事法律许可范围内的、不剥削他人的个体劳动，指示有关部门对个体经济发展要予以支持，"不得刁难、歧视"。1981年，国务院出台《关于城镇非农业个体经济的若干政策规定》，明确指出了从事个体经营的公民是自食其力的独立劳动者,是国营经济和集体经济的必要补充,自此个体户得到了官方承认。

1982年,党的十二大提出鼓励和支持劳动者从事个体经营,个体经济是社会主义公有制经济的补充。1983年,中共中央在《关于当前农村经济政策的若干问题》文件中,提出对私营经济"不宜提倡,不要公开宣传,也不要急于取缔"的"三不"政策,采取了"看一看"的态度,实际上保护了私营经济发展。1984年4月13日,辽宁省大连市的姜维影书社领到了国家工商行政管理局颁发的中国第一家私营企业的营业执照。与农村个体工商户相比,城市个体工商户相对较少,不论从个体工商业的户数还是从业人数看,农村个体工商业经济比重大于城镇。具体如表6-1所示。

表6-1　　　　　城乡个体工商经济发展规模比较表

年份	全国城乡个体户		城镇个体户				农村个体户			
	户数（万户）	人数（万人）	户数（万户）	百分比（%）	人数（万人）	百分比（%）	户数（万户）	百分比（%）	人数（万人）	百分比（%）
1981	182.9	227.4	86.8	47.5	105.6	46.4	96.1	52.5	121.8	53.6
1982	263.6	319.8	113.2	42.9	135.8	42.5	150.4	57.1	184.0	57.5
1983	590.1	746.5	170.6	28.9	208.6	27.9	419.5	71.1	537.8	72.1
1984	930.4	1303.1	222.2	23.9	291.1	22.3	708.2	76.1	1012.0	77.7

资料来源:王克忠:《非公有制经济论》,上海人民出版社2003年版,第13页。

总之,1978~1984年是个体工商业的兴起时期,个体工商业经济出现超常规发展,其发展速度在20%~40%之间。1979年底个体工商业的从业人员人数为31万人,第二年又翻番,发展为超过80万人,到1984年底从业人数超过1300万人。具体如表6-2所示。

表6-2　　　　　个体工商户及其从业人员增长比较表

年份	户数		从业人员	
	户数（万户）	比上年增长（%）	人数（万人）	比上年增长（%）
1978	—	—	14.0	—
1979	—	—	31.0	

续表

年份	户数		从业人员	
	户数（万户）	比上年增长（%）	人数（万人）	比上年增长（%）
1980	—	—	80.6	—
1981	182.9	—	227.4	—
1982	263.6	42.6	319.8	40.6
1983	590.1	126.1	746.5	133.4
1984	930.4	58.1	1303.1	74.6

资料来源：王克忠：《公有制经济论》，上海人民出版社2003年版，第10页。

1987年，党的十三大提出私营经济也是公有制经济必要和有力的补充。1988年4月，全国人大七届一次会议通过的《中华人民共和国宪法修正案》第十一条增加规定："国家允许私营经济在法律规定的范围内存在和发展，私营经济是社会主义公有制经济的补充。"国家保护私营经济的合法权利和利益，对于私营经济实行引导、监督和管理。根据《宪法》，同年6月国务院第4号令发布了《中华人民共和国私营企业暂行条例》。私营企业有了法律地位和经济地位，名正言顺地发展起来。

这一时期，个体工商业经济迅速发展，1985年，我国个体工商户突破1000万户，达到1171万户，从业人员1766万人。从1986年开始，个体工商业经济进入稳定发展阶段。具体如表6-3所示。

表6-3　　　　　　个体工商户及其从业人员增长比较表

年份	户数		从业人员	
	户数（万户）	比上年增长（%）	人数（万人）	比上年增长（%）
1985	1171.0	25.5	1766.0	35.5
1986	1211.1	3.4	1845.9	4.5
1987	1372.5	13.4	2158.3	16.9
1988	1452.7	5.8	2304.9	6.8

资料来源：王克忠：《公有制经济论》，上海人民出版社2003年版，第13页。

这个阶段个体经济呈现出了以下特点：首先，规模不断扩大。至1988年，注册登记的城乡个体工商户1452.7万户，从业人员2304.9万人，其中城镇从业人员578.4万人，农村从业人员1736.5万人（见表6－4）。其次，区域分布不均。无论以户数还是从业人员为标准，个体工商业比较发达的地区，都是一些人口数量大的省份，如山东、河北、河南、湖南，这是个体工商业经济不同于私营经济的特点，它和个体工商业经济发展自身的特点有关，所需资金少，易于投入，也与这些地区农村劳动力大量过剩，需要通过发展个体工商业经济寻求机会有关。再次，个体经济主要集中于农村。农村个体工商户数量多于城镇个体工商户数量，农村个体工商户占3/4强，而城市个体工商户只占不到1/4，而且这个趋势一直到2002年底也没有发生实质性的变化。最后，从增量上来看，城镇个体工商户的增长速度大于农村个体工商户。从1986年起，农村个体工商户及其从业人员在总户数和从业人员中的比重不断下降。

表6－4　　　　　　　　城乡个体工商业经济发展规模比较表

年份	全国城乡个体户 户数（万户）	全国城乡个体户 人数（万人）	城镇个体户 户数（万户）	城镇个体户 百分比（％）	城镇个体户 人数（万人）	城镇个体户 百分比（％）	农村个体户 户数（万户）	农村个体户 百分比（％）	农村个体户 人数（万人）	农村个体户 百分比（％）
1985	1171.0	1766.0	279.9	23.9	383.9	21.7	891.5	76.1	1382.1	78.3
1986	1211.1	1845.9	291.0	24.0	407.6	22.1	920.1	76.0	1438.6	77.9
1987	1372.5	2158.3	338.3	24.6	492.3	22.8	1034.2	75.2	1666.0	77.2
1988	1452.7	2304.9	382.3	26.3	578.4	25.1	1070.4	73.1	1736.5	74.9

资料来源：王克忠：《公有制经济论》，上海人民出版社2003年版，第10页。

总之，1989~1992年邓小平同志南方谈话之前，中国的个体经济和私营经济出现了大幅下滑，从中国民营经济的发展过程来看，这一时期处于曲折徘徊的阶段。当时的民营经济十分脆弱，一有风吹草动，对它就能产生致命影响。如表6－5、表6－6所示。

表6-5　　　　　　　　个体工商户及其从业人员比较表

年份	户数		从业人员	
	户数（万户）	比上年增长（%）	人数（万人）	比上年增长（%）
1988	1453	5.8	2305	6.8
1989	1247	-14.2	1941	-15.8
1990	1328	6.6	2093	7.8
1991	1417	6.7	2258	7.9

注：本表数据中户数、人数进行了四舍五入。
资料来源：王克忠：《公有制经济论》，上海人民出版社2003年版，第10页。

表6-6　　　　　　　　1989～1991年私营经济发展情况表

年份	户数		从业人员		注册资本		产值	
	总量（万户）	增长（%）	总量（万人）	增长（%）	总量（亿元）	增长（%）	总量（亿元）	增长（%）
1989	91000	—	164	—	84.5	—	97.4	—
1990	98141	8.35	170	3.66	95	13.10	122	23.17
1991	107843	9.89	184	8.24	123	29.47	147	17.11

资料来源：王克忠：《公有制经济论》，上海人民出版社2003年版，第30页。

1992年春季，邓小平南方谈话提出了"三个有利于"标准，为所有制改革扫除了理论上的障碍。同年10月召开党的十四大，提出把建立和完善社会主义市场经济体制作为经济体制改革的目标，提出了"以公有制为主体，以个体经济、私营经济、外资经济为补充的多种经济成分长期共同发展"的方针，并指出"不同经济成分还可以实行多种形式的联合经营"的所有制结构，从而肯定了非公有制经济可以和公有制经济合作共存、共同发展，这是中国所有制结构改革的一次重大飞跃，标志着中国社会主义初级阶段所有制结构理论和政策的初步形成。1997年，党的十五大把以公有制为主体、多种所有制共同发展确定为我国社会主义初级阶段的一项基本政策，并明确提出非公有制经济是社会主义市场经济的重要保证。

1999年3月，全国人大九届二次会议将原来《宪法》第11条的把私营经济作为"社会主义公有制经济的补充",修改为"是社会主义市场经济的重要组成部分",虽然只是几个字的区别,但其蕴含的意义深远而重大。党对非公有制经济认识上的这一突破,为非公有制经济的发展提供了理论和制度的保障,注入了强大的动力。同年8月,全国人大常委会通过了《中华人民共和国个人独资企业法》,私营经济的法律地位再次得到提高。

由表6-7数据可知,1992~2002年间,个体工商户数从1534万户增长至2378万户,年均增长4.48%,其中,1992~1998年间,个体工商户数经历了从1534万户至3120万户的快速上升,增长超过1倍,平均年增长率达到12.56%,个体工商户从业人数也从2468万人快速上升至6114万人,增长近1.5倍。1998年之后,个体工商户数经历了趋稳乃至下降的过程。而与此同时,1992~2002年间,私营企业从14万户增长至244万户,年均增长33.09%,其中1998~2002年间,私营企业从120万户增长至244万户,增长超过1倍,这一时段体现了个体工商户通过优胜劣汰、发展合并向私营企业、股份制企业转型的趋势。在就业方面,1992~2002年间,个体工商户就业人口从2468万人增长至4743万人,年均增长率6.75%,其中城镇就业人口从740万人增长至2269万人,年均增长率11.86%,乡村就业人口从1728万人增长至2474万人,年均增长率3.66%。私营企业就业人员从232万人增长至3409万人,年均增长率30.84%,共增长13.7倍,其中城镇就业人口从98万人增长至1999万人,年均增长率达35.19%,共增长19.4倍,乡村就业人口从134万人增长至1411万人,年均增长率26.53%,共增长9.5倍。这一阶段,个体工商户和私营企业的发展为扩大就业发挥了十分重要的作用,尤其是私营企业就业人数随着企业户数经历了高速的增长,而其中城镇就业人员的增速又显著高于乡村地区。

表6-7　　　　1992~2002年个体、私营经济的发展状况表

年份	个体工商户				私营企业			
	户数 (万户)	就业人数 (万人)	城镇就业 (万人)	乡村就业 (万人)	户数 (万户)	就业人数 (万人)	城镇就业 (万人)	乡村就业 (万人)
1992	1534	2468	740	1728	14	232	98	134
1993	1767	2939	930	2010	24	373	186	187

续表

年份	个体工商户				私营企业			
	户数（万户）	就业人数（万人）	城镇就业（万人）	乡村就业（万人）	户数（万户）	就业人数（万人）	城镇就业（万人）	乡村就业（万人）
1994	2187	3776	1225	2551	43	648	332	316
1995	2529	4614	1560	3054	66	956	485	471
1996	2704	5017	1709	3308	82	1171	620	551
1997	2851	5442	1919	3522	96	1349	750	600
1998	3120	6114	2259	3855	120	1709	973	737
1999	3160	6241	2414	3827	151	2022	1053	969
2000	2571	5070	2136	2934	176	2407	1268	1139
2001	2433	4760	2131	2629	203	2714	1527	1187
2002	2378	4743	2269	2474	244	3409	1999	1411
年均增长（%）	4.48	6.75	11.86	3.66	33.09	30.84	35.19	26.53

资料来源：根据国家统计局数据整理。

2002年，党的第十六届全国代表大会通过了私营企业的经营者可以加入中国共产党的决议，使得私营企业家在中国的社会地位进一步提高。党的十六大明确提出，毫不动摇地巩固和发展非公有制经济，毫不动摇地鼓励和推动经济发展。党的十七大提出，平等保护人权，形成各种所有制经济平等竞争，相互促进新格局。十六大前后个体、私营情况变动如表6-8所示。

表6-8　　　　　十六大前后个体、私营企业情况变动表

年份	个体企业					私营企业				
	户数（万户）	增幅（%）	从业人员（万人）	增幅（%）	注册资本（亿元）	增幅（%）	户数（万户）	增幅（%）	从业人员（万人）	增幅（%）	注册资本（亿元）	增幅（%）
2001	2433	-5.82	4760	-6.11	3436	3.65	202	15	2714	12	18212	36
2002	2377	-2.28	4743	-0.36	3782	10.07	243	20	3409	25	24756	35
2003	2353	-1.09	4636	-2.05	4187	10.71	300	23	4088	19	35000	41

资料来源：根据黄孟复：《中国民营经济发展报告No.1（2003）》，社会科学文献出版社2004年版，前言部分第1页；张厚义、明立志：《中国私营企业发展报告（2003）》，社会科学文献出版社2004年版，第3、4、7、23页进行整理。

2004年，全国人大十一届二次会议通过的《中华人民共和国宪法修正案》规定，国家保护非公有制经济的合法权利和利益，国家鼓励支持和引导非公有制经济的发展，并对非公有制经济依法实行监督和管理。2005年，国务院颁布了《关于鼓励支持和引导个体私营等非公有制经济发展的若干意见》，这是新中国成立以来第一份全面促进非公有制经济发展的政策性文件。

这一时期，非公有制经济平等参与市场经济竞争制度基本确立，对大力发展和引导非公有制经济提出了鼓励性政策，民营经济进入大发展的黄金时期。如表6-9所示，全国实有企业大幅度增长，在2004~2013年期间，年平均增长率达到8.49%，其中私营企业增长最快，年平均增长率达到13.22%，私营企业数占全国实有企业总数比重从49.45%提高至80.43%。在这一时期，个体工商户从2377万户增加至4059万户，年平均增长率达到6.13%；全国总计（指实有企业数与个体工商户的总计）由3111万户增加至5587万户，年平均增长率达到6.72%。从创业视角看，不包括农村从事农业劳动力，全国市场经济主体总计数占全国总人口比例从2004年的2.39%上升至2013年的4.11%，显示了这一时期大大地激活了各类市场经济主体。他们成为创造经济总量、贸易总量和新增就业的主体。

表6-9　　　　2004~2013年个体、私营企业情况变动表

年份	全国实有企业总数（万户）	私营企业（万户）	私营企业比重（%）	个体工商户（万户）	全国总计（万户）	相当于全国总人口比例（%）
2004	734	402	49.45	2377	3111	2.39
2005	857	472	55.08	2353	3210	2.45
2006	919	544	59.21	2350	3269	2.49
2007	964	603	62.56	2464	3428	2.59
2008	971	657	67.67	2596	3567	2.69
2009	1043	740	70.98	2742	3785	2.84
2010	1136	846	74.40	2917	4053	3.02
2011	1253	968	77.22	3453	4706	3.49

续表

年份	全国实有企业总数（万户）	私营企业（万户）	私营企业比重（%）	个体工商户（万户）	全国总计（万户）	相当于全国总人口比例（%）
2012	1367	1086	79.45	3756	5123	3.78
2013	1528	1229	80.43	4059	5587	4.11
2004~2013年平均增长率（%）	8.49	13.22	5.55	6.13	6.72	6.18

资料来源：根据中国国家统计局数据计算整理。

目前，党和国家关于促进非公有制经济发展的方针、政策、法律法规体系已经基本形成，并仍在不断完善。进入21世纪以来，民营经济在中国的社会经济中的地位和作用发生了历史性的变化，据国家工商总局数据，截至2015年3月，我国共有私营企业1991.5万户，个体工商户5503.4万户，私营企业成为数量最多的企业之一。

（二）我国外资经济的发展历程

1978年，党的十一届三中全会初步确立以利用外资、建立涉外企业为核心的对外开放方针，1979~1981年间，先后建立了深圳、珠海、厦门和汕头四大经济特区，开始了引进外资的大胆实践，外资的引入逐渐从每年几百个项目、几十亿美元的规模开始发展起来。如图6-1所示，国家统计局数据关于外资引入可查的最早年份为1983年，实际利用外资22.6亿美元，在几乎零基础的情况下，我国外资经济的发展随着对外开放的深入逐渐发展起来，这一时期外资经济发展采取的主要方式包括"三来一补"：来样加工、来料加工、来件装配和补偿贸易。就是在1983年，国务院先后在5月和9月召开第一次利用外资工作会议，发出了《关于加强利用外资工作的指示》，指出要把利用外资作为我国发展经济的长期方针，同时重视引用外资加强对现有企业的技术改造。1984年，邓小平视察深圳、珠海、厦门特区时明确了进一步扩大对外开放、加快利用外资并引进技术的战略方针。这一阶段属于我国从排斥到引进外资的实验阶段。1986年，全国实际利用外

资 76.28 亿美元，是 1983 年的近 3.5 倍。

(亿美元)

图 6-1 实际利用外资情况

资料来源：中国国家统计局。

经过一段时间的探索，1986 年国务院发布了《关于鼓励外商投资的规定》，对外商特别是高技术企业在税收、土地、劳务费、利润分配等方面的优惠政策进行了规定，这一阶段出现了全国各地为争夺外商投资通过优惠条件进行过度竞争的情况。1987 年，六届人大五次会议通过的《政府工作报告》提出了利用外资的三条原则：外债总额要控制，外债结构要合理，要同自己的偿还能力和消化能力相适应；一定要用在生产建设上；要讲求经济效益，创造纯收入。报告将引进外资的侧重点放在了出口创汇企业、进口替代企业和先进技术企业上，并指出利用外资是为了弥补资金、技术和管理缺口，应当将间接引资为主逐渐转变为直接引资为主。1988~1991 年四年间，每年实际引用外资稳定在 100 亿美元左右。整个 20 世纪 80 年代至 90 年代前两年，外资经济主要起到"有益的补充"作用。

1992 年春天，邓小平发表了影响深远、意义重大的南方谈话，同年，党的十四大确立了社会主义市场经济体制改革目标，我国对外开放和引进外资进入了快速的轨道。1992 年当年，我国实际利用外资 192 亿美元，比上年增长 66%；次年我国实际利用外资 389.6 亿美元，比上年翻一番；20 世纪 90 年代中期外资快速增长由此开始，至 1997 年我国实际利用外资 644 亿美元，是 1990 年的 6 倍。这一阶段，我国对外资由单纯的鼓励和优惠政策转向互利共赢，并逐步对外资实行国民待遇，引入竞争机制。

经过20世纪末,由于金融危机等原因,外资利用额短暂回落。2001年,中国加入世界贸易组织,对外开放进入新的历史时期,从2002年开始,我国实际利用外资额开始了逐年的上升,至2015年实际利用外资1262.67万美元。与此同时,外资企业在就业、贸易等方面起到了越来越大的作用。如图6-2所示,2005~2015年10年间,外资企业出口贸易额从4442亿美元上升至10046亿美元,进口贸易额从3875亿美元上升至8289亿美元,总贸易额从8317亿美元上升至18335亿美元,分别增长126.2%、113.9%和120.4%。如图6-3所示,港澳台资企业和外资企业就业人口分别增长至1344万人、1446万人,分别是2000年的4.34倍和4.36倍。随着外资经济在国民经济中地位的上升,应积极改变过去简单的代工模式,引导外资进入高技术领域、战略性新兴产业领域和现代服务业领域。

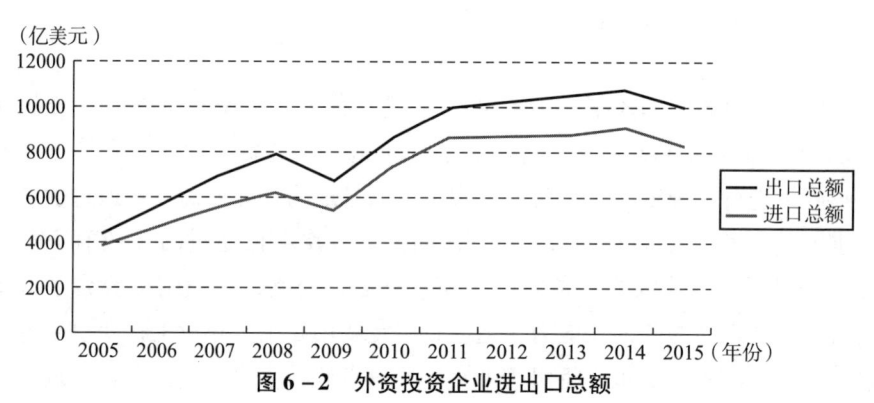

图6-2 外资投资企业进出口总额

资料来源:中国国家统计局。

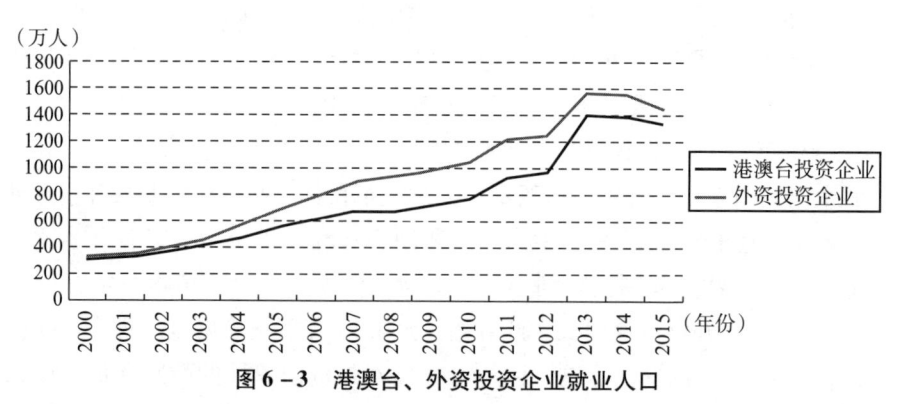

图6-3 港澳台、外资投资企业就业人口

资料来源:中国国家统计局。

(三) 我国国有企业混合所有制改革历程

我国对于国有企业混合所有制改革的认识和实践经历了较为曲折的、渐进式的发展历程，而这也反映在党中央历次重大会议关于混合所有制的政策和提法之中。改革开放之初，1981年，党的十一届六中全会提出，国有经济和集体经济是中国基本的经济形式，而一定范围内的劳动个体经济是公有制经济的必要补充形式。这一时期我国对于非公有制经济的探索才刚刚开始，尚未提出混合所有制的概念，但实际上关于合营经济在所有制政策初步放开之下已经产生了萌芽。次年党的十二大提出，必须坚持国营经济的主导地位和发展多种经济形式，按照有利生产和自愿互利的原则，促进多种形式的经济联合，支持合作经济的发展。这一政策使得初步的所有制混合经营形式以经济联合、合作经济的方式登上了历史舞台。1984年，党的十二届三中全会提出，个体经济是对社会主义经济必要的有益的补充，这意味着非公有制经济在这次全会上得到了肯定并得到迅速发展。全会还指出，应在自愿互利的基础上广泛发展全民、集体、个体经济之间灵活多样的合作经营和经济联合，有些小型全民所有制企业还可以租给或包给集体或劳动者个人经营。在这一时期，改革的深化进一步打破了全民、集体、个体所有制之间的藩篱，从政策上肯定了集体和个体劳动者租、包全民所有制企业进行经营的行动，但这一时期的全民所有制企业承包经营仍限于小型规模。

1987年，党的十三大提出，除了全民所有制、集体所有制之外，还应发展全民所有制和集体所有制联合建立的公有制企业，以及各地区、部门、企业互相参股等形式的公有制企业。20世纪80年代末90年代初，非公有制经济发展迅速，理论界对于所有制结构、国有企业的改革方式、混合所有制改革的实现形式等进行了激烈的讨论。1992年，党的十四大确定了社会主义市场经济制度，在所有制结构问题上，这次大会提出，以公有制包括全民所有制和集体所有制为主体，个体经济、私营经济、外资经济为补充，多种经济成分长期共同发展，不同经济成分还可以自愿实行多种形式的联合经营。1993年，党的十四届三中全会提出，随着产权的流动和重组，财产混合所有的经济单位越来越多，将会形成新的财产所有结构。这一阶段，对于混合所有制改革和产权制度的认识随着实践的推进被逐渐深化，新的政策也促进了国有企业的改革推进。

1997年，党的十五大把坚持公有制为主体、多种所有制共同发展，坚持按劳分配为主体，多种分配方式并存确定为我国在社会主义初级阶段的基本经济制度和分配制度。党的十五大是对于非公有制经济和混合所有制改革意义重大的一次会议。会议提出，公有制经济不仅包括国有经济和集体经济，还包括混合所有制经济中的国有成分和集体成分，公有制形式可以而且也应该多样化。同时，会议还指出，一切反映社会化生产规律的经营方式和组织形式都可以大胆利用。2002年，党的十六大进一步确定指出，除极少数必须由国家独资经营的企业之外，要积极推行股份制，发展混合所有制经济。党的十六届三中全会和十七大则分别提出，应大力发展国有资本、集体资本和非公资本等参股的混合所有制经济和应以现代产权制度为基础，发展混合所有制经济。

党中央对于混合所有制的认识经历了随着实践的推进逐渐深化的过程，而期间所有制政策发展的总体趋势随着认识的深化越来越务实，越来越符合生产力发展的需要，对于混合所有制发展也越来越持肯定的态度。党的十八大提出，要毫不动摇地巩固和发展公有制经济，推行公有制多种实现形式，深化国有企业改革，完善各类国有资产管理体制。党的十八届三中全会指出，要积极发展混合所有制经济。国有资本、集体资本、非公有资本等交叉持股、相互融合的混合所有制经济，是基本经济制度的重要表现形式，有利于国有资本放大功能、保值增值、提高竞争力，有利于各种所有制资本取长补短、相互促进、共同发展。允许更多国有经济和其他所有制经济发展成为混合所有制经济。国有资本投资项目应允许非国有资本参股。允许混合所有制经济实行员工持股、形成资本所有者和劳动者利益共同体。党的十八届三中全会之后，混合所有制改革的重要性被提到前所未有的高度，混合所有制改革实践也被推向前所未有的深度和广度。

二、经济制度下发展非公有制经济的重要意义

前面已经讨论，作为我国现阶段社会主义市场经济的重要组成部分，非公有制经济是我国国民经济发展的重要源泉和推动力，同时，非公有制经济在扩大就业、促进城乡协调发展、完善社会主义市场经济体制、促进社会各项事业发展等方面，同样具有重要的意义。

(一) 非公有制经济创造了大量城乡就业岗位

改革开放以来，非公有制经济在飞速的发展中在城乡创造了大量的就业岗位，促进了我国城乡居民收入的提高，为我国解决就业问题、民生问题、农村剩余劳动力转移问题乃至社会稳定问题，做出了巨大的贡献。根据国家统计局数据，截至 2015 年，全国共有个体经营户 5407.94 万户，产生就业人口 11682.2 万人，共有私营企业 1908.23 万户，产生就业人口 16394.9 万人，个体经营户与私营企业就业人口分别占总就业人口的 15.08% 和 21.17%，共占就业人数的 36.25%。其中，乡村个体经营户产生就业人口 3882.3 万人，乡村私营企业产生就业人口 5215.2 万人，分别占乡村总就业人口的 10.48% 和 14.08%，共占 24.56%，即接近 1/4。城镇个体经营户产生就业人口 7799.9 万人，城镇私营企业产生就业人口 11179.7 万人，分别占城镇总就业人口的 19.30% 和 27.67%，共占城镇总就业人口接近 47%。同时，2015 年港澳台商投资单位产生城镇就业人口 1344 万人，外商投资单位产生城镇就业人口 1446 万人，分别占城镇总就业人口的 3.33% 和 3.58%，共占城镇总就业人口的 6.91%。从而，个体经营户、内资私营企业和港澳台商投资企业、外商投资企业共创造了接近 54% 的城镇就业岗位。2015 年，城镇居民实现人均可支配收入 31195 元，比上年增长 8.15%，乡村居民实现人均可支配收入 11422 元，比上年增长 8.90%。个体经济、私营经济、外资经济等非公有制经济的发展，创造了大量城乡就业岗位，从多渠道、多方面促进了城乡劳动力就业，从而也促进了国民收入的增加和人民生活水平的改善。

(二) 非公有制经济有利于统筹城乡协调发展

实践证明，非公有制经济尤其是其中的个体经济和私营经济，对于发展农村经济、提高农民收入、促进农业商品化、统筹城乡协调发展有着重要的意义。首先，农村农业生产个体、经营个体传统上较为分散，个体经济和私营经济业务经营的灵活性，在农村经济发展中有着独特的优势。其次，个体经济和私营经济在农产品、农村传统手工艺品商品化过程中效率更高，在这些商品的流通过程中发挥了很大的作用。最后，我国民营经济与农村、农民、农业有着天然的联系，许多民营经济企业由改革开放初期的农村个体户、创业农民、乡镇企业等发展而来，这些企业对于农村经济情况、产能优势、农民需求比较了解，天然适合担当沟通城乡二元经济的桥梁，而二元经济结构的最终打破，也更多地需要民营经济的发展。一方面，民营经济经营范围广，遍布城乡各个角落，可以充分涵盖农村经济的各个层面；另一方面，民营经济用人制度更为灵活，需要各个方面的人才，发展民营经济所产生的就业带动效应的广泛性和多样性，对于吸收农村剩余劳动力有着国有企业难以替代的优势。同时，在当今我国的城镇化进程中，民营经济的发展有利于更多的社会资金投入到城镇化建设中去，外资经济对于城镇化发展的投资也前景广阔。因而，非公有制经济的发展对于统筹城乡协调发展、提高农村居民生活水平乃至最终打破城乡二元经济结构都已经起到并将继续起到重要的作用。

（三）非公有制经济有利于我国社会主义市场经济体制的发展健全

社会主义市场经济理论和体制的发展健全，并不是依靠闭门造车，而是在市场经济的发展过程中，在实践的成功和挫折中逐步完善的，而在其中，非公有制经济作为现阶段我国社会主义基本经济制度的重要组成部分，对于基本经济制度的深化、对于我国社会主义市场经济的理论探索和实践发展起到了重要的作用。首先，非公有制经济的发展繁荣、人民生活水平的提高，本身就从实践证明了我国社会主义基本经济制度和社会主义市场经济体制的正确性。其次，非公有制经济在改革中发展，又不断在现实中提出新的实践问题，给改革带来了源源不断的推力，为社会主义市场经济体制的丰富完善提供了动力。最后，非公有制经济以自身发展使得体制内和社会上存在的所有制歧视和壁垒渐渐消除，大大改善了社会主义市场经济发展初期广泛存在的计划经济遗留问题，推动市场经济体制不断自我完善。其中，混合所有制改革改变了国企原有体制中不符合生产力发展需要的制度因素，使得国有企业建立了符合市场经济的现代管理体制，真正向现代市场竞争主体转轨。外资经济不仅带来了我国市场经济发展初期所急需的资本，同时也带来了先进技术和管理理念，既对国内企业产生了外溢效应，也对市场经济的发展完善起到了重要的作用。

（四）非公有制经济丰富了社会主义市场经济竞争主体

成熟的社会主义市场经济体制离不开丰富的、充满生命力的市场竞争主体，在大多行业中，充分的竞争才能带来充分的效率，使得价格机制作为资源配置的工具充分运转，发挥市场对于资源配置的决定性作用，使得资源得到有效配置。所有制改革之前，产品和服务提供者较为单一，使得生产者缺乏竞争机制的鞭策，改进效率的激励较弱。产品和服务供给者数量少、结构单一、效率低下，严重阻碍了生产力的解放发展和人民生活水平的提高。非公有制经济的发展、民营企业的蓬勃壮大和外资企业的进入，丰富了社会主义市场经济竞争主体，不仅非公有制经济本身得到了发展，也促使国有企业通过改制提高效率、完善内部竞争机制。而在市场的另一侧，广大消费者也从消费品和服务供应者的竞争中规避了垄断损失，获得了更大利益。除了产品和服务市场，非公有制经济也丰富了劳动市场竞争，使劳动者有了更丰富的参与劳动、展开事业的路径和选择。在竞争中实现人尽其才、人尽其用的同时，也促使劳动者有更大的动力提高自身人力资本投资，以在激烈竞争的要素市场上取得先机。与此同时，非公有制经济的发展也推动了资本、土地等要素市场的逐渐完善，在竞争中提高了各种生产要素的利用效率。

（五）混合所有制改革的推进提高了市场竞争主体效率

混合所有制改革通过整体上市、国企并购、民企参股、员工持股等方式，将民间资本引入国有企业所有结构之中，同时推动了国有企业内部治理结构和管理方式的转型。混合所有制改革不但加强了国有资本的利用效率和控制范围，也使得国有企业真正以市场经济主体的经营方式参与到竞争当中，对于国有企业的发展意义重大。首先，混合所有制改革的推进一定程度上改善了大型国有企业中存在的政企不分等问题，建立起了适应现代市场经济的公司内部治理结构，董事会、监事会、总经理等各司其职，财务管理、内部控制、风险系统等企业内部职能趋向管理现代化、科学化。其次，混合所有制改革一定程度上减轻了国有企业预算软约束的问题，使得资金利用更有效率。再次，混合所有制改革有助于职业经理人制度和市场化人事管理和激励制度在国有企业的建立，促使国有企业改革前人事制度过于行政化、管理官僚化的问题得到解决。同时，混合所有制改革中员工持股计划的推进使得国企员工和企业真正成为利益共同体，在股权激励与其他激励方式的共同作用下，体制改革前占着编制"混到老"的隐性失业问题显著改善。最后，混合所有制改革将民间资本引入了部分垄断领域，促进了行业的竞争发展。

尽管在部分领域，目前民间资本的进入仍有较大的限制，但随着混合所有制体制改革的逐渐深化，竞争的市场形态将会成为趋势。

（六）外资经济有利于技术引进和管理模式创新

"引进来"战略是我国对外开放基本国策的一部分，外资经济的引入，多种中外经济合作、企业合资模式的展开，不仅提供了我国在社会主义市场经济发展初期亟须的资金，促进了我国经济的高速发展，也带来了技术的外溢和先进的管理模式。创新理论认为，技术创新的开展有引进式创新和完全自主创新两种形式，对于在技术上和经济上处于双重"追赶"阶段的经济体而言，在一些完全自主创新尚不具备条件或成本代价过高的技术领域，通过引进式创新对国外先进技术进行符合自身情况的吸收改进、为我所用，不失为问题的更优解决方式。外资经济的引入产生的外溢效应不仅仅在于技术领域，国外企业先进管理模式的引入对于我国企业管理的规范化发展也起到了非常重要的作用。国内外的企业管理实践已经充分表明，管理创新能够促使劳动者和其他劳动要素更为有效地结合，从单位时间和成本投入中获得更大的产出，泰罗制、福特制、丰田制等不同时期全世界先进的管理制度，都很大程度上改变了人类工业发展和企业发展的历史。在今天，引进国外资金投入我国经济发展依然具有十分重要的意义，而更为重要的则是引进世界领先企业的先进经营和管理理念，并结合我国企业和劳动者的实际情况进行再创新，通过管理模式的改进实现劳动者与其他要素的更有效结合，释放出更大的生产力。

（七）非公有制经济发展有利于各项社会事业的进步

随着民营经济的发展和观念的进步，民营企业在各项社会事务尤其是慈善事业中的重要性越来越强。民政部主管的中民慈善捐助信息中心所统计的捐赠数据显示，中国2013年社会捐赠总量中，企业捐赠689.33亿元，占比69.67%，民营企业捐赠占企业捐赠的60%。在2014年的企业捐赠比例中，民营企业排名第一。在企业的大额捐赠中，捐赠最多的100家企业平均捐赠超过亿元，上榜企业多为中国民营企业500强，民营企业贡献了大额捐赠中的四成。

民营企业参与公益慈善已经由零星、偶发转变为普遍、常态。随着我国慈善事业发展日趋规范，民营企业对公益慈善事业的认识逐渐深化，参与公益慈善的企业数量逐渐增大，参与公益慈善的连续性、长期性逐渐增强，呈现普遍化的趋势，逐渐从零星、偶然的大额应急捐赠转向辐射面广、灵活性强、便于常态化实施的小额捐赠，更加关注于某一个或若干个领域的捐赠工作。根据全国工商联对 1.2 万家企业的调查，2014 年，有公益慈善捐赠行为的企业为 8191 家，占被调研企业的比例为 65.5%，持续参与公益慈善活动的企业也已超过 60%。

同时，近年来民营企业基金会蓬勃发展，呈现强大的活力。除了向公益组织直接捐赠以外，越来越多的民营企业开始设立基金会。2004 年 6 月《基金会管理条例》开始施行，打开了民间资本设立基金会的政策大门。基金会中心网数据显示，截至 2015 年 4 月底，我国企业基金会已有 565 家，其中民营企业基金会 441 家，占企业基金会总数的 78%，成为企业基金会的绝对主力。这些民营企业基金会独立性越来越强、商业化运作越来越成熟，以其独特的创新性、前瞻性，在项目运作和解决社会问题方面展现出蓬勃生机。

（八）非公有制企业是创新进步的重要推动力量

创新是推动企业不断发展、社会不断进步的原动力，非公有制经济企业在引导社会资金投入创新研发、将科技创新成果转化为经济发展动力方面发挥着重要作用，是推动创新进步的重要力量。在创新领域，大型国有制企业凭借资金力量雄厚、技术能力强等特点，容易在市场占得先机，而中小型民营企业在自身管理体制、创新动力上也有着其独特的优势。第一，民营企业往往利润最大化目标导向性明确，预算硬约束强，使得其创新研发费用的投入更具有应用性，投入产出管理也更为有效率，更注重成果的转化；第二，民营企业管理层级相对扁平，决策者离市场的"硝烟味"更近，要在原子式的竞争市场生存和发展下去，中小型民营企业有更大的动力进行创新；第三，民营企业决策较为灵活，在市场出现新的机会时，可以更及时地做出应对；第四，在一些较为容易被大型企业忽略的技术领域，中小型民营企业可能通过做专做精，形成其比较优势，对于一些在大企业层级下难以"冒尖"的技术人才和技术团队，凭借其自身技术特长进行创业，或在中小企业中担任核心技术岗位，更可以在创新中发挥其优势；第五，技术改进式的创新活动往往需要对于已有技术、成熟技术进行成千上万次的重复实验和操作，才能找出改进方法，而在这些领域，大量的民营企业生产活动为创新提供了宝贵的实践经验。

三、现阶段非公有制经济发展所面临的问题和挑战

（一）市场机制仍有待完善

由于我国实行社会主义市场经济体制时间还不长，市场机制仍有待完善。而在现阶段，我国市场机制不完善性主要来自于两个方面。一方面来自于市场机制本身固有的缺陷，在我国市场经济当前发展阶段表现较为突出。例如，信息不对称往往导致资源配置扭曲，在垄断行业尤其是对于非公有制经济设置高壁垒的国有垄断行业中，价格作为市场资源配置手段的作用失灵导致效率损失，由于知识产权制度不完善导致整体创新不足，市场规则和法律法规不健全导致厂商行为出现严重外部性问题等。而另一方面则源于市场经济与我国社会主义制度相结合过程中，由于社会主义市场经济体制是前无古人的伟大探索，政府对于市场有效的干预程度和调控手段仍处在摸索之中。在我国当前市场经济体制下，仍典型性地存在政府对于垄断、信息不对称等市场缺陷调控不足，而对于部分商品价格和生产要素市场干预过度的情况。同时，计划经济体制遗留下的诸如地方保护主义、政府过度干预市场竞争等缺陷，也损害了市场体制机制的运行。在我国当前背景下，非公有制经济尤其是中小型民营企业由于面对政府议价谈判能力较弱，更容易成为不健全市场机制中的弱势群体，而民营企业容易遭遇的部分地方政府契约精神缺乏、交易费用高等问题也进一步限制了非公有制经济的发展。

（二）所有制壁垒和歧视问题依然存在

改革开放特别是确立社会主义市场经济体制以来，对于非公有制经济作为平等市场竞争主体的引导和保护性法律法规越来越健全，制度上对于非公经济的所有制壁垒和歧视已得到很大的缓解。然而，在实际经济运行中，所有制壁垒和歧视仍然存在、难以避免。首先，这一问题来自于我国社会中仍存在的"官本位"乃至"国有本位"思想，使得民营企业在被赋予行政级

别的国有企事业单位面前难以以平等的竞争者和合作者自居，这也使得民营企业在与中央部委和地方政府的博弈中，难以获取与其规模相当的国有企业相对应的谈判能力。其次，民营企业在面对银行等金融机构寻求融资时，在风险评估上也难以享受到国有企业隐性的"国家担保"福利，同时也往往缺乏相应政治关联度和政治资源，使得其在融资市场处于劣势地位。最后，现阶段难以解决的是在社会上存在的无形的所有制歧视和壁垒问题，包括在信息不对称条件下对于企业资质和实力的预期，乃至人才就业市场上对于国有企事业单位"编制"的偏好性等，是长期存在的系统性问题。因而，在我国现阶段基本经济制度下，在坚持公有制为主体的基本原则、坚持国有经济的主导地位的同时，要充分调动资源发展国民经济，必须继续深化经济体制改革，逐渐消灭目前仍然存在的所有制壁垒和歧视，充分解放和发展生产力。

（三）非公有制经济面临市场准入问题

在我国目前基本经济制度下，涉及国计民生重大问题的行业基本由国有企业所掌控，这是公有制为基础的原则和国有经济的主导性的体现，也是国有经济的控制力所在，有利于维护国家的安全，是十分必要的。然而，现阶段民营经济所面临的市场准入问题却远不仅限于此。首先，除了上述行业之外的许多其他高垄断性行业，对于民营经济设置的准入门槛过高，甚至设置了完全的进入禁止性壁垒，这一方面导致民营资本无法进入这些行业，限制了这些行业的竞争发展；另一方面也使得垄断性产品和服务价格居高不下，最终由普通消费者承担了大部分垄断的社会成本。其次，在对于不同所有制经济的制度性歧视已经越来越减少的今天，在审批、收费等环节，针对非公有制企业的操作性壁垒，造成了"名松实紧""外松内紧"的高行业准入怪圈。再次，对于部分历史性的自然垄断行业，即使对非公有制企业进行了一定程度的放开，规模限制也使得大部分民营企业面对这些行业望而却步。最后，由于前述我国社会主义市场经济体制尚未完善，作为计划经济历史遗留问题的地方性保护主义，使得谈判能力较弱的民营经济企业往往更难以享受到全国性市场的福利，在一些发展机遇较大的区域被阻挡在改革红利的大门之外，而这又反过来限制了这些区域的改革发展。

(四) 民营企业面临融资困难问题

限于规模和债券以及股票市场准入标准问题，构成民营企业中绝大部分的"原子式"企业主要融资方式是银行贷款，然而，现阶段民营企业面临的融资困难问题也主要来自于银行等金融机构的融资"歧视"。其原因主要来自于两方面：一方面在于不少中小型民营企业本身存在的业务范围小、盈利能力较为薄弱、抗风险能力较弱等问题，部分民营企业还存在企业管理制度不完善、财务管理和内部控制制度不健全的缺陷，使得银行贷款风险较高，而银行作为追求利润最大化的主体，更为偏好风险较低、不易爆发信贷风险的客户。另一方面，则来自存在于包括我国在内的许多国家银企关系中的企业政治关联问题，而这一现象在我国现阶段企业与银行的博弈中体现较为明显，使得政治关联度较低的中小民营企业在融资市场博弈中成为银行的次优选择。在民营企业中，大中型企业往往在当地经济生活中扮演重要角色，并解决了大量就业问题，企业家也具有一定的社会关系和社会地位（如在各级人大、政协、工商联任职），银行也往往较为偏好运行管理成熟、风险相对较低的大中型客户，而处于成长期需要大量资金的小型民营企业融资需求则难以得到充分满足。融资市场所有制效应与规模歧视，有可能造成金融资源的错配，也不利于小型民营企业的发展壮大。

(五) 民营企业"走出去"过程中面临阻碍

改革开放以来，我国对外贸易发展迅速，随着出口额的逐年上升，"中国制造"成为了国际贸易市场上的热词，在给各国人民的生活增添了中国元素的同时，我国企业在世界贸易中的地位也逐步上升。同时，近年随着我国经济的发展，中国企业在对外投资和基础设施建设中的参与度也越来越高，其中民营企业也扮演了越来越重要的角色。然而，在民营企业"走出去"过程中，仍面临着相当程度的困难。第一，在一些具有较强政治意义和外交意义的对外经济交流项目上，民营经济企业与国有企业相比难以取得先机；第二，在一些社会不够稳定、制度不够完善的国家和地区，民营企业由于与当地政府的联系相对不够紧密，在当地的利益冲突和利益侵害事件中更易处于弱势；第三，民营企业在对外贸易中普遍缺乏优势性的自主品牌和核心竞争力，因而在国际分工中难以掌握话语权，往往在承担了大量成本和资源消耗的同时，陷入全球价值链的低端；第四，在长时间参与国际分工的过程中，民营企业特别是中小型出口型民营企业，由于缺乏对于贸易规则的制定权和解释权，或因不熟悉国际贸易规则和不适应规则的变化，吃"规则亏""标准亏"的例子也屡见不鲜；第五，民营企业自身也存在少部分个体为了抢占贸易竞争中的优势地位，采取不正当竞争手段，导致当地企业利益受损，乃至出现"双输"局面。这些因素，阻碍了民营企业的发展，阻碍了现阶段民营企业"走出去"、在国际贸易中扮演更重要角色的步伐。

（六）民营企业中现代企业制度有待继续完善

本章前面主要讨论民营企业发展所面临的外部困难和挑战，而民营企业自身发展过程中，也不同程度上存在一定问题，阻碍了其发展，其中首要的问题就来自于自身现代企业制度的不完善。在我国改革开放大潮中，不少企业家凭借其自身的不懈努力，通过艰苦奋斗、白手起家，建立了规模可观的企业，为我国社会主义市场经济发展贡献了自己的力量。而在创业初期，这些企业的团队伙伴往往来自于创始人夫妻、兄弟姐妹、家族成员、朋友等，合作创业的基础来自于亲情、友谊和信任的纽带。这种合作和企业管理模式在创业初期有利于团队保持利益共同体关系，对解决部分信任问题起到了较大的作用。然而，许多这类企业在发展壮大过程中，尽管规模在扩大，却难以及时实现从"小作坊"到大企业的转变。大量关系人员进入公司高层很可能导致公司在业务经营、风险管理、财务管理和内部控制等关键领域上缺乏足够的专业性和执行力，而企业内部权、责、利的不对称，职权、事权、财权的不对等，资金使用的不透明和奖惩措施的不到位，不仅阻碍企业进一步的发展壮大，甚至还可能动摇企业在竞争激烈的现代市场上长久生存的基础。而部分大型民营企业在创始人退休或离开公司之后出现的"接班人困境"，也暴露出了在这些企业中现代企业制度亟待完善的问题。

（七）部分民营企业尚缺乏成熟的现代企业文化

企业文化涵盖了企业作为一个组织在日常运行中的方方面面，包括信念、仪式、处事方式、符号等，尤其是企业员工认同和坚持的一系列的价值观。出色的企业文化建设是国内外许多著名企业长盛不衰的法宝，积极向上的企业文化往往包含企业对员工的关怀、员工对企业的认同、员工的团队凝聚力、为客户创造优质卓越的产品和服务以及充分承担社会责任等因素。当前，我国部分民营企业已经建立起了独特和优秀的企业文化体系，但相当部分的其他民营企业由于发展时间较短，企业文化体系建设较为落后。其中，在公司内部管理方面，部分企业过于强调层级制，存在着"掠夺式"使用员工的现象，使得上下级关系紧张，员工团队缺乏凝聚力，人员流动性大；部分企业通过树立董事长的个人权威和个人崇拜来建立"企业文化"，强调盲目服从，乃至引入"帮会式"的企业管理制度，缺乏对员工的人文关怀，导致员工对企业认同感低。同时，正向价值观的缺乏可能导致企业在生产经营过程中一味以利益为导向，在提供产品和服务的过程中乃至在环境保护等外部性问题上缺乏足够的社会责任感。企业文化的缺失和社会责任感的缺位，使得这部分企业在软实力竞争中处于落后位置，也不利于我国企业的对外竞争和整体发展。

（八）科学的财务管理和风险管理制度的缺失

如前所述，部分民营企业现代企业管理制度的缺失导致了有效财务管理制度、内部控制制度和风险管理制度的缺位，放大了企业的风险。部分企业在财务管理上的混乱和不规范往往来自于正规企业制度缺失的"先天不足"，而背后则是企业事权、财权分配和权、责、利划分的混乱。财务管理制度的混乱加剧了部分民营企业在融资市场上的劣势，也埋下了经营风险的隐患，而通过正规融资渠道融资的困难，又使得部分民营企业走上通过高风险民间渠道进行融资的道路。以至于在温州等部分民营企业众多、民营经济发达的地区，出现了民间借贷"千头万绪"，三角债、多头债层出不穷，民间融资畸形发展的情况。民间融资往往具有利息高、风险大、民营企业间相互借贷、担保等特点，一旦其中某一重要环节的民营企业出现经营不善、资金链断裂的情况，财务风险就会在同一产业内，产业链上下环节间以及不同产业的民营企业间放大、扩散，甚至造成企业关停、企业家"跑路"、工人失业等严重后果。而民间融资的发达和民营企业整体性财务风险的加剧，一方面起到信号的作用，使得民营企业在正规融资市场上更加处于劣势地位，另一方面也使民间融资挤占了中小型正规金融机构的业务空间，形成恶性循环。

（九）部分民营企业缺乏适合自身发展的战略选择和决策机制

企业在发展壮大的不同时期需要实施符合自身实际情况的战略，选择正确的发展战略相当于找到了最优的发展路径，是企业生存和发展的关键。发展战略的选择，包括业务范围和规模的选择、某种产品的推出和下市、生产技术的选择、对某一领域或某一市场的进入与推出，乃至竞争策略和是否实施纵向一体化等。我国部分民营企业在战略选择上的失误往往集中在以下方面：第一，没有把握自身的核心优势所在，缺乏对于企业未来发展的整体规划，盲目进行业务多样化，最终使得企业管理资源和人力资源过度分散，导致主营业务失去优势，在新领域又缺乏竞争力，而扩张过程中大举融资往往成为公司后续经营的负担；第二，部分在行业中处于领先位置的企业经营者守成心态严重，对于公司成熟的业务和技术形成过度依赖，没有及时根据市场变化做出调整，当新变革、新需求或新的竞争对手出现时，难以通过技术的更新换代维持企业的市场领先地位，又缺乏相应的替代业务，最终导致落后。第三，开拓新市场时缺乏对于市场环境、消费者、竞争对手、原料供应方的全方位考察，贸然进入导致开拓失败。而战略选择的失误很大程度上来自于部分企业决策机制的落后，充分论证的集体决策机制的失位，容易使个别决策者的判断失误被放大为公司发展的重大战略选择错误。

（十）尚缺乏足够的自主品牌意识

经过数十年的发展，我国许多民营企业已经发展成为世界闻名的大型集团公司，享有驰名海内外的知名品牌。一个知名品牌的开创需要公司长时间提供优质产品和服务的不懈努力，甚至需要付出几代人的心血，而品牌也是大型企业最重要的无形资产，代表了消费者和社会大众对企业产品和服务质量的认可，代表了大众对企业社会价值的认可，也是企业的名誉和命运所系。然而，自主品牌乃至自主品牌意识在国内民营企业中尚比较缺乏，其原因主要有以下几点：一是优质品牌创立需要产品质量长时间的保证以及高额的宣传费用，同时也必须承担更大风险，部分企业从创立发展以来即采用贴牌生产的发展战略，仅仅赚取加工环节的少量利润，避免承担品牌开发的成本和风险；二是一些企业缺乏自主核心竞争力，难以生产差别化的产品，无力使产品脱颖而出，打造自主品牌更无从谈起；三是民营企业成立之初往往缺乏资金，难以承担品牌的开发费用，而在发展逐渐成熟之后，贴牌发展战略已形成路径依赖；四是部分企业由于存在短视现象，不注重产品和服务质量的提升，导致产品和服务不但没有形成品牌，反而逐渐被市场淘汰。然而，自主品牌的打造是我国民营企业真正崛起特别是走出国门的必经之路，如何打造自主品牌值得中国企业家进行更深层次的思考。

（十一）民营企业核心竞争力有待提高

前面已经讨论，我国民营企业在总体发展态势良好的同时，面临着来自市场环境、融资环境等方面阻碍发展的外部因素，以及内部治理制度结构、企业文化、自主品牌等方面的缺陷。因此，我国非公有制经济的发展进步，需要民营企业更进一个台阶，内外兼修，全面提升自身核心竞争力。提升核心竞争力，包括完善企业自身治理结构、培养人才团队、打造企业核心价值观、开创自主品牌、塑造企业文化等，其中最关键的则在于提高企业在主营业务方面的竞争力。对于制造业企业来说，关键在于掌握核心技术。由于历史条件的限制，我国改革开放后发展的第一批民营企业不少走过代工、贴牌、模仿的发展道路，其主要利用我国劳动力资源的成本优势，但产品的技术含量较低，可替代性较强。对于科技产品的生产也经历了和正在经历加工组装、国内企业本身不掌握核心技术的发展阶段，这也导致我国在一些产业中承担了一些产品生产环节中主要的人力劳动、资源消耗和环境破坏成本，而仅仅处于全球价值分配的低端。在中国制造全球影响力越来越大的今天，我国民营企业应考虑打破路径依赖、实现合理转型的方式，更多地依靠核心技术、品牌等核心竞争力创造价值，力求在全球价值链中迈向优势位置。

四、非公有制经济的未来发展要求

（一）完善现代企业管理制度

如前所述，带有传统家族式传承特色的企业经营管理模式尽管在企业建立初期能够发挥其优势，但其缺陷和弊病导致的各种问题容易在企业规模扩大中不断积累，最终不利于企业在发展壮大中通过管理实现规模经济，更不利于企业在现代市场竞争中的生存与发展。因而，对于民营企业而言，在未来的经济发展和市场竞争中，要保证企业顽强的生命力和良好的运营状况，就必须破除弊端，充分建立完善现代企业管理制度。首先，民营企业建立完善现代企业制度，需理顺所有权与管理权、经营权的关系问题。作为私有企业，为确保所有者及其家族对于企业的控制力，往往在关键岗位安排其亲属或其他关系较为紧密的人员，以亲属和关系纽带营造高管与企业的利益共同体，这种人事安排在企业创业初期能够起到稳定企业和一部分激励的作用。但随着企业的发展壮大，这种原始的制度安排使得管理层可能出现任人唯亲、才不配位的现象，同时也可能扩大大型家族企业家长"一言堂"的缺陷，使得企业主要决策者的错误被放大，同时，也使许多家族式民营企业出现"接班人困境"。建立完善现代企业制度，首先必须权责分明，任人唯贤，在必要时实现所有权与管理权的分离机制，并完善公司经营集体决策机制和职业经理人制度，避免企业决策过于集中形成风险。其次，必须建立规范的财务制度。在公司日常经营和投融资业务、激励机制实施过程中规范企业财务报表制度，确保财务系统权责分明、人员配备合理，形成完善的财务管理监督机制。再次，必须建立科学的企业风险管理、内部控制制度。必须完善风险的识别、研究、控制、隔离和产生机制，建立预警机制和日常备险预案，避免企业参与市场风险、政治风险、法律风险和合规风险超过一定阈值的经营活动。在企业中建立完善的内部审计制度、业务流程审批制度、内部监督制度、信息传播与隔断制度等，确保企业的正常运行。最后，建立成熟的人才使用和人力资源管理制度，完善企业层级制度、激励制度和晋升机制，是企业得以长期发展的保障，需要企业在经营过程中进行不断探索。

（二）建立良好的企业文化

前面已经谈到，企业文化包括了企业日常运行中的信念、仪式、处事方式、符号等在内的方方面面，尤其是企业员工认同和坚持的一系列的价值观。企业文化的建设在企业内部关系到员工的凝聚力和战斗力，而对外方面，优秀的企业文化不仅向社会传递着企业积极的形象，同时也是企业软实力的重要组成部分。第一，建设优秀的企业文化，要在企业内部坚持以人为本，建立企业与员工之间良好的关系。毫无疑问，企业与员工之间首先是雇佣的关系，但是，在优秀的企业文化之下，企业与员工不仅仅是雇佣与被雇佣的关系。只有坚持以人为本，为员工创造理想的工作环境，关心员工的生活和其他困难，实行合理的激励机制，才能使员工真正关心企业，使员工和企业形成命运共同体。第二，在企业内部的同事之间、上下级之间建立良好的关系。要建设良好的企业文化，必须在企业内部真正建立同事之间互相团结、互相关心、互相帮助的关系，上下级之间形成关心领导、爱护下属、共同进步的关系，这一方面需要企业管理制度的完善，另一方面也需要企业团队建设工作的合理开展。而要使企业文化作为企业传达价值观的载体充分发挥作用，首先，企业必须从提高产品和服务质量下功夫，在此过程中形成的一丝不苟的工作理念和细致关怀的服务理念，更容易使消费者和社会大众在消费产品的同时感受到优秀的企业文化。第三，企业必须始终坚持充分的社会责任感，将良好的企业文化体现到承担社会责任、参与社会事务、扶助贫困弱小、弘扬高尚品格的一点一滴的行动中去。第四，在企业形成一定企业文化和价值观之后，应对全体企业员工包括新员工进行企业文化和价值观的培养和熏陶，使员工增强集体荣誉感和凝聚力，同时也使企业文化在员工的新老交替下不断发展和进步。当然，要发展良好的企业文化，必须给企业价值观找到合适的载体和表达方式，从传递积极向上价值观的标语、符号，到仪式、信念、口号等，具体的载体使得企业文化和价值观更易于传播，也更为深入人心。第五，失去实践价值的企业文化必将失去其生命力，企业文化的发展和传播，不能流于形式，而必须依靠企业及其员工对其中价值观的长期践行。

（三）树立充分的社会责任感

改革开放以来，我国民营企业家中涌现出许多捐资助学、爱国爱乡的模范人物，获得了社会的充分肯定。但在近年来，由于产品弄虚作假、污染环境等原因上"黑榜"的民营企业也不在少数，这些民营企业及其经营者往往从此再也不被信任，甚至受到法律的惩罚。这一强烈的对比表明，民营企业想要长期发展，必须树立充分的社会责任感。首先，民营企业作为在社会中经营发展的企业法人，享受政府提供的公共服务，国家稳定和社会繁荣是其发展的前提条件，遵纪守法、缴纳税收、承担社会责任是其应尽的义务。其次，民营企业是否承担社会责任，是否诚实合法经营、提供价格公道的产品和服务，决定了其在消费者心中的形象与地位，充分承担社会责任从长远来看，也是企业不断繁荣发展的最优选择。再次，社会责任的承担也决定了企业的社会名誉，在当今信息发达的社会，经营中一次不负责任行为的负面消息甚至可能使企业无法继续在市场立足，因而承担社会责任也是名誉约束机制下的必然选择。最后，充分承担社会责任，提供优质产品和服务，参与社会公益事业，也是民营企业走出国门、走向世界的必要选择。对于企业而言，承担社会责任，首先在于诚实、合法经营，保证产品和服务的质量，尤其是在食品等直接关系到人民生命安全的行业，企业更应该严格要求自己，保证产品的安全与质量。承担社会责任，其次在于不因自己的经营行为给社会造成危害，例如，对于高污染行业企业而言，生产产生污染物质在所难免，直接排放对于企业省钱省事，却可能给周边居民和环境带来致命的危害，此时就需要企业充分承担社会责任，主动对污染物进行处理，并接受政府和人民的监督。承担社会责任，还在于在条件允许的情况下充分参与社会公益事业，如捐资助学、植树造林等，对社会发展贡献正向的力量。而对于政府，则主要通过制度的完善促进企业树立社会责任感，例如完善奖惩机制，对非法经营以及破坏公共环境的企业和经营者进行依法处罚，对积极参与公益事业的企业和企业家进行奖励并加大宣传力度，以及让承担社会责任的企业典型代表人物参与社会事务的讨论和决策等。

（四）自主创新掌握核心技术

创新是企业发展的不竭动力，民营企业要在竞争激烈的现代市场中生存和发展，必须通过不断创新，掌握核心技术，才能提高核心竞争力，在竞争中处于不败之地。同时，也只有通过创新，掌握核心技术，企业才能不断保持乃至扩大自身的市场份额，提高市场地位。而在经济全球化趋势不断深入发展的今天，不断创新也是企业在对外竞争和合作中把握主动权并最终走向世界的必要保证。企业要不断创新，第一，必须正确地认识创新，树立正确的发展战略。制造业小型民营企业往往从为国内大品牌企业和外国企业代工开始发展，从来料加工、来样加工开始进入产业，而在企业积累了一定的资金和经验之后，即面临发展战略的选择。不断重复代工业务并进行简单规模扩大，对于企业而言看似自身经营风险较小，但却容易陷入路径依赖之中，处于价值链的低端，同时也容易受到价值链中高端企业风险的影响波及。而坚持走自主创新之路，掌握核心技术，则可以使企业在充满风险的研发期之后，掌握竞争和合作的主动权。因而，扩大研发投入并对资金进行有效利用，是企业真正发展壮大的必经之路。第二，在自主研发尚不具备条件时，可以对一些技术引入并学习后进行符合自身发展特点的再创新，部分大型企业在进入新领域时采取了并购的方式，直接在利用行业成熟技术和团队的基础上进行进一步创新发展。而企业与高校和独立科研机构的合作，也是推动创新发展和应用化、市场化的重要渠道。第三，企业在合法合规的前提下应采取多样化融资手段支撑创新活动。创新研发活动往往面临投资量大、风险高、收益周期长的特点，企业自有资金难以完全解决，需要通过各种融资手段进行支撑，企业应在充分评估风险的基础上，通过银行贷款、股市、债市、风险投资、创业投资等方式，通过合理的融资手段，解决创新投入的资金问题。第四，创新的关键在于人才，企业一方面应促使自身管理团队通过合理成长转型，适应于市场发展和创新进步的需要；另一方面应加强和完善创新人才培养机制、管理机制和激励机制，吸引和留住创新核心人才，为创新发展不断提供动力。第五，企业应利用法律武器和制度武器，保障自身研发收益，这样也利于社会形成创新投入的可持续发展机制。

（五）树立符合自身发展特点的品牌战略

如前所述，品牌代表了企业的形象，代表了消费者和社会大众对于企业的认同，是企业最重要的无形资产，民营企业的发展，需要开创树立自己的优秀品牌。而优秀品牌的开创，需要企业长时间的努力，更需要树立符合自身发展特点的品牌战略。首先，企业必须专注于自身产品和服务的质量。好品牌的树立归根到底来自于消费者和社会大众对企业产品和服务的认可，消费者的消费体验和满意程度不会骗人，口碑是最好的宣传，因而，产品和服务高质量的长期坚持是企业开创优秀品牌的基础。其次，企业应采取适当的宣传手段。"酒香也怕巷子深"，好品牌的开创必须凭借宣传提高知名度，尤其是刚刚进入市场的企业与产品，适当的宣传手段才能让消费者走出尝试的第一步，使新产品在市场站稳脚跟。广告作为现代商场最常见的宣传手段，已经为企业所广泛使用，成功的广告包括足够吸引人的观感、朗朗上口的广告词、画面的美感、对自身产品优势恰如其分的宣传等。一则成功的好广告可以使默默无闻的产品成为流行，而过度夸大其词的广告则可能在一段时间后起到完全适得其反的作用。再次，企业对于品牌的打造，应放眼于长远与未来。品牌的打造需要对产品质量长时间的坚持以及长期的宣传营销，其前期成本往往十分巨大，但一旦品牌被打造成功，则会成为企业长久不衰的财富和法宝。因而，品牌的打造应着眼于长远，而不能计较一时之得失，这样才能造就真正的优秀品牌。最后，塑造品牌需要理性的市场战略，把握自己的优势所在，在开拓新市场、新领域，进行对竞争对手的横向并购和纵向一体化等决策时，既要勇往直前，也要结合企业自身特点进行慎重决策，避免把乘法做成除法，稀释自身优质资源。在企业发展的早期也应根据自身情况，理性地在贴牌生产和自主品牌之间做出选择，贴牌生产尽管避免了自主开拓品牌的高成本和高风险，但也使得企业只能处于价值链的低端。而通过贴牌生产积累资金、技术和经验，最终走上开创自主品牌之路，则是部分成功民营企业选择的典型发展路径。

（六）培养正确的人才观

经济的发展和企业的成长壮大离不开人才的作用，一般认为，非公有制企业的人才选拔任用制度一定程度上改变了国企改革前员工任用终身制、关系晋升、用工名额世代继承、不唯贤是举、家长制等问题。然而，在非公有制经济的发展历程中，也暴露出了在人才使用上的一些新的问题，例如家族式企业管理、裙带关系、对人才掠夺式使用导致人员轮替过于频繁、员工缺乏归属感和使命感等。企业的发展需要人才，更需要科学合理的人力资源管理制度体系，因而，非公有制企业要实现长期、健康发展的目标，必须树立和培养正确的人才观。

第一，要树立学历与能力并重的人才观。毫无疑问，学历是职工文化程度、人力资源投资程度和学习认知能力的直接体现，同时也在信息不对称的人才市场上对员工能力起到信号作用。然而，学历和能力并非完全一致，人才与岗位的匹配程度更需要进一步考察。因而，企业在选拔人才过程中应坚持学历与能力并重，一定程度上更需要侧重于能力，并特别注重人才与岗位的合理匹配。第二，选拔人才注重德才兼备。部分企业在选拔人才过程中出现"重才不重德""唯效益论"等倾向，但有才无德的所谓"人才"进入企业后，将在长期内损害企业的内部运行和外部形象，甚至造成关键性的损失。因而，选拔人才应特别注重德才兼备。第三，以人为本，创造合理的用人环境。现代企业中优胜劣汰的人才竞争机制避免了国企改革前普遍存在的"隐性失业"现象，但部分企业中却出现另一个极端，即掠夺式使用人才的现象，从而造成了企业和员工双方的短合作预期，使得人员流动性大、交接频繁，这样既不利于企业的长期发展，也不利于员工的职业生涯规划。因而，企业应注重以人为本，为员工创造良好的工作环境。第四，建立完善的激励机制。完善的激励机制是现代企业制度重要的有机组成部分，合理完善的激励机制可以保证企业员工在追求自身利益的同时，实现企业效益的最大化。企业应树立完善的激励机制，工资激励、股权激励、技能培训、晋升激励、人文关怀等多种手段并重，针对不同年龄结构和需求结构因势利导，真正创造企业与员工的利益共同体。第五，管理人才与专业人才兼备、明晰权责、人尽其用。在人才使用过程中，每位员工都会表现出其优势和特点，例如技术尖子、营销能手、管理精英等，企业应注重管理人才与专业人才兼备，优化岗位流动和人员晋升渠道，使岗位与特长相匹配、权利与义务相对应，完善人力资源管理体系，实现人尽其才、人尽其用。第六，内部和外部人才并用，寻求成本收益最优之道。对于一些企业所必需的专业性较强，但与企业主营业务差别较大的服务，企业专门雇用或培养相关人才耗费成本较大，此时可合理考虑服务外包，将方案的产生交给市场，寻求最为经济的成本收益路径。

五、为非公有制经济健康发展创造良好的制度环境和市场环境

（一）完善市场环境

促进非公有制经济发展，必须加强我国社会主义市场经济体制建设，完善市场环境。第一，必须规范市场竞争机制，从制度上解决所有制歧视问题。在坚持公有制为主体、国有经济占主导地位的基础上，保障所有市场竞争者的合法权益，消除阻碍非公有制经济健康发展的制度性因素，使得各种所有制经济成分在市场公平竞争发展。第二，必须规范市场经济法制建设，杜绝破坏市场机制秩序、损害竞争主体的现象。市场经济具有高度的法制性特征，完善的法制环境才能保障社会主义市场经济的正常运行，保证各竞争主体包括非公有制经济主体的合法权益。第三，必须消除在产品、服务市场和要素市场存在的地方保护主义现象，真正形成全国统一的大市场。第四，完善市场环境，必须加强宏观调控。政府能够进行强有力的宏观调控是我国

社会主义市场经济发展的重要特征和优势，市场调节具有一定程度上的滞后性，政府宏观调控手段的实施可以弥补微观决策主体信息滞后造成的资源错配。第五，政府监管部门应加强对于垄断、信息不对称等市场经济固有缺陷的介入治理。垄断在大多数情况下是一种无效率的市场状态，垄断者通过控制市场卖出高价，攫取了大量消费者剩余。在我国，垄断形成的原因众多，包括政策性垄断、自然垄断等，其中重要原因是部分行业对于民营经济设置门槛过高。在保证国有企业掌握国民经济命脉的同时，部分行业应适当降低民营企业的进入门槛，引入竞争，才能促进效率的提升，保障消费者权益。信息不对称是市场调节机制自身存在的缺陷，信息不对称问题长久存在可能造成资源的不当配置，甚至损害市场机制运行的基础，政府应加强对于企业行为的监管，确保市场竞争和市场交易行为的公开透明，保障竞争主体和消费者的合法权益。

（二）健全产权制度

要完善我国社会主义市场机制建设，保障市场竞争主体的合法权利，必须充分建立健全合理的产权制度，而对于非公有制经济的发展，产权制度的健全发展有着尤其重大的意义。建立健全产权制度，促进非公有制经济发展，仍有很长的路要走。首先，必须完善产权制度，保护非公有制企业主体的合法权益。在产权制度不明晰的情况下，包括非公有制企业在内的市场竞争主体可能成为产权制度侵犯的受害者，而难以通过制度武器和法律武器保障自身合法权益。产权制度明晰之后，市场竞争主体在利益受到侵害时，可以通过制度武器抵制和解决来自竞争对手、其他社会个体乃至滥用公权者对产权利益边界的侵入。其次，通过完善产权制度，促使非公有制企业完善内部产权结构。我国民营企业（包括部分实施股份制改革后的国有企业）内部所存在的产权结构不明晰、职权不明确问题，一直是阻碍企业发展的一大历史问题。通过对产权分配和治理结构相关规定进行细化、制度化、可操作化，可以促使非公有制企业完善内部产权结构，形成规范化治理。再次，通过完善产权制度，可以解决目前市场机制中难以解决的外部性问题。技术外溢等正向外部性和环境污染等负向外部性的内部化，一直是市场机制较难以解决的一个问题。完善产权制度，既可以保障进行基础性研发工作的企业的合法利益，也能够通过排污权、治理责任、环境责任等的制度化规定，确定企业权责边界，促使高污染企业承担责任，将外部性问题内部化，杜绝过度排放、只污染不治理的现象。最后，通过完善知识产权制度，促进企业进行创新投入。在知识产权制度不完善的条件下，率先进行创新投入的企业难以充分享受技术创新带来的利益，而对于中小型民营企业来说，尤其难以承受创新投入过程中的大量研发费用，长此以往，创新投入面临停滞的风险。通过完善知识产权制度，保障创新企业在一定时期内的垄断性收益，才能使社会、企业长久保持创新的动力，这也是保障我国非公有制经济持久发展的必经之路。

（三）通过供给侧改革促进非公有制经济结构调整

为解决国民经济中存在的供需不平衡、要素配置扭曲问题，以及产业结构、区域结构、投入结构、排放结构、动力结构、分配结构中存在的相互独立又互相叠加的问题，2015年，习近平总书记提出了以创新、协调、绿色、开放、共享五大发展理念为指导，以去产能、去库存、去杠杆、降成本、补短板为重点的供给侧改革。供给侧改革旨在调整经济结构，实现资源的优化配置，扩大有效供给，提高供给结构对需求变化的适应性和灵活性，提高全要素生产率，更好满足广大人民群众的需要，促进经济社会持续健康发展。当前，非公有制经济在我国国民经济中发挥着重要的作用，但与此同时，供需不平衡、要素配置扭曲、结构失衡等问题在非公有制经济中表现得也较为突出。因此，促进非公有制经济实现结构调整优化、民营经济转型升级，是供给侧改革必须要解决的问题。第一，在部分供需不平衡、能耗大、环境破坏严重、投资回报率低，并出现明显产能过剩的生产部门和领域，应果断进行去产能化，使一部分产能过剩、产能落后企业关停并转，走市场化破产程序，避免"僵尸企业"占据社会资源，阻碍金融资源的合理配置和自由流动。而对于高科技产业、新兴战略性产业、现代服务业，应通过产业政策手段予以扶持。第二，应引导企业通过技术优化升级和管理结构优化，通过企业内部的机制更新，淘汰落后产能，实现产能优化升级。第三，应通过优化要素市场运行机制，扭转长期存在的要素资源配置扭曲问题，引导社会资金、劳动力从产能过剩产业向战略性新兴产业、现代服务业流动，通过要素市场实现资源的优化配置。第四，应优化制度供给，完善市场机制，消除所有制壁垒导致的资源配置扭曲，为民营企业发展提供良好的制度环境。第五，应适度减轻企业税费负担，对于关键产业企业予以研发投入补贴和扶持，帮助企业通过创新实现跨越发展。

（四）为民营企业提供良好融资环境

正如前面所讨论的，民营企业尤其是小微民营企业由于内外部原因面临着系统性的融资困难，而促进非公有制经济的发展，必须从制度上给民营企业提供良好的融资环境。首先，直接发挥政府的作用，一方面通过财政渠道对从事创新活动的民营企业进行补贴；另一方面发挥政府的平台作用，引导社会投资资金进行合理配置。其次，针对小型民营企业在融资市场上所面临的所有制歧视和规模歧视，政府应有效引导银行消除在融资市场上对于民营企业的所有制歧视，进一步加强贷款审批过程的规范化，以严格的制度减少贷款风险，在合法合规的前提下，加大对于民营企业的贷款支持，并对小微企业实行专项扶持政策，满足成长期民营企业的资金需求，促进其完成发展质变。最后，在融资市场的另一端，政府应加强对于民营企业的管理和引导，一方面促使其加强自身风险控制、合规运营，降低贷款融资的风险性；另一方面引导民营企业融资走正规渠道，坚决规避利率高、风险大的非正规渠道。除了银行渠道之外，应充分发展风险投资事业并加强管理，丰富社会资本对中小型创业企业的投资渠道，在此过程中，政府应加强制度建设，加强投资者和企业双方的信息透明度，防止信息不对称造成损失。而对于民间投融资活动，则要加大监管力度，对于游走在"灰色"地带的非正规投融资活动，应该出台政策加以专项整顿治理，对于非法集资等违法犯罪活动，应予以坚决打击，以维护民营企业投融资市场的正常秩序。

（五）保障民营企业对外投资贸易合法权益

随着我国经济的发展和企业的成长壮大，越来越多的中国企业选择派人员到国外参加投资贸易活动，如开设分公司、投资基础建设项目、举办中国商品展销会等。"一带一路"倡议的全面铺开，更为中国企业"走出去"提供了最好的机遇。中国企业的海外活动在促进企业自身业务发展的同时，也扩大了中国在国外的影响力，增进了中国人民和世界人民的友谊。然而，企业在国外的投资贸易活动面临着各方面的风险，例如海外投资东道国政治动荡的政治风险、国外经济波动的经济风险、社会动荡和文化冲突带来的风险等。中国政府和人民，是中国企业合法开展海外经济活动的有力后盾，尤其对于民营企业，在海外更需要政府保护其对外投资贸易的合法权益。首先，政府应对企业从事海外经济活动进行充分的引导和帮助，对企业出境进行合法经济活动应给予合理的便利和服务，对目的地国家的主要风险充分告知，并对企业进行风险防范的指导。其次，在政府搭台的对外经济交流合作项目中，加强民营企业的参与程度。当前，我国对外经济文化交流被推向了前所未有的深度和广度，在世界政治经济舞台上的话语权分量越来越重，加强民营企业在对外经济合作项目中的参与度，有利于发挥其自身优势，加强我国与世界其他国家的经贸往来，进一步扩大影响力。最后，在海外出现突发性事件时，政府应充分保障我国企业驻外人员的生命财产安全和合法权利。我国政府在多次海外突发事件撤侨中的杰出表现，树立了保护海外公民利益的典范，政府对企业驻外人员的保护，还包括在紧急情况下提供安全保障、与当地政府进行交涉以及进行法律援助等。当然，政府对于赴海外进行投资贸易活动的企业资质也应进行严格的审查和管理，确保海外经济活动合法合规进行。

（六）通过政策支持民营企业开展创新研发

创新是经济不断发展、企业不断进步的不竭动力，要在竞争激烈的现代市场中立足，必须不断坚持创新。然而，对规模较小的民营企业而言，创新研发投入大、风险大、收益周期长，一旦受挫可能成为企业难以承受的负担。因而，要促进非公有制经济发展，必须通过政策全方面支持民营企业开展创新研发活动。第一，应从法律法规上完善知识产权制度，保障创新企业从专利权等方面获取研发收益。创新研发是具有高度正外部性的经济活动，一旦知识产权制度不足以保护企业的研发收益，甚至使得研发投入得不到回报，社会创新之源将会枯竭。第二，应从政策上直接对开展创新研发的企业予以经济扶持，手段包括研发补贴、税费政策优惠等，给予企业开展创新活动一定激励，促使其加大创新投入。第三，应促使银行等金融机构加大对于创新企业的贷款扶持力度，如提供创业创新专项贷款等，同时发展社会上的风险投资、创业投资等投融资渠道，为创新企业提供全方位的融资支持体系。第四，政府与大型企业应主导建立产学研的合作平台，推动技术创新从基础科学领域创新中脱胎而出，并从理论走向应用、从实验室走向市场，建设发明创造应用化、市场化的便捷通道，使科学家、发明家和技术劳动者从市场获得收益，为科学技术的发展创造良好的激励机制。第五，应引导企业与高校联合建立创新人才培养机制，使得人才培养应用化、市场化，从管理人才到一线技术人才普遍具备创新所必需的素质和能力，为企业、社会提供源源不断的创新动力。

（七）继续探索混合所有制改革的最优机制

实践证明，自20世纪90年代开展混合所有制改革，将民间资本引入国有企业以来，国企改革进程取得了很大成效，体制改革前国企管理中存在的政企不分、产权不明晰、管理过度行政化、层级官僚化、人员"隐性失业"、制度僵化以及预算软约束等问题，得到了很大程度上的改善，国有企业效率大大提高，普遍建立了适合现代市场经济发展的管理体系和治理结构。放眼未来，应继续探索混合所有制的最优机制和最优实践路径。第一，应继续探索混合所有制改革中的权力边界问题。混合所有制改革涉及企业产权结构的变更，也必然涉及领导层和管理层的更替和结合，如何确定改革后企业的权力边界问题，是混合所有制改革必须解决的问题。第二，应继续探索混合所有制改革中国有企业改革后最优的内部治理结构问题。第三，混合所有制改革开展之初，主要针对竞争性行业国有企业，而近年开始逐渐偏向垄断行业，对于不同行业的民间资本进入的具体问题，值得进一步探索。第四，目前混合所有制改革中最优的持股比例问题，理论界与实业界并未有统一的答案，有待于在实践中进行进一步探寻。第五，混合所有制改革有整体上市、国企控股、民企入股、员工持股等多种实现路径，如何根据国企具体情况与不同路径进行有效匹配，是混合所有制改革中值得探索的一个重要领域。第六，如何看待混合所有制与"私有化"的关系，如何在通过推行混合所有制改革，使得国有企业真正转变成为将追求利润最大化作为第一目标的经营主体后，继续履行其作为国企的原有社会职能，以及如何看待外资入股国有企业等问题，都是混合所有制改革中必须解决的关键性理论基础问题。

（八）进一步引导外资经济与社会主义市场经济体制相适应

当前，我国的经济发展状况和社会发展状况与改革开放初期已经有了很大的变化，然而，对外开放依然是我国的基本国策，必须继续坚持"引进来"和"走出去"相结合的战略。对于外资经济的发展，则应该进一步促进其与社会主义市场经济相适应。第一，现阶段应继续加强对外资的引进。我国仍然是发展中国家，国内对于资金的需求仍然较大，而对于外国资本而言，中国也充满发展的机会，外国资金与我国要素的结合可以实现双赢的选择。第二，应为外资企业创造更良好的投资环境。在当前的国情和经济发展态势之下，我国应逐渐改变引进外资初期单纯依靠低劳动力价格、低土地价格吸引外资的策略，将更多吸引力转移到良好的制度环境、技术环境和人文环境上来。第三，企业税费负担是国际区位选择中的重要考虑因素，不仅仅对于外资企业，如何结合税收政策、土地政策、就业政策等创造最优的制度环境来吸引企业、留住企业，也是我国当前面临劳动力成本优势下降过程中所必须解决的问题。第四，应该合理看待外资企业与地方政府和本国企业的关系。外资企业与政府的关系应是政府为企业发展完善制度环境，并提供监督、管理和服务，企业在合法经营、创造利润的同时，拉动当地经济发展和就业，并依法按时缴纳税费，接受政府的管理。外资企业与国内企业应是平等合作、合理竞争的关系。给予外资企业"超国民待遇"的方法，在一定历史时期有其合理性，但长久来看既对本国企业不公平，实际也不利于外资企业在我国的长期发展。第五，应引导外资进入目前最需要资金的行业领域和地域，例如战略性新兴产业、城镇化建设、中西部地区发展等，最大限度发挥外资的作用。

第七章　混合所有制经济是基本经济制度的重要实现形式

坚持和完善公有制为主体、多种所有制经济共同发展的基本经济制度，就是要坚持好两个"毫不动摇"，也就是要积极发展混合所有制经济。党的十八届三中全会强调"积极发展混合所有制经济"。这里提出了一个重要命题："混合所有制经济……是基本经济制度的重要实现形式。"这一命题，包含着对马克思主义以来社会主义公有制的新认识，无论在马克思主义经典著作中，还是在中国共产党的文献中，都是首次出现，体现了对马克思主义所有制理论的创造性运用。

改革开放以来，在中共中央的重要文件中，早已提出了发展混合所有制经济的思想。从提出使股份制成为公有制的主要实现形式，到混合所有制经济是基本经济制度的重要实现形式，这是我们党在中国特色社会主义政治经济学理论上的重大创新，也为坚持和完善我国现阶段的基本经济制度指明了路径。党的十八届三中全会关于混合所有制的定义，简明而清晰地展示了社会主义初级阶段基本经济制度的产权结构。习近平同志指出："要积极发展混合所有制经济，强调国有资本、集体资本、非公有资本等交叉持股、相互融合的混合所有制经济，是基本经济制度的重要实现形式。"[①] 发展混合所有制经济的关键在于国有企业的混合所有制改革。推进国有企业混合所有制改革，不仅有利于提高国有企业的持续创新能力，而且有利于带动各类非公有制企业特别是民营企业加大研发投入、加快创新步伐，进而放大各自优势，实现良性发展、互促共进。

---

① 习近平：《关于〈中共中央关于全面深化改革若干重大问题的决议〉的说明》，引自《十八大以来重要文献汇编》，中央文献出版社2016年版，第500～501页。

一、社会主义市场经济条件下混合所有制经济的发展

（一）混合所有制经济在经济改革中不断发展

所有制改革是我国经济改革的核心问题，经济体制改革释放出巨大的动力。中国改革开放的实践表明，只有把公有制的实现形式问题在理论和实践两个层面加以解决，才能真正推动中国特色社会主义经济的发展。在社会主义初级阶段，混合所有制是基本经济制度的重要实现形式。改革开放以来，集体经济的发展和国有企业改革的深化为混合所有制经济成分的发展提供了空前的机遇，股份制、股份合作制、联营经济等混合所有制经济迅速发展，混合型经济增势强劲。

混合所有制是以社会中存在多种所有制经济成分为前提，通过各类性质的产权在市场中以多种方式自主流动和重组形式，并适应竞争的需要不断变化的所有制结构。简而言之，混合所有制经济是指在同一经济组织中，不同的产权主体多元投资、互相渗透、互相贯通、互相融合而形成的新的产权配置结构和经济形式。混合所有制经济包括两重含义：一是指整个社会的多种所有制形式和经济成分并存的格局；二是指不同所有制性质归属的资本在同一企业中的"混合"。由于所有制结构的变化在宏观上和微观上表现为不同的特征，混合所有制经济的形成也就从两个不同的层次上展开。

混合所有制是20世纪中叶最早由西方国家提出的，主要是指企业股权的混合状态，即各种所有制经济能够融为一体，形成以股份制为主要形式的混合所有制形式。美国著名经济学家加尔布雷斯早就预言过，我们将迎来一个混合经济时代。混合所有制是现代市场经济发展的必然要求，同时又反过来推动市场经济更大的发展。混合所有制具备单一所有制不具备的综合优势，它通过兼收并蓄，使不同经济成分通过混合互相渗透，实现扬长避短的互补效益，既包括各种所有制的优势互补，也包括各种经营方式的优势互补，还包括各种所有制所容纳的生产力方面的优势互补，从而发挥综合优势。混合所有制已成为市场经济国家企业非常重要的组织形式。

改革开放以来，我国所有制已从过去那种纯而又纯的公有制变成了目前以公有制为主体的混合所有制结构。在坚持公有制为主体、多种所有制经济

共同发展的前提下，有关所有制问题的探索得到不断的突破、创新和发展。党的十四届三中全会《中共中央关于建立社会主义市场经济体制若干问题的决定》中首次提出混合所有制经济，党的十五大、十六大报告也都提出促进混合所有制经济的发展。党的十六届三中全会首次明确要大力发展国有资本、集体资本和非公有资本等参股的混合所有制经济，实现投资主体多元化，使股份制成为公有制的主要实现形式。党的十七大提出以现代产权制度为基础，发展混合所有制经济。党的十八届三中全会更是从理论和顶层设计上确立了发展混合所有制经济的地位和方向，强调要紧紧围绕市场在资源配置中起决定性作用深化经济体制改革，积极发展混合所有制经济，国有资本、集体资本、非公有资本等交叉持股、相互融合，允许更多国有经济和其他所有制经济发展成为混合所有制经济，国有资本投资项目允许非国有资本参股，允许混合所有制经济实行企业员工持股，形成资本所有者和劳动者利益共同体。

在社会主义市场经济条件下，混合所有制把公有制和非公有制结合起来，既包含了公有制经济，也包含了非公有制经济。只有混合所有制中的国有成分和集体成分才属于公有制经济。发展混合所有制经济，能够找到适应生产力发展的要求、符合客观社会经济现实的基本经济制度的实现形式；发展混合所有制经济，能够解决公有产权制度的运行机制问题，实现资源配置的新的制度安排，提高资源配置效率，激发经济运行的活力，实现经济增长的速度与效益结合；发展混合所有制经济，能够借助新的产权配置结构和企业运作形式，利用市场机制发展社会生产力，在社会主义混合所有制条件下取得经济发展的巨大成就，实现国民经济的快速发展；发展混合所有制经济，有利于形成规范的现代企业制度，实现企业运营的高效益。

发展混合所有制经济，既是党的十一届三中全会以来所确定的党的基本方针，也成为党的十八届三中全会决定的创新之点，是我国建立、完善社会主义市场经济体制的理性选择。随着经济改革的不断深入，我国混合所有制经济也已经取得了巨大发展，但在我国进入全面深化改革的新时期，发展混合所有制经济作为重大的改革方针再次被提出，这表明发展混合所有制经济在中国特色社会主义经济发展中的意义十分重大。需要在新的发展阶段、新的发展水平上，采取新的有效方法来促进混合所有制经济发展。

（二）混合所有制产权特征及优势

混合所有制经济是财产权分属于不同性质所有者的经济形式。在宏观层次上，由单一的公有制经济转变为以公有制经济为主体，多种所有制经济相互并存、共同发展的基本格局；在微观企业层次上，多种经济成分之间相互渗透、相互融合，股权多元化的混合所有制企业正逐步形成和推行。

由于所有制结构的变化在宏观上和微观上表现为不同的特征，混合所有制经济的形成也就从两个不同的层次上展开。在经济转型时期，对原有公有制特别是国有制进行改革的同时，允许体制外非公有制经济发展，是一项非常成功的增量改革。非国有经济特别是非公有制经济成分的生成和发展，是中国混合所有制经济的形成的前提条件。在此基础上，才有不同所有制性质和资本在企业中的"混合"。因此，由中国特殊的经济条件所决定，不同所有制经济的并存和混合是一个从宏观到微观的演变过程。

混合所有制能够形成一种更能适应和推动现代市场经济发展的新型生产力功能，主要体现在为市场主体的行为选择提供明确的结果预期，使其行为具有个体理性与社会理性的统一。混合所有制产权结构具有开放性与兼容性的基本特征。第一，开放性。混合所有制经济是一种开放型的经济，可以吸纳各种所有制形式并从中产生出新的财产所有结构。在微观企业层面，混合所有制的典型形式股份制兼容了各种财产所有制，既包括国有控股的企业，也包括了民营资本控股的企业，促进了大规模财产组织的形成和规范运作。第二，兼容性。混合所有制能够兼容私有产权和公有产权，在市场经济中不断发展出新的财产产权结构。无论在何种经济形态下，所有权运行的规律都是一种所有权对另一种所有权的排斥。这必然出现闲置经济要素的现象。而混合所有制无疑有效地解决了这一矛盾，它的功能在于使公有产权和私有产权在一种更广的范围内实现了统一，从而创造了消除公有产权和非公有产权对立的社会化产权的制度形式。

经过近40年的改革开放，我们从"公有制为主体多种所有制共同发展"到"混合所有制作为基本经济制度的重要实现形式"，是社会主义初级阶段基本经济制度不断发展的体现。从宏观来看，混合所有制经济实现了资源的优化配置，增加了政府财政收入，推动了中国经济的快速健康发展。从微观来看，混合所有制经济通过多元化投资、规模经营、高效的资本运作等提高了企业的经济效益和竞争能力，推动国有企业完善现代企业制度。具体地说，将带来以下效应：一是进一步提高效率。国资民资混合，将民营企业机制引入到国有企业机制中，二者联合、互相学习、互相激励，产生"杂交优势"，有利于效率和社会福利水平的提高，尤其可以解决长期以来国有企业效率不高的问题。二是有利于体现公平正义。不仅国有企业可以收购、兼并民营企业，而且民营企业、外资企业也可以兼并、收购国有企业，在投资核准、融资服务、财税政策、土地使用、对外贸易和经济技术合作等方面，一视同仁，实行同等待遇，既解决了民营资本的出路问题，又解决了国有资本和民营资本的公平待遇问题。三是推动产权明晰。国有企业和民营企业组成混合所有制，通过股权的形式，财产权利清晰，实践中可以灵活兼并、出卖、破产，利益关系明确，有利于搞活国有资本，提高国有企业的控制能力。四是优化资源配置。能够有效实现资本的社会化，国有企业通过混合所有制的企业形式，不仅有效地利用了自有资源，而且通过参股、控股、兼并、重组等方式，放大了国有资本的效应，在更大范围内实现了资源的有效配置。

（三）混合所有制的社会属性

尽管在混合所有制经济中各种所有制成分之间在功能上具有互补性，但是，由于它们各自都有所有制性质上的归属，所以相互之间无法完全替代。尽管世界各国都在发展混合所有制经济，但中国的混合所有制经济绝不是一般意义的混合所有制经济，而是以公有制为主体的混合所有制经济。这正是我国混合所有制经济发展与西方发达国家混合所有制经济在本质上的差别。

从抽象的角度讲，不能简单地把混合所有制经济视为非公有制经济，也不能笼统地称之为公有制经济。因为在混合所有制经济中，既有公有成分、集体成分，也有私有成分。混合所有制不是一种独立的所有制形式，而是在一定历史时期为了适应生产力发展水平所采取的层次多样性的生产关系的总和形式，也就是不同所有制形式同生共长的经济形式。混合所有制既不完全符合私有制的基本特征，也不完全符合公有制的基本特征。

从现实的角度讲，混合所有制经济必然具有基本经济制度取向。因为任何一种混合所有制必然从属于其所处于的社会基本经济制度的性质。在混合所有制企业中，从表象看不过是经济要素的组合，但从本质看不同所有制性质混合的背后则无法回避不同所有制性质的归属问题。混合所有制经济中主体经济的控制力是由社会的基本经济制度决定的，同时又反过来影响着社会经济制度性质以及政治制度性质。因此，在不同的社会制度下，"混合所有制经济"具有明确的社会基本制度导向。

从发展的角度讲，必须把握国有企业的混合所有制经济改革的方向。在我国现阶段发展混合所有制经济，主要源于国有企业改革。不过，混合所有制经济处在不断变化的动态过程中。如果不能把握好国有企业的改革方向，把混合所有制经济改革嬗变为私有化的过程，使公有产权转变为私有产权，就偏离了改革的方向，背离了改革的本意。改革的目的是以公有制、国有制为主体来实行混合所有制，实现公有制同市场经济的有机结合，找到能有效促进生产力发展的实现形式。

西方国有企业改革的轨迹对我国国有企业的混合所有制改革具有重要的启示。20 世纪 70 年代以来，发达国家先是国有企业进行大规模的私有化，之后，随着由自由竞争市场经济向强调政府干预的转变，企业组织形式也不断从私人企业为主向国有企业与私人企业并存的发展格局转变。2008 年发生的美国次贷危机引发的世界金融危机表明，现代资本主义私有化发展模式局限性再次显现。其实，西方国家国有企业改革的轨迹就是一个"正、反、合"逻辑。为此，我国国有企业改革没有必要重复西方国有企业改革私有化的道路而付出无谓的代价，而是必须立足中国实际，吸收发达国家国有企业改革的经验、教训，坚持公有制主体地位，在发挥国有经济主导作用的基础上推进国有企业混合所有制的改革。

（四）公有制经济、非公有制经济共同发展才能行好至远

改革开放以来，我国通过经济改革，迅速形成了中国特色的社会主义混合所有制经济，形成了相互联系、相互外溢、相互合作、相互竞争的新经济格局，这就是公有经济为主导，不同经济成分共存、齐头并进的混合所有制经济结构。

公有制经济、非公有制经济"两条腿"走路怎样才能行好至远？这需要从国有企业改革和私营企业转型两个方面来努力。

发展混合所有制经济，国有企业关键词是"改革"。尽管 20 世纪末、21 世纪初全面推进的上一轮国企改革取得了明显成效。但是，国企改革仍

面临许多深层次的矛盾和问题。相当一部分国有企业还没有真正成为市场竞争中的行为主体，其体制和行为还没有与市场经济对接。企业规模该大的不大，该小的不小，难以形成有国际竞争力的规模经济企业。许多企业的中上层领导，习惯于按计划、按上级指示办事，不习惯于市场调节；重生产管理，轻市场营销；重固定资产投资，轻广告、品牌、商标等方面投资；重增加了多少资产和产值，轻资产负债率、产品成本效益；重生产工艺，轻法律、经济、财务、公共关系；重自己的生产管理经验，轻项目可行性研究、经济咨询等业务和知识；重短期利益，轻技术改造和新产品开发；重借钱要钱，轻挣钱还钱。企业的领导和中下层干部，按照规模有一定的行政级别，实际是政府官员在企业中的一种延伸。有许多企业领导从心底里重官而轻商。因此，真正善于开拓市场、精心算计成本、讲究效益的企业家较少。一个几乎由行政人员领导的企业与一个由企业家领导的企业是无法在投资、成本、营销方面进行有效竞争的。解决问题的有效途径和办法，也是深化国企改革的突破口，就是大力发展混合所有制经济。通过引入多种经济成分，由多元股东依法、市场化治理公司，进一步转换企业经营机制，规范公司治理，建立真正适应市场经济要求的现代企业制度和经营机制，推动国有企业成为真正的市场主体。

发展混合所有制经济，民营企业关键词是"转型"。相对于数百年发展的市场经济国家，中国的民营企业只有很短的历史。尽管它们的成长速度非常快，但是缺陷也很明显。私营企业的管理经验相对比较缺乏，主要凭借经验管理。许多人在创办企业之前都是工人或农民。这反映了中国民营企业家绝大多数是从工商个体户、工人、农民等演变而来的，更多地基于血缘关系、家庭、亲戚朋友等传统资源，从现代企业制度角度看，普遍采用了"家族式""家长式"企业治理方式。据统计，2015年我国民营企业中99%为中小企业、90%为家族式企业，[①] 核心竞争力和科技创新动力不强，劳资利益冲突比较突出，缺乏企业凝聚力。此外，其还受到市场准入限制、融资渠道窄、对高端人才和精英人才吸引力严重不足等外部条件制约。因此，民营企业应通过混合所有制经济的发展实现全面转型，推动管理上台阶、上档次，加速中小民营企业的技术创新力度。推动民营企业从"家族企业"向

[①] 《中国发展报告（2016）》，中国统计出版社2016年版。

"企业家族"转型,从"粗放型"向"集约型"转变,从"传统工业"向"现代工业"跨越。

国有企业和民营企业通过相互参股等市场形式发展成为混合所有制企业,没有长官意志,没有拉郎配,结合国有企业的诚信、社会责任、实力和民营企业的灵活机制的优势,将产生很大的合力。当然,上述混合所有制企业不应该处处点火、时时冒烟,而是有针对性地采取多种方式。一方面,这种混合所有制企业可以以国有企业为主体,在国有企业母公司层面与民营企业结合为混合所有制企业。例如,中国最大的粮油食品企业中粮集团携手民营乳业企业蒙牛集团,成为蒙牛集团最大的股东,中粮集团不参与蒙牛集团的具体经营管理,不改变现有的经营团队的连续性和稳定性,不改变蒙牛集团的战略方向,只是战略投资,以正能量稳住企业的经营运作,使蒙牛进入中粮时代。当然,也可以以民营企业和外资企业等非公有制经济为主体,参与国有企业改制重组,对国有企业进行收购兼并,组成混合所有制企业。这是在社会主义市场经济体制下的不同所有制混合"共生、共荣、共赢"的新型模式。

(五)处理好政府与市场的关系能有效推动发展混合所有制经济

我国发展混合所有制经济,关键要处理好政府与市场的关系,使市场在资源配置中起决定性作用和更好发挥政府作用。党的十八届三中全会明确要求,深化经济体制改革,就必须处理好政府和市场的关系,不失时机地推进政府职能转变。市场决定资源配置是市场经济的一般规律,健全社会主义市场经济体制必须遵循这条规律,解决好公有制与非公有制之间的融合。从制度层面来看,在我国混合所有制经济的发展必须坚持公有制为主体,并在发展过程中不断提高特别是在质上提高公有制的主体地位。在此基础上,不断支持非公有制经济的健康发展。从体制层面来看,混合所有制经济的发展必须有一个与之相适应的管理机构和权力结构。在一个特定的所有制模式下形成特定的经济管理体制模式,构成社会经济发展的中观层次。因此,混合所有制经济的发展直接与政府职能转变以及政府机构的调整密切相关。政府机构的设置总是与其事权相联系的,事权所带来的就是所谓的职权。政府职能或职权总是与其对经济进行管理的责任相联系的。从机制层面来看,混合所有制所需要的是建立在现代企业基础上的市场化运行机制,是在充分交换的基础上的经济联系。实际上，混合所有制经济的运行机制就是不同所有制成分在企业中的联系机制。

最近一些年，我国在转变政府职能方面尤其在适应社会主义市场经济体制的组织架构和职能体系的改革方面做了大量的工作。不过，转变政府职能涉及的问题非常复杂，不可能在短时间内一下子解决。目前存在的主要问题集中表现在政府职能越位、缺位问题依然突出，不该管的管得过多，需要管的没有管或者没有管好。政府对微观经济活动干预过多，不仅无法发挥应有的作用，而且难以矫正市场失灵，还容易滋生腐败和寻租行为，增加企业成本，限制市场和企业的活力，影响市场配置资源的效率。"公章围城""龟速办证""跑部钱进"等一些热词的出现，就从一个侧面反映了上述现象。因此，必须加快政府职能改革的步伐，根据全面深化改革的要求，努力削减政府职能范围、拆除政府对经济活动直接控制和干预机制，通过深化国有产权制度的改革，强化政府在设计、组织、推动混合所有制经济的发展。

当然，转变政府职能，绝不是简单的一放了之，需要创新和改善政府管理。一个能适应生产力的发展，能够实现资源的优化配置和资源的充分利用的所有制结构应该是开放的系统。一方面，该放开的一定要放开；另一方面，该管的一定要管好。其实，放和管是一体两面，或者形象地说，是车子的两个轮子，只有两个轮子都圆了，车子才能跑起来，才能跑得好。目前，中国经济面临很多过去从未遇过的矛盾和挑战，迫切需要我们以更大力度，在更广范围、更深层次上"简政放权"。大量减少行政审批后，政府管理要由事前审批更多地转为事中事后监管，实行"宽进严管"。实际上，加强事中事后监管，比事前审批难得多。因此，随着管理职能和管理方式的转变，对各部门、各级政府的工作提出了更高的要求。混合所有制经济的发展对于现代企业制度的建立，市场体系的健全和完善，市场机制对资源的优化配置，外向型经济的壮大，生产的社会化、国际化程度的提高等方面，无疑起着显著的推动作用，而且应该成为市场经济的客观基础而显示出强大的动力。

随着政府职能的有效转变，必将出现能够最大限度释放社会生产力的社会主义混合所有制经济的长足发展，迅速形成了独特的社会主义混合经济所有制，形成了相互联系、相互外溢、相互合作、相互竞争的新的经济格局，这就是公有经济为主导，不同经济成分共存、齐头并进的混合所有制经济。

二、深化国有企业改革是混合所有制经济发展的关键

（一）保持国有经济主导作用是社会主义混合所有制经济的特质

在社会主义国家，国有经济是国民经济的领导力量，在国民经济中起着主导作用。国有企业作为政府参与经济活动的微观主体，是划分政府与市场边界的关键，也是促进经济市场化的关键。国企改革事关公平市场环境的建立，决定着全社会资源市场化配置的最终实现。只有坚持国有企业改革，才能坚持公有制主体地位，才能有效发挥国有经济主导作用。从根本上来说，就是要继续探索公有制与市场经济结合的有效途径，既体现市场经济的一般规律，又体现社会主义制度的根本要求。

关于国有经济的地位和作用，改革开放以来党和政府的许多重要文献都有明确的论述。《中华人民共和国宪法》第七条明确指出：国有经济，即社会主义全民所有制经济，是国民经济中的主导力量。国家保障国有经济的巩固和发展。迄今为止，党的历次重要会议都对国有经济的作用和发展有过重要论述。党的历次重大会议都强调国有经济的重要作用。党的十八届三中全会通过的《中共中央关于全面深化改革若干重大问题的决定》再次强调，坚持公有制主体地位，发挥国有经济主导作用。

在社会主义市场经济中，国有经济的主导作用是由公有制的主体地位赋予的，体现了社会主义基本经济制度的根本性质。国有经济的主导作用是与社会主义初级阶段的基本经济制度和中国的特殊发展现实相联系的。社会主义市场经济中国有经济的作用与资本主义市场经济中国有经济的作用是不一样的，不只是从事私有企业不愿意经营的部门，补充私人企业和市场机制的不足，更重要的是对国民经济发展的正确导向和对经济运行整体态势的控制和影响，实现国民经济的长期的动态的平衡，巩固和完善社会主义基本制度。具体地说：

第一，以国有经济为主导是进行宏观经济调控、推进生产力发展的根本要求。生产社会化要求发挥国有经济的主导作用，对整个社会生产和经济发展进行的合理的调控，从而推动生产力更快发展。国有经济是实现这种宏观调控的制度基础。

第二，以国有经济为主导是促进区域经济协调发展的重要条件。一个国家在发展过程中往往会出现区域经济不平衡的问题，甚至因地区经济发展水平差距过大而造成严重的社会问题。这就需要政府通过在落后地区投资创办国有企业来促进这些地区的经济发展，防止区域经济发展差距扩大。

第三，以国有经济为主导是实现共同富裕的基本前提。共同富裕是社会主义的本质。马克思主义政治经济学认为，生产决定分配，不同的所有制关系决定了不同的收入分配制度。只有在生产资料社会占有的基础上才能形成以按劳分配为主体、多种分配方式并存的比较公平的分配关系，对收入分配的源头即生产条件的占有环节进行有效调节，防止两极分化。而且，国有经济具有创造公共财富和增加政府收入的功能，为政府调节社会财富提供了条件，使全体人民共享改革与发展的成果，实现共同富裕。

第四，以国有经济为主导是推进全面发展社会主义的经济基础。在国有经济内部，生产资料的所有权归国家占有，这样就能够从根本上消除资本与劳动的对立，维护社会公平正义，从而实现社会整体利益与局部利益、长远利益与当前利益、公共利益与个人利益的有机结合，为推进全面发展的社会主义奠定经济基础。同时，国有经济承担着提供公共产品和公共服务的功能，以弥补市场机制的"失效"，有效支持了社会主义的全面发展。

第五，以国有经济为主导是全球化条件下实现自主发展的重要保障。坚持和发挥国有经济的主导作用，有利于国家大力实施自主创新的战略，建设创新型国家，提高国家竞争力，保持国家对关键行业和领域的控制力，维护国家的经济安全，从而把积极参与经济全球化与坚持独立自主更好地结合起来。

第六，以国有经济为主导是保障国家主权安全和经济安全的必然要求。航空、航天、核工业等行业和领域直接关系国家的主权安全，金融业则涉及国家的经济安全，银行货币的稳定和安全也意味着整个国民经济的稳定和安全，通常人们将这些行业和领域称为关系国家安全和国民经济命脉的重要行业和关键领域（也称为战略性产业）。为了保证上述重要行业和关键领域不受损害，国家往往通过兴建国有企业来实现对上述重要行业和关键领域进行直接掌控。可见，国有经济承担着保证国家主权和经济安全的特殊职能。

我们不仅要认识到国有经济是国民经济的领导力量，在国民经济中起着主导作用，更要认识到这种领导力量、主导作用不是一劳永逸的，必须在国有企业的不断改革中得以实现。随着全面深化改革的推进，国有企业的机制，既不适应宏观经济体制的转变，也不适应增长方式的转变和激烈市场竞争。因此，只有进一步深化国有经济的改革，才能更好发挥国有经济的领导力量、主导作用。国有企业的混合所有制改革必须坚持正确的方向，这就是增强国有企业的活力，发挥国有经济的主导作用。

（二）国有企业分类改革是有效发挥国有企业功能的基础

国有企业改革伴随着改革开放的历程不断进行着。不过，由于相应的改革不分类别地几乎一致采取了市场化取向，即依据"利润最大化"原则，结果导致一些领域的国企改革偏离了国有资本发展的本质属性和功能性质。因此，国有企业改革要取得实效，不完全取决于改革的市场化取向程度的大小，更在于必须分清不同类别国有企业的本质属性和功能性质。也就是说，只有对国有企业进行分类改革，才能有效发挥国有企业的多元功能。

国有企业改革，不仅取决于改革的市场化取向的程度，更在于分清不同类别国有企业的本质属性和功能性质。也就是说，只有对国有企业进行分类改革，才能深化国有企业改革，完善国有资产管理体制，管好国有资本，有效发挥国有企业的多元功能。根据中国实际情况以及国有资本的战略定位、发展目标，结合不同国有企业在经济社会发展中的作用、现状和发展需要，将国有企业分为商业类和公益类。通过实行分类改革、分类发展、分类监管、分类定责、分类考核，推动国有企业同市场经济深入融合。不同类别的国企其主要目标、考核方式也不一样。这不仅符合我国国情，而且也使得国企改革更具可操作性。

对于主业处于充分竞争行业和领域的商业类国有企业，原则上都要实行公司制股份制改革，积极引入其他国有资本或各类非国有资本实现股权多元化，国有资本可以绝对控股、相对控股，也可以参股，并着力推进整体上市。对这些国有企业，重点考核经营业绩指标、国有资产保值增值和市场竞争能力。商业类国有企业按照市场化要求实行商业化运作，以增强国有经济活力、放大国有资本功能、实现国有资产保值增值为主要目标，依法独立自主开展生产经营活动，实现优胜劣汰、有序进退。

对于主业处于关系国家安全、国民经济命脉的重要行业和关键领域、主要承担重大专项任务的商业类国有企业，要保持国有资本控股地位，支持非国有资本参股。对自然垄断行业，实行以政企分开、政资分开、特许经营、政府监管为主要内容的改革，根据不同行业特点实行网运分开、放开竞争性业务，促进公共资源配置市场化；对需要实行国有全资的企业，也要积极引入其他国有资本实行股权多元化；对特殊业务和竞争性业务实行业务板块有效分离，独立运作、独立核算。对这些国有企业，在考核经营业绩指标和国有资产保值增值情况的同时，应加强对服务国家战略、保障国家安全和国民经济运行、发展前瞻性战略性产业以及完成特殊任务的考核。

公益类国有企业以保障民生、服务社会、提供公共产品和服务为主要目标，引入市场机制，提高公共服务效率和能力。这类企业可以采取国有独资形式，具备条件的也可以推行投资主体多元化，还可以通过购买服务、特许经营、委托代理等方式，鼓励非国有企业参与经营。对公益类国有企业，重点考核成本控制、产品服务质量、营运效率和保障能力，根据企业不同特点有区别地考核经营业绩指标和国有资产保值增值情况，考核中要引入社会评价。

国企分类改革体现了效率和公平的统一。国企分类后的两类企业的共同点是，国有企业首先是企业，都是独立的市场主体，要融入到市场经济，都要遵循市场经济规律和企业发展规律，都要服务于国家的发展战略，要实现经济效益和社会效益的统一。当然，商业类国企更注重效率，更侧重于在市场的商业运作中实现国有资产保值增值，放大国有资本功能，也为市场的发展搭建良好的平台。因此，针对商业性国企的考核，则应强调其经营效益，以实现国有资产保值增值为主要目标。而公益类国企则注重公平，主要是考虑到民生及公共服务、公共产品的提供。因此针对公益性国有企业的考核，应强调其社会效益，重点考核成本控制、产品服务质量、营运效率和保障能力，而不是经营效益。

明确了国有企业分类，分类推进国有企业混合所有制改革就有了抓手。对主业处于充分竞争行业和领域的商业类国有企业混合所有制改革，应按照市场化、国际化要求，以增强国有经济活力、放大国有资本功能、实现国有资产保值增值为主要目标，以提高经济效益和创新商业模式为导向，充分运用整体上市等方式，积极引入其他国有资本或各类非国有资本实现股权多元化。坚持以资本为纽带完善混合所有制企业治理结构和管理方式，国有资本出资人和各类非国有资本出资人以股东身份履行权利和职责，使混合所有制企业成为真正的市场主体。有效探索主业处于重要行业和关键领域的商业类国有企业混合所有制改革。

国企分类是国企改革的一个重大突破，可以有效解决国企包括央企战略定位不清、考核针对性不强也不尽科学的问题。明确不同国企的功能定位，是全面深化国企改革的逻辑起点，也是整个国企改革的前提和基础，还是混合所有制改革的基础。只有把国企的功能界定清楚之后，才能明确改革路径，为国有企业考核和国有资产监管提供理论依据，有效推进混合所有制改革以及国企并购重组等资本运作。

（三）通过资本运营实现国有资产保值增值

作为社会主义基本经济制度的核心力量，公有制经济的主要表现形式就是国有资产和国有资本。国资改革的核心方向是国有资产资本化。探索国有资产监管与经营的有效形式，深化国有企业改革是推进混合所有制发展的重要任务。提升资本运营水平，实现企业国有资产保值增值，既是现代企业制度建设的核心内容，又是国有企业改革的方向与重点。从管理资产向管理资本转变，有效地运营国有资本，实现收益的最大化，也是国有资产监管机构和经营主体共同的目标。

党的十八届三中全会《决定》提出，要完善国有资产管理体制，以管资本为主加强国有资产监管，改革国有资本授权经营体制，组建若干国有资本运营公司，支持有条件的国有企业改组为国有资本投资公司。完善国有资产管理体制，应以管资本为主，用资本运营思路来监管、配置国有资产，有助于增加国有资产活性。当国有资产与其他资产组合成混合所有制企业，那么国资委等就可重点以资本运营者角度，把重点放置在国有资本的运营上，进而可借助私有产权明晰的人格化，分享其内生的激励相容性，进而缓解国有资产在产权上的多重委托代理风险。同时，混合所有制的实现形式，实际上拓宽了国有资本影响力。之前公有制主体地位和国有经济主导作用，主要倚重国有资本对企业的绝对控股，而随着混合所有制的出现，国有资本通过相对控股，就可体现其控制力。

要通过资本管理来加强国有资产监管，实现国有资产覆盖领域的合理配置调整和国有资本的有序进退。推进国有企业重组和调整，引导国有企业突出主业，加大内部资源整合力度，采用多种方式剥离重组非主业资产。为此，必须完善国有资本合理流动机制，国有资本投资运营要服务于国家战略目标。要加快推动国有资本更多投向关系国家安全和国民经济命脉的重要行业和关键领域。党的十八届三中全会《决定》明确提出，国有资本投资运营要服务于国家战略目标，更多投向关系国家安全、国民经济命脉的重要行业和关键领域，重点提供公共服务、发展重要前瞻性战略性产业、保护生态环境、支持科技进步、保障国家安全。

要从资产管理向资本管理的转变，通过资本运作与资产置换来盘活国有资产，增强国有资产的流动性和企业的现金流动量，把国有企业中固化了的、不能流动的资产变为可实现的现金流与资本流，促进国有资产从企业形态向货币形态的转化；使人才、资本、技术等生产要素由"闲置"向"短缺"转变。充分利用产权市场和证券市场，通过产（股）权转让、增资扩股、资产重组、规范上市等方式，引进各类投资者，实现企业投资主体多元化、经营机制市场化。鼓励国有企业之间以及国有企业和民营企业之间，根据产业和资本的关联性进行股权置换和交叉持股。推动开放性市场化重组整合，重点引进中央企业、大型民企、国内外其他优势企业参与重组，国有资本投资项目鼓励非公有资本参股，国有企业也可与民营企业合资合作。大力推进企业上市发展，利用国内外资本市场，推动企业整体上市或核心业务资产上市，使上市公司成为国有企业的重要组织形态；充分发挥国有控股上市公司作为发展混合所有制经济的平台作用，积极引进民间资本和社会资本，不断增强企业活力。

（四）打破垄断、引入民营，发挥国有经济杠杆作用

由于垄断行业几乎都是国有企业，因此，推进垄断行业改革，可以大大提高资源配置和利用效率，这是现阶段中国改革红利的重要源泉。按照"毫不动摇地巩固和发展公有制经济，毫不动摇地鼓励、支持、引导非公有制经济发展"的原则，鼓励民营经济进入垄断行业，成为混合所有制经济的重要动力。

垄断行业改革的主要内容是"打破垄断，促进竞争，重塑监管"。改革方式需要采取增量改革与存量重组相结合的方式。所谓"增量改革"，就是通过放松市场准入，在发展潜力大、具有全局性影响的领域放开其他企业特别是民营企业进入，进而形成多企业有竞争的市场结构。所谓"存量重

组",就是对那些方向看得准、条件已具备的产业,下决心继续推进存量重组改革,以形成有利于公平有效竞争的市场结构。将可竞争环节与自然垄断环节分开,在可竞争环节引入公平有效竞争,对自然垄断环节建立有效的政府监管制度。无论是"增量改革",还是"存量重组",最重要的是竞争机制的引入。

在鼓励民营经济进入垄断行业的过程中,要防止"铁门""玻璃门"和"弹簧门"三重门的阻碍。第一道"铁门",由国有企业把守。2009年,国有资本在资源性、能源性领域中大规模跃进。在国家 4 万亿投资计划中,国有资本几乎得到了所有的重要政府订单,"铁公基"成为国企的盛筵。第二道是"玻璃门",一些行业和领域在准入政策上虽无公开限制,但实际进入条件限制颇多,主要是对进入资格设置过高门槛,看着是敞开的,实际却进不去的,一进就碰壁。第三道是"弹簧门",民企虽然可以进入,但最终会被"弹"出来,尤其体现在产业主管部门政企不分,进行重重审批设限。

世界经济发展的历史表明,私有化不一定会带来效率的提升,但竞争一定会提升效率。在我国作为计划经济最坚实堡垒的铁道部,已经从政府的一个部门改革成为一家企业。而且铁路投融资体制改革方案要求,支线铁路、城际铁路、资源开发性铁路的所有权、经营权可以率先向社会资本开放,引导社会资本投资既有干线铁路。未来的城市化过程中,也会引导民间资本进入基础设施建设、城市运营和公共服务等领域。实践中,以 BT(建设—移交)、BOT(建设—运营—移交)、BDOT(建设—开发—运营—移交)为代表的市场化模式正在成为主流。

随着科技进步,以输送网络系统的存在为基础的自然垄断性业务正在逐步缩小,原来被视为垄断行业的大量业务逐步变为完全可以引入市场竞争的非自然垄断性业务,这就为垄断行业引入新的厂商和展开竞争创造了条件。一些国家的经验还表明,即使是自然垄断性业务,也可在一定程度上引入竞争。我国电信行业三大电信运营商遭到新的轻型运营商(例如腾讯等)的围追堵截。整个市场的结构比单一化某种资产或者资本的所有制形式更加重要,竞争性的混合产权制度安排是发挥"鲇鱼效应"的一种手段。实践证明,一旦引入竞争机制,资源就能优化配置,价格可以降低,服务质量可以提高,消费者可以得到实惠。

现在有一种观点认为，垄断行业改革就是要"国退民进"，甚至要求政府以行政命令方式强制国有企业退出所有竞争性领域。这种观点和主张不符合市场化的改革方向。在市场经济中，尽管不同的企业之间有资金、技术等方面的竞争力差别，但它们在法律上是平等的。只要符合法律，国有企业在哪些领域进行投资，或者从哪些领域退出，都应当由企业自主决定；其他所有制企业也是如此，法律没有禁止的领域，民间资本就有进出的自由。

垄断行业的改革，单纯依靠私有产权不能取得较好效果，甚至会引发行业倒退。很多国外实证文献发现，私有化垄断企业并不能取得良好的行业绩效，甚至会使私人利用垄断工具损失社会福利，造成行业发展的倒退。例如，部分拉美国家和非洲国家在20世纪90年代进行大规模的私有化垄断行业改革，从国家垄断激进地改革到私人垄断，使垄断行业发展出现倒退现象。

改革没有通用模式，不能照搬国外模式，也不能搞"一刀切"，需要根据我国实际情况以及行业具体特征选择适合的改革模式。我国垄断行业改革需要借鉴西方发达国家的经验，这固然无可非议。但是，也要清醒地认识到，西方发达国家在垄断行业改革方面，也处于探索之中，没有一种统一的模式。因此，不能简单移植、照搬国外模式，需要根据我国实际情况选择合适的改革模式。同时，不同行业之间基础差异较大，技术经济特征区别明显，不存在一个适合我国各垄断行业的通用模式。因此，需要在认真研究行业特征的基础上，设计适合本行业的改革模式。

三、非公有制经济在混合所有制经济改革和发展中释放活力

（一）非公有制经济在社会主义市场经济发展中的作用及问题

社会主义初级阶段，非公有制经济不可或缺。习近平同志指出："我们强调把公有制经济巩固好、发展好，同鼓励、支持、引导非公有制经济发展不是矛盾的，而是有机统一的。我们国家这么大、人口这么多，又处于并长期处于社会主义初级阶段，要把经济社会发展搞上去，就要各方面齐心协力来干，众人拾柴火焰高。公有制经济、非公有制经济应该相辅相成、相得益

彰，而不是相互排斥、相互抵消。"①

基本经济制度的核心就是坚定"两个不动摇"，非公有制经济是社会主义初级阶段促进生产力发展的重要构成力量。改革开放近40年来，非公有制经济作为社会主义市场经济的重要组成部分得到迅猛发展，对促进经济增长、优化经济结构、增加财政收入、扩大就业、繁荣城乡经济做出了突出贡献，是推动国民经济发展，构造市场经济主体，促进社会稳定的基础力量。因此，在以后的发展中必须坚持"两个毫不动摇"原则，为建设社会主义和谐社会奠定扎实的经济基础。

非公有制经济在经济社会发展各方面起着越来越重要的作用。非公有制经济已经成为我国经济发展的重要力量，有效推进了我国企业产权制度变迁，直接或间接地推进了国有企业产权制度改革。民营企业灵活的经营机制不仅改变着中国的产业结构，也改变着中国企业的发展方式，而这些正是增强中国经济发展活力的微观基础。民营企业大多流向第二产业和第三产业，使得我国第二产业、第三产业固定资产投资规模迅速增加，推动着我国产业结构的合理变化。习近平同志指出："我国非公有制经济从小到大、由弱变强，是在我们党和国家方针政策指引下发展起来的，是在中国共产党领导下开辟出来的一条道路。长期以来，我国非公有制经济快速发展，在稳定增长、促进创新、增加就业、改善民生等方面发挥了重要作用。非公有制经济是稳定经济的重要基础，是国家税收的重要来源，是技术创新的重要主体，是金融发展的重要依托，是经济持续健康发展的重要力量。"②

尽管非公有制经济在促进经济发展、增加居民收入、安置就业等诸多方面功不可没，但是，基本经济制度的形成是一个不断完善的动态过程，在这个过程中受到传统体制惯性的影响，还受到引进外资的导向作用的影响，非公有制经济面临着许多问题。

第一，整体竞争力不强。主要有：一是非公有制经济主要是以中小企业为主，企业规模不大，产业少而弱，产业行业单一，产业总量不足，集聚度不高，科技含量较低，竞争力不强。二是非公有制经济主要以家族企业为

---

① 中共中央文献研究室：《习近平关于社会主义经济建设论述摘编》，中央文献出版社2017年版，第67页。
② 习近平：《毫不动摇坚持我国基本经济制度推动各种所有制经济健康发展》，载于《人民日报》2016年3月5日。

主，转型升级存在问题。家族企业领导偏重经验而缺少创新，基本是"有管无理、有战无术、有销无营"的状况。在管理方式上，基本上是"老婆管钱、亲戚管账、自己跑市场"的模式，制约了企业更高发展。法律意识淡薄，不知依法自我保护，权益得不到保障。诚信意识淡薄，思想观念落后等也是民营经济存在的重要问题。三是非公有制经济发展方式比较粗放，产品附加值低。非公有经济以传统产业为主，劳动密集型的轻工传统产业占有重要地位。传统产业升级缓慢，难以形成新的经济增长点，其发展方式主要以量的扩张为主，散、小、低特征较为明显。

第二，面临几大突出困难。主要有：一是融资困难，资金不足。民营企业的融资环境与其在国民经济中的地位极不相对称，民营企业的融资难问题已经成为制约其发展的"瓶颈"。二是"明税"有降，"暗费"难减，隐性负担较重。表现为三多，一是项目多，二是部门多，三是数额多。特别是一些前置性审批，需要通过中介机构，中介机构又收费，环节太多。三是经营成本上升，利润下降。市场销售受阻，增速普遍放缓，利润大幅下降。民营企业经营面临困境的最重要原因都是原材料成本、劳动力成本上升。四是产业调整滞后，部分行业产能严重过剩。民营经济由于缺乏引导，加之资源优势不明显，投资项目单一、投资效率低下。民营经济产业分工处于国际国内产业分工的下游。五是人才匮乏与创新不足，自身经营管理机制不完善。人才短缺成为民营企业反映的普遍问题之一，不仅技术人才短缺，管理人才也难以寻觅。这些问题严重制约了非公有制经济进一步发展，必须在推进非公有制经济进一步发展中加以解决。

党的十八届三中全会《决定》对非公有制经济发展做出了创新性的论述和重要部署，为非公有制经济发展提供了前所未有的理论支持、政策支持和纲领性的肯定，并且强调，要激发非公有制经济活力和创造力，表明了党和政府支持非公有制经济发展的坚定决心，明确了支持非公有制经济发展的方向和重点。近年来，中央推出了一大批扩大非公有制企业市场准入、平等发展的改革举措，陆续出台了一大批相关政策措施，形成了鼓励、支持、引导非公有制经济发展的政策体系，非公有制经济发展正面临前所未有的良好政策环境和社会氛围。非公有制经济发展的政策将会释放巨大能量，特别是在混合所有制经济发展中，非公有制经济将迎来一个良好机遇期。

（二）在打造良好环境中鼓励非公有制企业参与国有企业改革

要充分认识民营经济的重要地位和作用，增强抓好民营经济的自觉性和责任感。民营经济对于促进国民经济发展和推动社会主义市场经济发展，有着十分重要的意义。党的十八届三中全会《决定》提出，"公有制经济和非公有制经济都是社会主义市场经济的重要组成部分，都是中国经济社会发展的重要基础"，这样的表述首次在中共全会公报中出现。更为重要的是，在随后发布的《决定》中，又对混合所有制经济以及国有企业改革做出了详细规划。鼓励非公有制企业参与国有企业改革，鼓励发展非公有资本控股的混合所有制企业，鼓励有条件的私营企业建立现代企业制度。此次《决定》将有助于公有制以及非公有制两种经济今后形成平等合作以及竞争关系，使民营经济和国有经济发展处在同等公平竞争环境之下。

必须构筑非公有制经济发展的财产权制度基础。党的十八届三中全会《决定》强调"两个不可侵犯"，即公有制经济财产权不可侵犯，非公有制经济财产权同样不可侵犯。财产权是所有制的核心，是个体、私营企业等非公有制经济发展的物质基础，只有完善财产权保护制度，才能促使非公有制经济真正走上持续发展之路。过去我们对非公有制经济的地位和产权没有给予足够的认识，这次第一次从产权保护的角度写入中央文件，从政策和法律角度清晰界定了对非公有制经济财产所有权给予合理的保护和承认，具有重大意义，有利于改善非公有制企业发展制度环境，增强非公有制企业创新创业的动力。长期以来，非公有制企业家对自己的财产安全总有担忧之心，出现"大富不安"和大规模投资移民的现象，在相当程度上是缘于经常发生的非公有制经济合法财产受侵犯的现象。"两个不可侵犯"可以说给企业家吃了"定心丸"。

必须增强非公有制经济科技创新能力，增强产业调整力度，推动民营经济转型升级。党的十八届三中全会《决定》提出，健全技术创新市场导向机制，激发中小企业创新活力。以中小企业为主体的民营企业，要用好用足经济发展进入新常态下政府对企业技改方面的支持性政策，努力加大研发投入，提高企业产品的技术含量，培育自身的核心竞争力。在兼顾企业现有产品市场份额的同时，必须从企业发展战略的高度重新调整企业在整个价值链中的定位，通过自主研发、资本运作、战略联盟等方式努力向价值链的高端即研发和营销延伸，为企业争取更大的利润空间。要不断发挥市场的调节作用，持续推进企业的节能降耗工程的建设，依据循环经济和低碳经济的内在要求，切实达到集约化生产、销售的目标。要密切关注国家和地区产业发展导向，加快技术改造，优先发展生态绿色产业，从传统产业中有序退出，推动民营企业由传统的"投资驱动型"向"创新—创意驱动型"转型，力争在国家所确定的战略性新兴产业中抢占制高点，以为未来的竞争提早储备技术和人才。

必须降低市场的准入门槛，扩大市场准入的空间，为非公有制经济的发展营造一个相对公平和稳定的社会环境。党的十八届三中全会《决定》强调"三个平等"，即权利平等、机会平等、规则平等，创造非公有制经济发展的公平竞争环境。这体现了对各种市场主体的一视同仁，同等对待。权利、机会、规则平等是社会主义市场经济健康运行的三个关键，也是促进非公有制经济健康发展的重要条件。《决定》还提出，"消除各种隐性壁垒"，实行统一的市场准入制度。在制定负面清单的基础上，各类市场主体可依法平等进入清单之外领域，实施"非禁即入""法无禁止皆可为"，扫清影响非公有制经济发展的制度障碍，消除非公有制经济发展障碍上升到了实际操作层面，打破"玻璃门""弹簧门""旋转门"现象。要根据"打破垄断、促进竞争、重塑监管"的垄断行业改革原则，鼓励民营资本进入垄断行业。鼓励国有企业和民营企业之间，根据产业和资本的关联性进行股权置换和交叉持股。拓展非公有制经济发展的空间，增强非公有制经济的生机与活力。

必须鼓励非公有制经济采取多种形式参与国有企业改革。非公有制经济和公有制经济的共赢发展，为社会主义市场经济创造了多元市场主体互相竞争、充满活力的体制环境。随着非公有制经济参与国有企业改革的制度条件不断完善，非公有制经济已经成为推动国有企业改革的重要力量，要鼓励非公有制企业通过并购、控股、参股国有企业和集体企业，实现低成本扩张。党的十八届三中全会《决定》提出"鼓励非公有制企业参与国有企业改革"，因此要进一步加大对非公有制经济参与国有企业改革的鼓励与支持。实际上，就是要发展国有资本、集体资本和非公有资本等参股的混合所有制经济。这样，可以进一步深化国有企业改革，增强国有经济的活力，推动非公有制经济与公有制经济的深度融合和有机统一。未来，在混合所有制经济中，将改变以行政命令来决定谁为主导的模式，在市场的决定下，公有制和非公有制经济都有在某一领域成为主力的可能性。混合经济就是公有制和非公有制共同发展，在市场经济制度的环境下，以市场为主决定价格水平、资金水平包括利率水平等，两种经济都能够混合发展，甚至可以互相支持、共同推进。可以预见，未来公有制和非公有制经济将以合作形式，也就是混合所有制成分共同担负起推动中国经济发展的重任。

（三）通过建立新型政商关系推进非公有制经济健康发展

我们正在推行社会主义市场经济，这是改革开放以来中国经济社会发展的一种历史选择。不过，实行市场经济就必然会产生政商关系的问题，这是回避不了而又十分现实的问题。为了推动经济社会发展，领导干部同非公有制经济人士的交往是经常的、必然的，也是必须的。领导干部同非公有制经济人士的交往应该为君子之交，要亲商、安商、富商，但不能搞成封建官僚和"红顶商人"之间的那种关系，也不能搞成西方国家大财团和政界之间的那种关系，更不能搞成吃吃喝喝、酒肉朋友的那种关系。当然，要求领导干部同民营企业家打交道要守住底线、把好分寸，并不意味着领导干部可以对民营企业家不理不睬，对他们的正当要求置若罔闻，对他们的合法权益不予保护。

政商关系是否厘清，可以视为判断社会政治清明与否的一个标志。在官场和市场中彻底厘清边界、肃清规则，则是建立新型政商关系的基础。我们是社会主义国家，从理论上说，有正确引导政商关系的社会机制。政界和商界之间建立一种经常的合理的联系，是市场经济体制下的一种必然趋势，也是一个十分重大的时代课题。

早在 2013 年，习近平总书记在全国两会期间就曾告诫各级领导："官""商"交往要有道，相敬如宾，而不要勾肩搭背、不分彼此，要划出公私分明的界限。"道"即规则，是治理政商关系之本。新型政商关系的建立，应将焦点集中于"技术"层面的制度设计。在市场经济环境下，政商交往在所难免。我们既不能将政商完全隔绝开来，也不能容忍消极、腐败、堕落的政商关系继续存在，唯一的解决办法就是构建积极、健康、向上的新型政商关系。我国亟须在完善社会主义法治条件下，基于政与商各自性质和需求的认知，建立以良性互动、合作共赢、共同发展、造福社会为取向的新型政商关系，缔造良性的商业社会和自信的商业文明。

新型政商关系其核心就是处理好"亲""清"关系。对领导干部而言，所谓"亲"，就是要坦荡真诚同民营企业接触交往，特别是在民营企业遇到困难和问题的情况下更要积极作为、靠前服务，对非公有制经济人士多关注、多谈心、多引导，帮助其解决实际困难，真心实意支持民营经济发展。所谓"清"，就是同民营企业家的关系要清白、纯洁，不能有贪心私心，不能以权谋私，不能搞权钱交易。对民营企业家而言，所谓"亲"，就是积极主动同各级党委和政府及部门多沟通多交流，讲真话、说实情、建诤言，满腔热情支持地方发展。所谓"清"，就是要洁身自好、走正道，做到遵纪守法办企业、光明正大搞经营。企业经营遇到困难和问题时，要通过正常渠道反映和解决，如果遇到政府工作人员故意刁难和不作为，可以向有关部门举报，运用法律武器维护自身合法权益。靠旁门左道、歪门邪道搞企业是不可能成功的，不仅败坏了社会风气，做这种事心里也不踏实。"亲"和"清"是一对辩证关系，官商交往既要"亲"又要"清"，前者要求亲和、友善、坦荡、真诚、积极主动、热情热心，后者要求清白、守法、公平、公正、两袖清风、廉洁干净。同时，还要把握好一个"度"——既不能画地为牢，老死不相往来，"太清而不亲"；也不能走得太近，不分你我搞联盟，"太亲而不清"。

政商关系本质上是处理好政府与市场的关系，厘清政、商在资源配置上的作用的关系。党的十八届三中全会提出，市场在资源配置中起决定性作用和更好发挥政府作用，这是中国特色的社会主义市场经济运行模式下新型政商关系的核心思路。让市场在资源配置中起决定性作用，就是说政府要把不该管的事情放下去，还给社会、还给市场、交给企业家、交给商事主体。要坚持经济自治原则，落实市场主体的经济行为、管理行为自治，保障市场主体的独立权和参与权。更好发挥政府作用，就是说政府要把该管的事情管好。深入推进简政放权、放管结合和优化服务，坚持用政府权力的减法换取市场活力的乘法，让"无形之手"与"有形之手"协同发力。要大力压缩审批、垄断造成的寻租空间，全面清理行政审批事项，简化审批程序，缩短审批时间。总而言之，政府与市场的关系处理好了，政商关系也就能够理顺了。

非公有制经济要健康发展，还要鼓励非公有制经济人士健康成长。我国的非公有制经济人士，是中国特色社会主义事业建设者。要坚持团结、服务、引导、教育的方针，一手抓鼓励支持，一手抓教育引导，促进非公有制经济健康发展和非公有制经济人士健康成长，推动广大非公有制经济人士做合格的中国特色社会主义事业建设者。广大非公有制经济人士要加强自我学习、自我教育、自我提升。我们党内对领导干部也是这样要求的，而且要求得更严，正所谓"金无足赤，人无完人"。非公有制经济人士都要"自强不息，止于至善"。广大非公有制经济人士要树立正确的商业观念，让"靠关系"的思维向"靠本领"转变，集中精力干事创业，追求企业长期可持续发展。

许多民营企业家都是创业成功人士，是社会公众人物。用一句俗话讲，大家都是有头有脸的人物。民营企业家群体中每个人的举手投足、一言一行，对社会有很强的示范效应，要十分珍视和维护好自身社会形象。要深入开展以"守法诚信、坚定信心"为重点的理想信念教育实践活动，始终热爱祖国、热爱人民、热爱中国共产党，积极践行社会主义核心价值观，做爱国敬业、守法经营、创业创新、回报社会的典范，在推动实现中华民族伟大复兴的中国梦的实践中谱写人生事业的华彩篇章。要注重对年轻一代非公有制经济人士的教育培养，引导他们继承发扬老一代企业家的创业精神和听党话、跟党走的光荣传统。广大民营企业要积极投身光彩事业和公益慈善事业，致富思源、义利兼顾，自觉履行社会责任。

四、在不断完善现代企业制度中推进混合所有制经济发展

（一）完善现代企业制度是国有企业改革的基本方向

建设现代企业制度是国有企业改革的基本方向，完善现代企业制度是深化国有企业改革的主要任务。建设和完善现代企业制度也是坚持社会主义基本经济制度的必然要求。只有加快完善现代企业制度，才能提高国有企业发展的质量和效益，才能进一步激发国有企业活力和创造力，奠定经济发展方式转变和长期可持续发展的基础，从而推动基本经济制度和社会主义市场经济体制不断完善。从这方面讲，国有企业改革也是我们可以用好的最大红利。

现代企业制度是社会化大生产和市场经济发展的产物，是市场经济发展

到一定阶段的结果。在资本主义发展初期，企业的所有权与经营权是统一的，所有者的个人财产与企业财产是不分的，谁投资、谁所有、谁经营、谁受益、谁承担民事责任。随着生产规模的不断扩大和市场竞争的日趋激烈，企业资金需求不断增加，投资风险逐渐增大，对决策和经营能力的要求日益提高，所有者与经营者合一和承担无限责任的传统企业制度难以满足上述要求和变化，要求企业制度必须进行变革。这样，以现代产权制度为基础、以企业法人制度为核心、以所有权与经营权分离为特征、以有限责任制度为保证、以公司制股份制为组织形式的现代企业制度也就应运而生。世界上很多企业特别是大企业普遍选择了现代企业制度作为资本组织形式。

现代企业制度是企业赢得市场竞争优势的一种有效组织形式和运营方式，是被许多国家的实践证明的有利于促进生产力发展的先进的生产组织形式。现代企业制度也是提升国家竞争力的重要制度保证，是推动人类社会发展的一种有效制度。我国国有企业要适应社会化大生产和市场经济发展的需要，要形成与市场经济体制相适应的体制和机制，要在激烈的市场竞争中具有活力和竞争力，就必须建立现代企业制度作为其改革的制度模式。国有企业要适应市场经济和市场竞争的要求，真正成为法人实体和市场竞争主体，就必须遵循企业发展规律，学习借鉴世界大型企业普遍采用的治理模式，按照"产权清晰、权责明确、政企分开、管理科学"的要求，进行公司制股份制改革，建立健全现代企业制度。

党的十八届三中全会明确提出，必须适应市场化、国际化的新形势，进一步深化国有企业改革，推动国有企业完善现代企业制度。完善现代企业制度对坚持和完善基本经济制度也具有重要意义。建设中国特色社会主义，坚持和完善基本经济制度，提升我国的综合国力和竞争力，就必须将建立现代企业制度确立为我国国有企业改革的方向，推动国有企业不断完善现代企业制度。国有企业改革是坚持和完善基本经济制度的重要内容和重大举措，现代企业制度是国有企业改革的方向，能否建成比较完善的现代企业制度，对国有企业改革目标的顺利实现，对国有企业活力和竞争力的提升，进而对坚持和完善基本经济制度都会产生重要影响。

（二）产权制度是完善现代企业制度的前提条件

党的十八届三中全会《决定》强调："产权是所有制的核心"，"国家保护各种所有制经济产权和合法利益。"这一重要论断不仅是完善现代企业制度改革的行动纲领，也是积极发展混合所有制经济的重要途径。

产权是以财产所有权为基础，由所有制实现形式所决定的，反映不同利益主体对某一财产的占有、支配和收益的权利、义务和责任。产权是所有制的核心和主要内容，包括物权、债权、股权和知识产权等各类财产权。作为所有制的核心和主要内容，产权具有排他性、独立性、可分解性和收益性。随着近40年改革开放的发展，我国传统的产权制度出现了变化，开始发生转型。不过，我国企业的产权制度与现代产权制度的目标相比，还处于初级阶段，仍存在不少需要提升的内容。从宏观角度看，国有产权涉及的面仍然较宽，竞争性领域中的国有产权比重仍然较高。从微观角度看，无论是国有企业还是民营企业，产权结构仍不合理，产权单一还很普遍，能够相互制衡的企业多元化产权结构尚未形成。从产权的特性看，产权的分割不规范，国有产权的流动性不足。

产权主体虚位即出资人缺位的问题是深层次的体制障碍。因此，必须完善国有资产管理体制，以管理资本为主加强国有资产监管，改革国有资本授权经营体制，分类组建若干个国有资本运营公司，从组织形式和机构上明确产权主体。同时，还要落实出资人职责。公司股东作为出资者按投入公司的资本额享有所有者的资产受益、重大决策和选择管理者等权利。全面深化产权制度改革，关键在于细化和落实出资人的职责。依据不同国有企业功能，从产权层次和内容上明确国资管理机构—资本运营公司—生产经营企业的权责利，在实际运行中落实"权责明确"。

产权主体确定之后，必须得到有效的保护。这是现代产权制度正常运行的安全基础。目前产权的保护上存在的问题是对公有产权行政干预过多，对私有产权保护不足。一些非公有制企业的权益得不到保障，影响了外资与民营资本增加投资、扩大规模，妨碍了私有产权的发展壮大。必须建立全面的产权法律体系，充分利用产权保护的市场规则，对各类产权进行强制性的有效的严格保护。产权受到严格保护，激励才能更有效，各产权主体才敢于并勇于搏击市场，放心大胆地创新进取，主动进入风险与机遇并存的领域，抢先赢得发展时机。这样，才能促进多种所有制的共同发展，有利于我国社会主义初级阶段基本经济制度的巩固和发展。

产权多元化是积极发展混合所有制经济的重要途径，是完善现代企业制度的制度保障，也是与社会资本、国际资本、金融资本等各种所有制资本相结合的内在要求。产权多元化的目的在于转机建制，即发挥"无形的手"的作用，让市场机制在优化资源配置中起决定性作用。推进产权多元化是优先发展的重点方向。可以通过以下路径实现产权结构多元化。

（1）吸引民营资本。促进和引导民间投资，放宽投资领域，拓展融资渠道，允许社会资本进入法律法规未禁入的基础设施、公用事业及其他行业和领域。在电力、电信、铁路、民航、石油等行业和领域，进一步引入市场竞争机制。对自然垄断业务，非公有资本以参股等方式进入。对其他业务，非国有资本以独资、合资、合作、项目融资等方式进入。

（2）利用外商外资。鼓励中小企业根据国家利用外资政策，引进国外资金、先进技术和管理经验，创办中外合资经营、中外合作经营企业。

（3）培育机构投资者。培育和发展各类基金（如产业基金、风险基金、社保基金和企业年金基金等）资产管理公司。机构投资者可以较好地解决业主自营式出现的规模问题、私人大股东形成的垄断问题、公众持股产生的内部人控制问题等，从而形成合理的产权模式。

（4）支持个人投资入股。党的十八届三中全会《决定》首次提出："允许混合所有制经济实行企业员工持股，形成资本所有者和劳动者利益共同体。"必须继续推进职工集资入股、自然人投资入股等实践效果较好的形式。努力实现劳者有其产，工者有其股的宗旨，联股联利又联心，按劳取酬加按资分利。

（5）激励经营管理者投资入股。允许国有和集体性质的高新技术企业吸收本单位的业务骨干参股，从产权制度上形成激励与约束机制，充分肯定特殊的脑力劳动或复杂劳动的具体体现，促进科技成果转化，增强企业的凝聚力。

（6）促进公有产权之间互相参股入股，交叉持股。通过中央企业与地方企业，地方企业与地方企业，部门企业与地方企业，金融企业与实体企业之间等方式投资参股。探索金融资本与产业资本的有机结合是当前公有产权相结合的有效形式。

（三）公司法人治理结构是完善现代企业制度的关键

在完善现代产权制度的基础上，建立有效的公司法人治理结构，是现代企业制度建立的关键问题。发展混合所有制经济的目的之一，就是要吸引国内外投资者、提高企业经营管理效率、提升企业竞争力，因此，建立、完善法人治理结构是重要的一环。党的十八届三中全会提出，要"健全协调运转、有效制衡的公司法人治理结构"，这明确了公司法人治理结构的功能之所在，同时也明确了现代企业制度。

所谓法人治理结构，是指由于所有权、经营权相分离而产生的科学化、规范化的企业组织结构和管理制度。它主要由所有者、董事会和高级执行人员即高级经理三者组成的一种组织结构。所有者、董事会和经理层三者之间的制衡关系，是基于两个层面的法律关系的：股东大会与董事会之间的信任托管关系和董事会与高层经理人员之间的委托代理关系。委托人与代理人各自追求利益的差异体现在：作为委托人，要求受托人尽职尽责，执行好经营管理的职能，为公司赢取更多的"剩余收益"，即利润；而作为受托人（代理人）所追求的则是他们本身的人力资源资本（知识、才能、社会地位、声誉等）的增加以及相应的经济收益。利益追求的差异必然带来行为与动机的差异，所有者、董事会和高级执行人员三者之间的制衡关系由此而产生。

自改革开放以来，我国企业公司治理结构呈现多元化，有的是治理结构简单的私营企业，属于所有者经营型企业；有的采取合伙制或非上市的股份公司形式，大多是一种家族控制模式。这些企业都必须通过建立现代企业制度，完成自身从初级（"夫妻店"、个体工商户）到中级（家族式企业），进而到高级（现代企业）的转型。而对于大型民营和国有股份制企业而言，尽管都建立了股东会、董事会、监事会，但是并没有明确股东会、董事会、监事会和经理层的职责，构成了不合理并且缺乏科学的工作制度，也就不可能形成各负其责、协调运转、有效制衡的机制。因此，需要完善和规范公司法人治理结构，真正发挥其应有的效能。

我国作为一个经济转型国家，特有的经济体制和经济运行大环境以及企业自己的生态条件，决定了照抄照搬国外公司治理的经验和模式不可能奏效。因此，只有完善企业公司治理的法律规则，改善企业公司治理的市场环境，建立合理的内部治理结构，才能使我国的公司治理结构不断完善。第一，制定法人治理结构的工作制度。要严格公司法人治理结构事权划分，根据《公司法》和公司章程规定，制定法人治理结构的工作制度，合理界定股东会、董事会和总经理层、监事会的职责，以便处理在具体事务中出现的交叉、重复和相互扯皮问题。第二，规范董事会运作机制。推动董事会的独立性、民主性、明晰性、专业性，确保董事会科学、迅速地做出决策。杜绝大股东"一股独大"现象，做到真正健全公司治理结构，从而确保内部控制的有效实施。第三，强化监事会作用，保障监事会依法行使职权，保证监事会对公司财务、经营状况、董事和经理的监督。在制度层面上要理顺外部董事与监事会监督职能的范畴，更加完善公司治理结构，加强公司的内部控制体系。第四，明确经理层的权力、义务和责任。从授权开始，明确经理层的职责范畴，避免经理层对公司董事会决策进行不必要的干涉和影响。加强对经理人的绩效评价，建立经理人的绩效评价体系。构建对经理层超越职权、滥用职权行为的问责，完善相应的惩罚机制。第五，建立职工参与公司治理制度。职工是公司的主要利害关系人，他们对公司有长期的人力投入，并承担了相应的风险。公司职工参与公司治理，是缓和劳资冲突、提高公司组织效率的需要。应当创造条件让职工参与公司治理，发挥公司职工代表和工会在公司中的作用。

（四）职业经理人制度是构建现代企业的灵魂

职业经理人是在所有权、法人财产权和经营权分离的企业中履职的职业化企业经营管理专家。作为市场竞争主体的企业，只有由职业化的经理人来从事经营管理，才能实现所有权和经营权的真正分离，才能使企业成为真正的企业。所以，必须按照党的十八届三中全会《决定》的要求，"建立职业经理人制度，更好发挥企业家作用"。

《决定》提出建立职业经理人制度的要求，主要是针对国有企业和国有控股企业而言的。实施这项制度有利于国有企业管理人员摒弃"官本位"观念，建立人员能进能出、能上能下的用人机制；有利于发展混合所有制经济、推进国有企业改革；有利于调动企业家积极性，提高企业管理水平，促进国有资本保值增值。不论是企业经营者的市场化选聘，还是混合所有制企业的产权分割（离）都离不开职业经营者市场的建设。企业经营机制能否真正转换，从根本上取决于对企业经营者激励约束机制的建立。而这一点必须仰赖职业经营者市场的建立和完善。因为企业各产权主体对企业经营者的最大激励，就是通过职业经营者市场将优秀的经营者选拔出来。同时，各产权主体对企业经营者的最终约束，就是通过职业经营者市场对产权主体不满意的经营者进行无情的淘汰。

从现实情况看，职业化的经理人短缺已成为制约我国经济不断发展的主要障碍，成为向市场经济体制转轨和建立现代企业制度的"瓶颈"。虽然从20世纪80年代末开始，我国就考虑企业经理的职业化问题，但总体看，其发展进程并不快，而且在发展过程中产生的问题也较多。一是薪酬的迷雾。职业经理人的薪酬过低，会造成经理人的心理不平衡从而出现"私藏"等现象，也无法起到激励作用；但薪酬过高又会导致非透明化，还会侵犯股东利益。二是选择的局限。股东挑选职业经理人的途径相当有限，要么通过自己的圈子托朋友推荐，要么聘用猎头公司挖角儿，实在没办法才去公开招聘。如此不规范的产生途径，中国的职业经理人又如何能在大浪淘沙中显现英雄本色？三是评价的困惑。为了寻找职业经理人而众里寻"她"，但是找到的是否是灯火阑珊中的那一位？实际上，这是职业经理人评价体系和评价标准的问题。四是信任的缺失。为了增强股东与经理人之间的互信，股票期权成了共同的利益基础。但是股票期权并非灵丹妙药，还不能使经理人与企业共命运、同患难。

职业经理人的出路在哪里？有人说问题的症结在于经理人的职业道德，在于没有良好的薪酬制度，在于没有客观评价经理人的衡量标准，在于缺乏激励和约束经理人的手段，这些说得都对。但是，关键是职业经理人市场。这是因为：有了这个市场，职业经理人的薪酬没必要再遮遮掩掩，市场就是一把尺；有了这个市场，职业经理人的衡量不再靠猎头的甜言蜜语，市场就是一杆秤；有了这个市场，职业经理人在行业与企业间的流动就成为常态，市场就是一种筛选机制。现在所面临的问题是，经理人供需的严重落差，评价机制缺失不全，市场秩序不规范，看来职业经理人市场的建立与培育任重而道远。

建立经理人市场要充分结合中国国情，量体才能裁衣。

首先，要营造职业经理人成长的现代企业文化。只有真正感受到来自竞争者和雇主的压力，职业经理人才会为企业尽心尽力，抑制短期行为，努力使自己在经理人市场上的人力资本保值和增值。职业经理人市场上贬值或失业应该成为很正常的现象，其胜利者才是真正有才能的良将。

其次，要健全对职业经理人的激励约束机制。选聘职业经理人后，企业和职业经理人之间就形成了委托—代理关系，必然存在着代理成本问题。要降低代理成本，就要建立对职业经理人有效的激励约束机制，明确双方的权力义务、维护双方的利益。

再次，要构建权威的职业经理人资格认证体系和有效的评价机制。包括能力和信用等方面的综合评价。加大对评价机构的监管力度，规范其运作行为，逐步建立一套业务独立、运作规范、手段先进、方法科学的社会中介评价体系，使得职业经理人的约束机制规范化。

最后，要形成常态化职业经理人员培训机制。目前，企业的接班人不仅仅是家族企业的"瓶颈"，更是很多股份公司和国有企业的难题。培养一个经理人需要几年甚至几十年的努力，企业是拥有职业经理人的受益者，也是培养他们的最重要支持方。一方面，职业经理人要加强自身能力的提升；另一方面，也是最为重要的是加强职业道德的建立。其实，培训是又一次筛选的过程。

参考文献

1. 《马克思恩格斯文集》第1~10卷，人民出版社2009年版。
2. 《马克思恩格斯选集》第1~4卷，人民出版社2012年版。
3. 《马克思恩格斯全集》第30卷，人民出版社1995年版。
4. 《马克思恩格斯全集》第31卷，人民出版社1998年版。
5. 《列宁文稿》第4卷，人民出版社1978年版。
6. 《列宁文稿》第2卷，人民出版社1984年版。
7. 《列宁文稿》第3卷，人民出版社1984年版。
8. 《斯大林全集》第12卷，人民出版社1955年版。
9. 《斯大林全集》上卷，人民出版社1979年版。
10. 《斯大林全集》下卷，人民出版社1979年版。
11. 《中共中央关于全面深化改革若干重大问题的决定》，人民出版社2013年版。
12. 《习近平关于社会主义经济建设论述摘编》，中央文献出版社2017年版。
13. 《习近平关于全面深化改革论述摘编》，中央文献出版社2014年版。
14. 《苏联共产党代表大会、代表会议和中央全会决议汇编》第2分册，人民出版社1964年版。
15. 《苏维埃经济的发展》，学习出版社1955年版。
16. 《苏联国民经济六十年》，三联书店1979年版。
17. 奥·兰格：《关于波兰社会主义道路的若干问题》，中国社会科学出版社1981年版。
18. 布·佩特拉诺维奇、切·什特尔巴茨：《社会主义南斯拉夫史》第2卷，中国财政经济出版社1962年版。

19. 葛扬：《〈资本论〉视野下中国特色社会主义市场经济的探索》，贵州出版集团、贵州人民出版社 2015 年版。

20. 顾海良、王天义：《读懂中国发展的政治经济学》，中国人民大学出版社 2017 年版。

21. 郝镇华编：《外国学者论亚细亚生产方式》，中国社会科学出版社 1981 年版。

22. 洪银兴：《全面深化改革》，江苏人民出版社 2015 年版。

23. 洪银兴：《学好用好中国特色社会主义政治经济学》，江苏人民出版社 2017 年版。

24. 洪银兴：《中国特色社会主义政治经济学理论体系构建》，经济科学出版社 2016 年版。

25. 侯祥鹏、葛扬：《经典逻辑与中国社会主义市场经济的理论变迁》，贵州出版集团、贵州人民出版社 2015 年版。

26. 黄孟复：《中国民营经济发展报告 No.1（2003）》，社会科学文献出版社 2004 年版。

27. 洛尔夫·德鲁贝克、雷纳特·麦科尔：《马克思恩格斯论社会主义和共产主义》，河南人民出版社 1990 年版。

28. 王克忠：《公有制经济论》，上海人民出版社 2003 年版。

29. 吴易风、顾海良、张雷声、黄泰岩：《马克思主义经济理论的形成和发展》，中国人民大学出版社 1998 年版。

30. 阳小华、曾健民：《民营经济发展研究》，湖北人民出版社 2000 年版。

31. 张厚义、明立志：《中国私营企业发展报告（2003）》，社会科学文献出版社 2004 年版。

32. 张宇：《中国特色社会主义政治经济学》，中国人民大学出版社 2016 年版。

33. 才国伟、钱金保、鲁晓东：《外资竞争、行政效率与民营经济发展》，载于《世界经济》2012 年第 7 期。

34. 曹英保：《加利亚现行经济体制》，载于《经济体制改革》1983 年第 7 期。

35. 陈宪：《中国基本经济制度的新突破》，载于《上海交通大学学报》（哲学社会科学版）2014 年第 2 期。

36. 程恩富：《加快完善社会主义市场经济体制的"四个关键词"》，载于《经济研究》2013 年第 2 期。

37. 程恩富：《经济思想发展史上的当代中国社会主义市场经济理论》，载于《学术研究》2017 年第 2 期。

38. 程俊杰：《制度变迁、企业家精神与民营经济发展》，载于《经济管理》2016 年第 8 期。

39. 程言君：《新中国基本经济制度建构发展的四座里程碑》，载于《探索》2012 年第 5 期。

40. 程言君：《中国特色社会主义基本经济制度的建构发展与历史本质——着重人的异化复归—人力产权实现的视角》，载于《马克思主义研究》2009 年第 12 期。

41. 程言君：《中国特色社会主义基本经济制度的历史定位》，载于《马克思主义研究》2008 年第 1 期。

42. 邓宏图：《转轨期中国制度变迁的演进论解释——以民营经济的演化过程为例》，载于《中国社会科学》2004 年第 5 期。

43. 丁任重、孙根紧：《新时期我国民营经济的转型与发展》，载于《经济理论与经济管理》2011 年第 12 期。

44. 董拜南：《匈牙利的经济体制改革》，载于《今日东欧中亚》1980 年第 1 期。

45. 方敏、胡涛：《供给侧结构性改革的政治经济学》，载于《山东社会科学》2016 年第 6 期。

46. 高明华、杜雯翠、谭玥宁、苏然：《关于发展混合所有制经济的若干问题》，载于《政治经济学评论》2014 年第 4 期。

47. 葛扬：《〈资本论〉认知逻辑转换、意识形态功能转变与中国特色社会主义政治经济学的建设》，载于《经济纵横》2016 年第 8 期。

48. 葛扬：《基本经济制度与马克思主义政治经济学的创新》，载于《南京大学学报》（哲学·人文科学·社会科学）2016 年第 3 期。

49. 葛扬：《理论逻辑、实践逻辑与中国特色社会主义政治经济学》，载于《改革》2016 年第 3 期。

50. 葛扬：《马克思所有制理论中国化的发展与创新》，载于《当代经济研究》2016 年第 10 期。

51. 葛扬：《市场机制下国企改革、民企转型与混合所有制经济的发展》，载于《经济纵横》2015年第10期。

52. 顾钰民：《论社会主义市场经济和基本经济制度的重要理论发展》，载于《福建论坛》（人文社会科学版）2014年第11期。

53. 郭春丽：《组建国资投资运营公司加快完善国有资本管理体制》，载于《经济纵横》2014年第10期。

54. 郭熙保、罗知：《外资特征对中国经济增长的影响》，载于《经济研究》2009年第5期。

55. 何干强：《论公有制在社会主义基本经济制度中的最低限度》，载于《马克思主义研究》2012年第10期。

56. 洪功翔：《国有经济与民营经济之间关系研究：进展、论争与评述》，载于《政治经济学评论》2016年第6期。

57. 洪银兴：《〈资本论〉和中国特色社会主义经济学的话语体系》，载于《经济学家》2016年第1期。

58. 洪银兴：《构建解放、发展和保护生产力的系统性经济学说》，载于《经济学家》2016年第3期。

59. 洪银兴：《十八大以来需要进一步研究的几个政治经济学重大理论问题》，载于《南京大学学报》（哲学·人文科学·社会科学）2016年第3期。

60. 洪银兴：《以创新的理论构建中国特色社会主义政治经济学的理论体系》，载于《经济研究》2016年第4期。

61. 洪银兴：《中国特色社会主义政治经济学的创新发展》，载于《红旗文稿》2016年第4期。

62. 洪银兴：《马克思主义经济学在社会主义初级阶段的时代化和中国化》，载于《经济学动态》2011年第10期。

63. 黄群慧、余菁等：《新时期企业员工持股制度问题研究》，载于《中国工业经济》2014年第6期。

64. 黄群慧、余菁、贺俊：《新时期国有经济管理新体制初探》，载于《天津社会科学》2015年第1期。

65. 黄速建：《国有企业改革三十年：成就、问题与趋势》，载于《首都经济贸易大学学报》2008年第6期。

66. 季琯淑：《保加利亚经济体制改革简况》，载于《计划经济研究》

1982 年第 3 期。

67. 贾康、苏京春：《论供给侧改革》，载于《管理世界》2016 年第 3 期。

68. 姜典文：《简析罗马尼亚的经济转轨进程》，载于《今日东欧中亚》1997 年第 5 期。

69. 金雁：《农村公社与十月革命》，载于《苏联历史研究》1987 年第 3 期。

70. 李东升、杜恒波、唐文龙：《国有企业混合所有制改革中的利益机制重构》，载于《经济学家》2015 年第 9 期。

71. 李建民：《俄罗斯私有化的进展与现状》，载于《俄罗斯中亚东欧研究》2003 年第 1 期。

72. 李凯杰：《供给侧改革与新常态下我国出口贸易转型升级》，载于《经济学家》2016 年第 4 期。

73. 李新章、聂金锁：《自有资本与信贷的信号意义：论民营经济发展中的适度信贷约束》，载于《金融研究》2003 年第 12 期。

74. 李跃平：《回归企业本质：国企混合所有制改革的路径选择》，载于《经济理论与经济管理》2015 年第 1 期。

75. 厉以宁：《进一步开展公有制形式的探讨》，载于《经济导刊》2002 年第 3 期。

76. 廖红伟、张楠：《论新型国有资产的监管体制转型——基于"管资产"转向"管资本"的视角》，载于《江汉论坛》2016 年第 3 期。

77. 林起：《关于市场经济与社会主义基本经济制度有机结合的探索》，载于《理论学习月刊》1998 年第 2 期。

78. 刘颜、杨德才：《国企改革：最优化目标、困境及其路径选择》，载于《现代经济探讨》2016 年第 6 期。

79. 刘迎秋：《新时期、新阶段中国民营经济大发展：机遇、挑战与对策》，载于《社会科学战线》2013 年第 12 期。

80. 刘越：《建国以来我国基本经济制度的演变与启示》，载于《长白学刊》2012 年第 4 期。

81. 柳学信：《国有资本的公司化运营及其监管体系催生》，载于《改革》2015 年第 2 期。

82. 陆南泉：《对新经济政策的不同诠释及其命运》，载于《当代世界与社会主义》2005 年第 6 期。

83. 陆南泉：《苏联剧变的经济体制改革失败原因及启示》，载于《中国延安干部学院学报》2011 年第 2 期。

84. 罗华伟、干胜道：《顶层设计："管资本"——国有资产管理体制构建之路》，载于《经济体制改革》2014 年第 6 期。

85. 马连福、王丽丽、张琦：《混合所有制的优序选择：市场的逻辑》，载于《中国工业经济》2015 年第 7 期。

86. 马宇：《外资经济——一种生逢其时的经济形态》，载于《国际贸易》1997 年第 11 期。

87. 崔英林：《匈牙利的改革道路》，载于《马克思主义与现实》1995 年第 4 期。

88. 平新乔：《新一轮国企改革的特点、基本原则和目标模式》，载于《经济纵横》2015 年第 2 期。

89. 乔惠波：《中国特色社会主义基本经济制度的内涵与定位》，载于《中国特色社会主义研究》2013 年第 4 期。

90. 邱莉莉：《匈牙利私有化特色与得失》，载于《东欧中亚研究》1997 年第 6 期。

91. 冉光和、张冰：《财政金融政策对中国民营经济发展的影响效应研究》，载于《经济与管理研究》2012 年第 1 期。

92. 荣兆梓：《国有资产管理体制进一步改革的总体思路》，载于《中国工业经济》2012 年第 1 期。

93. 孙居涛：《中国特色社会主义基本经济制度的创新与发展》，载于《学习论坛》2013 年第 4 期。

94. 汤洪明：《苏联东欧国家所有制改革的理论演变》，载于《世界经济研究》1986 年第 6 期。

95. 王保树：《完善国有企业改革措施的法理念》，载于《中国法学》2000 年第 2 期。

96. 王丹莉：《新中国国有资产管理模式的演变——从全面介入到两权分离》，载于《当代中国史研究》2016 年第 5 期。

97. 王劲松、史晋川、李应春：《中国民营经济的产业结构演进——兼论民营经济与国有经济、外资经济的竞争关系》，载于《管理世界》2005 年第 10 期。

98. 王宜智：《保加利亚推行新经济管理体制的若干情况》，载于《苏联东欧问题》1983 年第 10 期。

99. 王在全：《谈国有企业改革从管资产到管资本的转变》，载于《特区经济》2014 年第 9 期。

100. 王治国：《适应新常态谋求新发展——民营企业的视角》，载于《毛泽东邓小平理论研究》2015 年第 3 期。

101. 卫兴华、何召鹏：《近两年关于国有经济的地位、作用和效率问题的争论与评析——结合十八届三中全会的〈决定〉进行分析》，载于《经济学动态》2013 年第 12 期。

102. 卫兴华、胡若痴：《社会主义初级阶段基本经济制度的形成、成就与问题》，载于《中共福建省委党校学报》2009 年第 9 期。

103. 卫兴华：《坚持和完善我国社会主义初级阶段的基本经济制度》，载于《马克思主义研究》1997 年第 6 期。

104. 谢健：《民营经济发展模式比较》，载于《中国工业经济》2002 年第 10 期。

105. 熊波、陈柳：《基于制度角度的民营经济的发展环境研究》，载于《中央财经大学学报》2006 年第 4 期。

106. 杨红英、童露：《论混合所有制改革下的国有企业公司治理》，载于《宏观经济研究》2015 年第 1 期。

107. 杨景明：《匈牙利的经济改革与经济转轨》，载于《今日东欧中亚》1997 年第 2 期。

108. 姚海明、夏瑛：《新型工业化中的民营经济》，载于《南京社会科学》2003 年第 S2 期。

109. 殷军、皮建才、杨德才：《国有企业混合所有制的内在机制和最优比例研究》，载于《南开经济研究》2016 年第 1 期。

110. 张杰：《民营经济的金融困境与融资次序》，载于《经济研究》2000 年第 4 期。

111. 张兴茂：《苏联所有制结构的历史演变及其理论反思》，载于《当代世界与社会主义》2007 年第 1 期。

112. 张秀生、海鸣：《论民营经济的可持续发展》，载于《学术研究》

2006 年第 11 期。

113. 张宇：《充分认识国有经济的主导作用》，载于《企业文明》2016 年第 6 期。

114. 张宇：《正确认识社会主义初级阶段的基本经济制度》，载于《红旗文稿》2014 年第 2 期。

115. 章奇、刘明兴：《民营经济发展地区差距的政治经济学分析：来自浙江省的证据》，载于《世界经济》2012 年第 7 期。

116. 赵新正、魏也华：《大都市外资经济空间演变与影响机制研究——以上海为例》，载于《南京社会科学》2011 年第 5 期。

117. 郑修敏、许晓明：《中国民营经济发展的历史与未来》，载于《江西社会科学》2009 年第 6 期。

118. 郑异凡：《苏维埃政权的危机和列宁的应对之策》，载于《当代世界与社会主义》2010 年第 2 期。

119. 郑宗寒：《国有经济在转变经济发展方式中的作用》，载于《经济纵横》2011 年第 7 期。

120. 中国人民银行成都分行课题组：《民营经济金融服务需求差异性问题研究》，载于《金融研究》2005 年第 5 期。

121. 中国社会科学院工业经济研究所课题组、黄群慧、黄速建：《论新时期全面深化国有经济改革重大任务》，载于《中国工业经济》2014 年第 9 期。

122. 中华全国工商业联合会课题组、陈永杰：《中国民营经济的三大历史性变化》，载于《经济理论与经济管理》2007 年第 3 期。

123. 钟南博：《保加利亚经济管理体制的改革》，载于《苏联东欧问题》1982 年第 3 期。

124. 周建松、郭福春：《民营经济与地方性商业银行协同发展——浙商银行成立与运行状况引发的思考》，载于《金融研究》2005 年第 5 期。

125. 周叔莲：《关于所有制是目的还是手段的争论》，载于《经济体制改革》2012 年第 5 期。

后　　记

　　2014年，南京大学原党委书记、人文社科资深教授洪银兴老师主持马克思主义理论研究和建设工程项目——《当代中国经济问题透视——政治经济学简明读本》，我有幸参加并负责"坚持和完善社会主义初级阶段基本经济制度"这一部分的写作；2015年，洪银兴老师作为第一首席专家主持马克思主义理论研究和建设工程重大项目和国家社科基金重大项目——中国特色社会主义政治经济学研究，我再次有幸作为首席专家负责"中国特色社会主义基本经济制度"子课题的研究工作。现在呈现在读者面前的这本书就是上述子课题的研究成果。

　　最近3年多来，根据上述课题研究的要求，我一直在思考、研究社会主义初级阶段基本经济制度问题，有了不少新的心得和体会。20世纪中叶后，包括中国在内的各个社会主义国家都在根据马克思主义所有制理论，联系本国实际，探索社会主义所有制和基本经济制度实践方式，形成了各种各样的方式和模式，积累了很多经验教训。从中国探索的实际看，改革开放的历程其实就是不断探索公有制为主体、多种所有制经济共同发展的社会主义初级阶段基本经济制度的历程，也是社会主义市场经济体制建立和不断完善的历程。基本经济制度的形成，极大地解放了社会生产力，成为中国特色社会主义制度的重要支柱和社会主义市场经济的根基。我们党对基本经济制度的认识是明确的、一贯的，而且是不断深化的，从来没有动摇过。这充分体现了我们党在基本经济制度问题上对马克思主义唯物辩证法方法论的坚持和运用。同时，我们党对于基本经济制度的认识又是在社会主义市场经济发展中不断完善的。改革开放后，我们党经过19年的市场化改革实践的不断探索，形成并确立了社会主义初级阶段基本经济制度。从20世纪80年代初农村土地经营制度的改革实践开始，我们党就开始了对社会主义基本经济制度的重新认识。1992年，党的十四大明确提出改革的目标就是要建立"社会主义市场经济体制"。1997年，党的十五大第一次明确提出社会主义初级阶段基本经济制度。这样一来，就为我国社会主义市场经济的发展提供了坚实的根基。之所以这么说，还在于这是保证我国各族人民共享发展成果、实现中华民族伟大复兴的制度性保证。经过长期的探索，我们党还明确提出，"混合所有制"是基本经济制度的重要实现形式。社会主义初级阶段基本经济制度还将随着我国经济社会的发展而深化，在进入全面深化改革新阶段后，我们对社会主义初级阶段基本经济制度的认识还会与时俱进。

本书由我拟定提纲，并由我和我的博士生分工完成。全书的分工为：第一章，葛扬；第二章，张建平、葛扬；第三章，孙睿；第四章，王卓然；第五章，刘晓曦；第六章，何君；第七章，葛扬。最后由我统稿。

在课题研究和书稿形成中，参考了大量的研究文献，在此表示真诚的感谢！同时，在整个课题研究和书稿写作过程中，一直得到洪银兴老师的指导和督促，在此向洪银兴老师表示衷心的敬意！

由于我们认识水平有限，书稿中一定存在不少的疏漏甚至错误，敬请读者批评指正！

葛　扬

2017年8月19日于南京大学